陕西师范大学优秀著作出版基金资助出版

2014年教育部人文社会科学研究西部和边疆地区项目："□
划"实施成效及民众满意度调查（14XJA880001）

政府主导下的我国
农村学前教育发展研究

李少梅　著

陕西师范大学出版总社有限公司

图书代号　　JC14N1196

图书在版编目(CIP)数据

政府主导下的我国农村学前教育发展研究 / 李少梅著. —西安：陕西师范大学出版总社有限公司，2014.9
ISBN 978 - 7 - 5613 - 7851 - 9

Ⅰ．①政…　Ⅱ．①李…　Ⅲ．①乡村教育—学前教育—研究—中国　Ⅳ．①G619.2

中国版本图书馆 CIP 数据核字(2014)第 206533 号

政府主导下的我国农村学前教育发展研究

李少梅　著

责任编辑/	贾旭彪　钱　栩
责任校对/	曹克瑜
封面设计/	鼎新设计
出版发行/	陕西师范大学出版总社有限公司
	（西安市长安南路 199 号　邮编 710062）
网　　址/	http://www.snupg.com
经　　销/	新华书店
印　　刷/	北京京华虎彩印刷有限公司
开　　本/	787mm×1092mm　1/16
印　　张/	15.5
字　　数/	291 千
版　　次/	2014 年 9 月第 1 版
印　　次/	2014 年 9 月第 1 次印刷
书　　号/	ISBN 978 - 7 - 5613 - 7851 - 9
定　　价/	32.00 元

读者购书、书店添货或发现印刷装订问题，请与本社高教出版分社联系、调换。
电　话:(029)85303622(传真)　85307826

前　言

　　学前教育是一个人终身学习之始,是基础教育的基石,是国民教育体系重要组成部分,也是重要的社会公益事业,具有启蒙性、基础性、普及性和难以补偿性的特点。学前教育的发展状况对幼儿身心健康乃至整个社会的发展都具有重要意义。正因为如此,世界各国政府均将学前教育作为提升基础教育质量、提高人口素质、促进经济和社会发展的基础性、全局性和战略性的目标任务,采取各种措施大力促进本国学前教育发展。2010年《国家中长期教育改革发展规划纲要》颁行以来,各级政府对学前教育的重视程度达到了前所未有的程度,我国学前教育出现了良好的发展态势。党的十八大又提出了"办好学前教育"的目标,为新时期学前教育发展指明了方向。从目前我国学前教育的发展现实样态来看,农村无疑是办好学前教育最需要关注和加强的领域。农村学前教育发展如何,不仅关系到农村基础教育的发展,农村人口素质的提高,而且对于促进农村经济社会的协调发展、社会主义新农村的建设乃至小康社会的建成都有着及其重要的意义。尤其是国家提出的政府主导发展学前教育模式以来,农村学前教育如何快速发展就成了各界关注的热点和重点领域。

　　本著作立足于近年来国内外学前教育大发展的现实背景,以十八大提出的"办好学前教育"的时代要求为目标,以政府主导下农村学前教育发展面临的突出矛盾和问题为逻辑起点,遵循公共管理学、行政管理学、教育学和管理学等学科关于政府主导研究的基本范式,围绕农村学前教育发展为什么要政府主导、政府主导什么、政府如何主导等问题,论证了政府主导学前教育的必要性和可行性,通过对陕西农村学前教育发展状况的深入研究,厘定了近年来陕西农村学前教育发展取得的显著成效,明晰了政府主导农村学前教育发展面临的突出矛盾和问题,剖析了产生问题的深层次原因,在借鉴国内外政府主导学前教育发展模式的基础上,提出了进一步优化政府主导农村学前教育的策略和路径。本著作的主要内容包括:

　　第一章,梳理了相关理论。教育公平理论、教育成本分担理论、政府职能理论、公共服务理论、人力资本投资理论等对于学前教育发展具有重要的借鉴和参考价值,为本研究提供了理论视角和支撑,是本研究开展的主要理论基础。

第二章,分析了政府主导农村学前教育发展的逻辑。从学前教育的本质属性、政府本质和职能的视角出发,论述了政府主导农村学前教育发展必要性和可能性,提出了政府主导农村学前教育发展的分析框架。

第三章,论证了政府主导下农村学前教育发展的现实样态、存在的突出矛盾与问题。在系统梳理新中国成立以来农村学前教育发展政策的基础上,以陕西省农村学前教育发展为对象,采用实证研究的方法,对于政府主导下的农村学前教育发展状况进行了深入的研究,梳理了政府主导学前教育发展模式提出以来,陕西省农村学前教育发展取得的主要成效,厘定了政府主导农村学前教育发展面临的发展不均衡、缺乏统筹管理、经费投入低、民办园管理不善等方面的问题。

第四章,剖析了政府主导下农村学前教育发展问题的成因。从政府和公众对学前教育的认识偏差、农村学前教育发展缺乏制度保障、缺乏基本的经费投入制度、幼儿教师队伍管理制度不完善、缺乏社会公共服务体系保障等方面剖析了导致政府主导下农村学前教育发展问题的成因。

第五章,观照了国内外相关政府主导学前教育发展的理论与实践。系统地梳理和分析了美国、英国、印度等国家关于政府发展学前教育的理论和经验,对于我国发达地区政府发展学前教育的典型案例进行了剖析,提出了我国政府主导农村学前教育值得借鉴的几点启示。

第六章,提出了政府主导农村学前教育发展制度设计与路径选择。政府主导是发展我国农村学前教育的必然选择。政府及全社会应当在提高对农村学前教育的认识、加强学前教育立法、加大经费投入、创新办园体制、健全幼儿教师培养体制机制、加强学前教育督导机制建设等方面做出不懈努力。

目　　录

第一章　绪论 ……………………………………………………………（ 1 ）

　　一、研究背景 ……………………………………………………（ 1 ）

　　二、研究目的意义 ………………………………………………（ 4 ）

　　三、研究综述 ……………………………………………………（ 7 ）

　　四、研究方法 ……………………………………………………（ 34 ）

　　五、相关概念界定 ………………………………………………（ 35 ）

　　六、研究思路和框架 ……………………………………………（ 42 ）

第二章　政府主导农村学前教育发展的理论基础、逻辑基点和分析框架 …（ 44 ）

　　一、政府主导农村学前教育发展的理论分析 …………………（ 44 ）

　　二、政府主导农村学前教育发展的合理性分析 ………………（ 56 ）

　　三、政府发展学前教育行为的评价指标体系 …………………（ 60 ）

　　四、政府主导农村学前教育的分析框架 ………………………（ 65 ）

　　五、政府主导农村学前教育需要澄清的几个问题 ……………（ 69 ）

第三章　政府主导下的农村学前教育发展的实证分析——基于陕西省的

　　　　调研 …………………………………………………………（ 72 ）

　　一、我国农村学前教育发展政策回眸 …………………………（ 72 ）

　　二、调研的基本状况 ……………………………………………（ 83 ）

　　三、政府主导下农村学前教育发展取得的主要成效 …………（104）

　　四、政府主导下农村学前教育发展存在的问题 ………………（109）

第四章　政府主导农村学前教育发展问题的成因探析 ………………（126）

　　一、政府和民众对学前教育的认识存在偏差 …………………（126）

　　二、农村学前教育事业发展缺乏法律制度保障 ………………（130）

　　三、学前教育事业发展缺乏基本的经费制度保障 ……………（134）

　　四、幼儿园教师队伍建设缺乏强有力的制度保障 ……………（138）

　　五、农村学前教育办园体制机制不健全 ………………………（150）

第五章　国内外学前教育发展中的政府作用的借鉴及启示 …………（157）

　　一、国外政府干预学前教育发展的经验 ………………………（157）

二、国内政府主导学前教育发展典型案例介绍 …………………（173）

三、国内外政府主导学前教育发展模式的启示 …………………（187）

第六章　政府主导下的农村学前教育发展制度设计与路径选择 …………（199）

一、顶层设计农村学前教育发展政策 …………………………（199）

二、加快学前教育立法,匡正政府主导内涵 …………………（205）

三、完善农村学前教育经费体制 ………………………………（210）

四、创新办园体制机制,实现办园模式多样化和多元化 …………（215）

五、健全学前教师队伍建设制度,提升农村学前师资整体水平 ………（218）

六、加强农村学前教育督导机制建设 …………………………（226）

结语 ……………………………………………………………………（230）

参考文献 ………………………………………………………………（232）

附录 ……………………………………………………………………（236）

后记 ……………………………………………………………………（241）

第一章　绪论

　　人生百年,立于幼学。学前教育是人一生发展的奠基工程,是人接受学校教育和终身教育的起始阶段。人人接受学前教育是奠基未来的基础性、全局性、先导性工程。因此,环顾当今世界各国,无不把重视学前教育、普及学前教育、发展学前教育、提升学前教育质量作为富国强民的战略选择。学前教育的质量和水平不仅已经成为衡量一个国家文明进步程度的重要标志,也成为衡量一国可持续发展能力的重要标志之一。我国政府 2010 年 7 月颁行的《国家中长期教育改革和发展规划纲要(2010—2020 年)》(以下简称《教育规划纲要》)指出,建立"政府主导、社会参与、公办民办并举"的学前教育发展的基本方略,国务院随后出台了促进学前教育发展的若干意见(简称"国十条"),对这一方略予以重申。党的十八大提出了办好学前教育的新要求,为学前教育的发展指明了方向。从我国学前教育的发展方略来看,政府主导无疑是既定的,而且是短时期内必须坚持的。那么,政府主导学前教育的合理性和必要性何在? 政府应主导什么以及如何实现政府主导? 尤其是对于农村地区如何实现政府主导学前教育发展? 这些问题就成了落实该方略首先要研究和明确的问题。为此,本研究将以陕西省农村学前教育发展为例,对以上问题予以回应,以期对促进我国农村乃至整个学前教育发展政策的制定和完善提供一些可资借鉴的咨询和资讯依据。

一、研究背景

　　本研究是在学前教育发展的国际大背景下,在我国学前教育发展的大好形势下,以及我国农村学前教育发展面临的困境的现实背景下展开的。

(一)重视学前教育已成为世界教育发展的新趋势

　　自古以来,中外教育家都非常重视学前教育在人一生发展中的重要作用,关于学前教育或幼儿教育有着许多重要的论述。我国古代著名教育家孔子曾讲:"少成若天性,习惯之为常。"夸美纽斯在《母育学校》中指出:"任何人在幼年时代播下什么样的种子,到老年就要收获同样的果实。①"康德在《论教育》中指出:"儿童受教育,不是为了现在,而是为将来人类可能得到一种改善的境况;换言之,应是适合人类的理想与人生的全部目的。②"我国教育家陶行知先生20世纪20年代就强调:"小学教育是建国之根本,幼稚教育尤为根本之根本。"苏联著名的教育心理学家维果斯基指出:"学习任何知识或机能都有一个最佳年龄,为了最大限度发挥教学作用而不造成发展障碍,要让儿童在最佳年龄学习对应的知识。"

进入现代以来,为了说明学前教育的重要性,人们对其功能和作用进行了一系列的实证研究,最为突出的当属美国专家。一项长达30年的实证追踪研究,该研究指出,在学前教育上每投资1美元,可获得17.07美元的回报。其中4.17美元是对个体成长的回报,12.9美元是对社会公共事业的回报,主要体现在纳税的增加和社会福利、补救教育、预防犯罪方面投入的降低等方面③。有效的学前教育干预项目都非常重视提供健康、教育、家庭咨询等领域的综合性服务,例如美国的开端计划和英国的确保开端等干预项目,都整合了卫生保健、教育、父母教养指导等内容。这些经验揭示出:大脑发育的敏感期不仅仅需要充足的营养,同时还需要丰富的教育刺激。以上论述和实验均证明了这样一个道理:学前教育是人一生发展的基础和关键时期,对一个人的发展具有不可逆转性以及不可代偿性,学前教育在一定程度上决定着未来人才的发展方向。在当代国家,学前教育的状况关系着一个国家的未来。

自20世纪60年代以来,随着脑科学、教育学、心理学等研究的日臻丰富,为教育发展和研究提供了丰富的理论基础和实践支撑。近年来,正是由于对学前教育重要性认识的不断增强和众多教育研究成果在学前教育领域的广泛应用,使得学前教育在个人成长和国家发展中的重要性得到了世界各国普遍重视。他们认为,享有基本学前教育服务是每个公民的权利,提供基本学前教育服务是政府的职责。无论是以美、英为代表的发达国家,还是以巴西、墨西哥、印度等为代表的发展中人口大国,纷纷将发展学前教育作为国家未来发展的战略任务和提高国家竞争力的重要内容,将普及学前教育和提升学前教育质量作为国家基础教育和人力资源投资的重点领域予以支持和加强。

---

① 单中惠,杨汉麟.西方教育学名著提要[M].南昌:江西人民出版社,2004:107.

② 单中惠,杨汉麟.西方教育学名著提要[M].南昌:江西人民出版社,2004:173.

③ 沙莉等.通过立法强化政府在学前教育事业发展中的职责[J].学前教育研究,2007(2):7.

（二）政府主导是学前教育发展的基本趋势

从目前世界各国重视和发展学前教育的措施来看，大多数国家均将学前教育作为国家的公共事业或准公共事业，学前教育的地位受到国家法律法规的保障。尽管各国学前教育机构服务对象的年限是 2—7 岁，但大都被纳入学制系统，并作为或基本等同于义务教育。中央（联邦）或地方（州）政府通过立法、财政投入、建立质量监督机制、制定学前课程与教师标准等引领学前教育的发展方向，主管部门作用较为突出，各相关部门分工明确。各国政府纷纷加大对学前教育事业的投入，学前教育财政投入持续增长，政府以财政拨款为杠杆，实现学前教育的公益性，促进学前教育公平和质量提高。各国政府财政投入的主要方式包括：第一，出资举办幼儿园；第二，补贴私立幼儿园；第三，补贴每个入园儿童；第四，通过国家主导的大型项目支持弱势群体家庭的儿童接受学前教育，努力使所有儿童和机构都能获得政府普遍的资助与支持①。

当新世纪进入第二个十年之际，在我国从教育大国向教育强国迈进的关键阶段，大力发展学前教育对于实现更高水平的普及教育、提高国民整体素质具有深远意义。这是影响一代人甚至几代人、影响未来综合国力的大事。我们必须充分认识在新的历史时期学前教育事业承载的重要使命，切实增强使命感、责任感和紧迫感，以对国家、对人民高度负责的精神把这件大事办好。

（三）农村已成为实现我国学前教育发展任务的关键

农村、农业、农民、农村教育问题近年来一直是国家大力改进但是没有解决好的社会问题。党中央已经连续十年将农村问题作为每年的"1 号"文件，足见对此问题的关注和重视。可以说，实现中华民族的伟大复兴，实现党的十八提出的四化同步发展目标、实现全面建成小康社会的宏伟蓝图，农村是关键，教育是前提，学前教育是基础。因此，在现实条件下，办好更高质量、更高水平的农村学前教育是实现我国既定战略目标任务的前提和基础。

众所周知，教育公平是目前我国社会各界吁求最高、人民群众最为关切的民生问题，多年来一直列为民生之首。学前教育是教育公平的起点，具有公益性和普惠性，只有起点公平，才能保证整个教育过程的公平。近年来，我国学前

---

① 中国学前教育发展战略研究课题组.中国学前教育发展战略研究[M].北京:教育科学出版社,2010:238-239.

教育虽然获得了长足的发展，但城乡之间的差距越来越大，发展越来越不均衡，尤其是越来越多的农村和贫困地区孩子接受不到优质的学前教育，甚至享受不到接受学前教育的机会和条件，这些严重地背离了目前我们所倡导和追求的教育均衡和社会公平价值取向。

《教育规划纲要》指出要基本普及学前教育、明确政府职责、重点发展农村学前教育。《国家教育事业发展十二五规划》在论述教育事业发展目标时指出："基本普及学前一年教育，农村学前一年毛入园率达到80%左右，城镇和经济发达地区基本普及学前三年教育，基本解决'入园难'问题。"在论述健全基本公共教育服务体系时指出："基本建立'广覆盖、保基本、多形式、有质量'的学前教育体系，重点发展农村学前教育。"以上文件都对发展农村学前教育予以了相当的重视，为农村学前教育发展提供了良好机遇。但农村学前教育客观现实使我们不容乐观，农村学前教育无论是在以规模为代表的外延发展还是在以内涵为代表的质量发展上均处于较为落后的状况。据统计，2009年全国学前3年毛入园率仅为50.86%，远低于发达国家水平，同时落后于世界平均水平。而且，城乡学前教育发展差距显著，2007年全国城镇学前3年毛入园率为55.6%，农村只有35.6%，两者相差20个百分点。农村学前班、幼儿园布点过于稀少，只有极少数离乡镇较近的农村幼儿能接受正规的学前教育，广大分散居住的农村幼儿基本处于无学可上的境况。如何保证农村和贫困地区适龄儿童都有接受学前教育的机会和条件，已经成为学前教育发展的重点和难点所在，成为体现政府教育公平和平等的关键所在。

因此，近年来出现了"入园难，难于考公务员"，"入园贵，贵过大学收费"现象，导致了人民群众对改革发展学前教育的呼声一浪高过一浪。如何保障弱势群体和农村幼儿享受到均衡与公平的幼儿教育成为了人民群众反应强烈、社会关注度较高的民生问题。可以说，农村学前教育问题不仅是提高国民素质的教育问题，也是保障适龄幼儿平等受教育权的法律问题，还是改善民生、实现和谐发展的社会问题。也正因如此，党的十八大报告将"办好学前教育"作为促进各类教育协调发展的首要任务，而要办好农村学前教育，政府的作用不可忽视。

二、研究目的意义

本研究立足于近年来学前教育大发展的现实背景和十八大提出的"办好学前教育"的时代要求，以政府主导下农村学前教育发展面临的突出矛盾和问题为逻辑起点,遵循近年来公共管理学、行政管理学和管理学等学科关于政府主导研究的基本范式,对于政府主导农村学前教育的状况进行系统的研究和分析,其主要目的是为了探求和破解目前在农村学前教育发展方面的难题,为政府制定相关学前教育发展政策提供智力支持和保障。其意义和价值主要包括:

(一)为政府主导农村学前教育发展提供理论支撑

政府主导农村学前教育发展离不开科学的教育理论的支持。众所周知,《教育规划纲要》提出要建立"政府主导、社会参与、公办民办并举"的办园体制。但是,什么是政府主导? 政府主导的合理性和必要性如何? 政府主导下的农村学前教育的主要内容有哪些? 这些问题缺乏理论层面的探索。而理论探索的缺乏,使得在落实政府主导层面缺乏可操作性的内涵。因此,本研究将在系统的总结回顾相关学科对政府主导作用研究的基础上,从理论上对政府主导的合理性、逻辑基点和分析框架进行系统地探索,对于政府主导的相关理论问题进行深入的思考与探讨,在此基础上,提出有创新性的政府主导的理论主张,丰富和完善政府主导理论,为研究的开展奠定坚实的基础。

(二)为农村学前教育发展提供可资借鉴的操作指南

近年来,党和国家出台了一系列促进农村学前教育发展的政策措施。2006年,十六届五中全会通过的《中共中央关于制定国民经济和社会发展第十一个五年规划的建议》中提出了建设社会主义新农村的重大历史任务。农村教育是促进农村公共事业发展的重要内容。党的十七大报告在阐述优先发展教育的重大战略部署时,首次明确提出,"要重视学前教育"。《国务院关于进一步加强农村教育工作的决定》明确指出:"将农村教育工作作为教育工作的重中之重。"国务院办公厅《关于幼儿教育改革与发展的指导意见》亦将发展农村幼儿教育作为"十五"期间幼儿教育发展的重要目标,指出"乡(镇)人民政府承担发展农村幼儿教育的责任,负责举办乡(镇)中心幼儿园,筹措经费,改善办园条件要发挥村民自治组织在发展幼儿教育中的作用,开展多种形式的早期教育和对家庭幼儿教育的指导"等。2010年《国家中长期教育改革和发展规划纲要》第二部分第三章"学前教育"中第七条谈道:"重点发展农村学前教育,努力提高农村学前教育普及程度。"在《我国学前教育中长期发展方向应该是加快普及进程——对庞丽娟的深度访谈》中也谈道:"重点支持中西部和农村地区学前教育发展,在这些地区坚持以政府办园为主,以公办教师为主,以财政投入为主,大力推进农村乡镇中心幼儿园建设。"党的十八大在论述教育发展目标中明确提出了"要办好学前教育"。

然而,现实状况是,作为农村基础教育的第一阶段——农村学前教育事业却出现了滑坡,在事业发展过程中出现了一些值得关注的问题。这些问题如不采取措施尽快加以解决,将制约我国农村基础教育事业的发展,进而影响到我国社会主义新农村的建设和整个社会发展。因此,农村学前教育发展滞后成为我国当前学前教育发展和普及中的一大突出问题和难点。这有悖于我国当前教育均衡和社会公平的价值取向。应该说,目前国家关于农村学前教育事业的发展方针政策已经具备,面临的突出问题就是如何落实的问题。本研究将在借鉴国内外学前教育发展经验的基础上,提出政府主导下农村学前教育发展的思路和对策建议,从而为实践层面的政府决策和学前教育事业的发展提供可资借鉴的政策咨询和资讯依据。

(三)有助于促进教育公平和社会公平

众所周知,教育公平是社会公平的基础,是建设和谐社会的平衡器。教育公平直接影响发展机会公平,发展机会公平能够促使社会不利群体改变自己的社会处境和生存条件,实现社会分层的合理流动。学前教育处于教育供给链条的底端,对个人和社会的发展有巨大影响,理当成为教育公平的起点。学前教育是教育体系的开端,因此,教育公平必然包括学前教育公平,没有起点教育的公平,就没有完全意义上的教育公平;缺乏起点教育的公平,就不可能构建起教育公平、社会公平的参天大树。农村学前教育是实现教育公平的最为基础和薄弱的领域。发展农村学前教育,使广大农村儿童享有接受良好教育的机会,是实现教育公平和体现社会公正的一个重要方面,也是中国特色社会主义教育的本质要求。

如何使每一位儿童都享有接受学前教育的权利,保障儿童在教育起点上的公平是当前发展学前教育中需要研究和关注的重要问题。学前教育事业发展及其质量如何,对社会的和谐稳定与持续健康发展具有举足轻重的影响。学前教育所具有的双重功能一方面可以为儿童和家庭提供托幼服务鼓励和扩大就业,减少父母失业和家庭贫困的功能,在国外被认为是非常重要的社会改革手段。另一方面,高质量的学前教育能够促进幼儿认知和社会性发展,为儿童入学学习和今后的就业奠定良好的基础,进而巩固和提高义务教育的质量和效益。学前教育对促进不利儿童的健康发展具有补偿作用,学前教育能有效地降低因出生缺陷、家庭教育措施和成长环境不利带来的消极影响,打破贫穷在代际间的恶性循环,减少社会分层现象,促进弱势群体融入主流社会,进而缩小城乡差距,促进社会公平①。

(四)有助于中国特色国民教育体系的完善

构建中国特色的社会主义教育新体系是《教育规划纲要》提出的教育发展的重要目标任务。中国特色的国民教育体系,包括学前教育、小学教育、初中教育、高中教育、职业教育、大学教育、成人继续教育在内的终身教育体系。学前教育对其他教育具有基础性、全局性的影响,是中国特色社会主义教育体系的奠基工程,直接影响一个人一生的成长和随后各阶段教育的质量。学前教育是国民教育体系中最短的一块,根据"木桶原理"(即一只水桶的容量不是取决于最长的那块木板,恰恰是最短的那一块),我国教育事业要想更为健康长远地发展,就必须大力发展学前教育,特别是农村学前教育。换言之,我国未来学前教育事业发展,普及学前三年教育是基础,明确政府职责是关键,发展农村学前教育是突破。我国现在存在的在幼儿园教"大学生"、在高等院校教"幼儿"的现象,说明我国学前教育的基础薄弱或畸形发展。本应学前教育阶段完成的对人的品格、心灵的教育没有很好完成,本来应大学开发的智力和传授的知识却在幼儿园进行。这种本末倒置的现状不利于中国特色社会主义教育体系的完善。本研究的开展,对于满足社会对学前教育多样化的需求、巩固普及九年义务教育成果、提高普及九年义务教育水平、发展整个教育事业都具有十分重要的战略意义。同时,对于促进农村幼儿身心全面健康发展,对学前教育体系、高标准实施九年制义务教育乃至整个教育体系的丰富和完善发挥重要作用。

三、研究综述

(一)关于政府主导的研究

20 世纪 90 年代以来,政府改革日益成为学界研究的一个重要话题,"更少的政府,更多的治理"成为核心议题。而在公共治理领域,政府主导逐渐成为全球政府改革的主要特征。在我国,基于政府主导改革逻辑的渐进主义制度转型

---

① 罗崇敏.关于发展学前教育的战略构想[N].中广教育,2010 – 3 – 2.

成为社会转型的主要特征,政府成为了社会转型的第一推动者和实践主体。如何处理政府主导和市场关系则成为了重要方面。从既有的研究来看,此方面的研究主要集中在对于政府主导的内涵和方式的研究。

赵云在研究了《卫生事业发展"十一五"规划纲要》中关于政府主导的内涵后指出,从政府文件文字的表述结构上看,政府主导是宏观层面的概念,政府责任是次一层级的概念①。他同时对政府主导和政府责任两个概念进行了区分,指出了政府主导重在"导",而政府责任重在"任",即政府主导主要是在方向上坚持公立医院的公益性,所以,政府主导中"导"的含义实际上就是政府在目标定位上确定公立医院的公益性质;政府责任中的"任"的含义是政府在实现公立医院的公益性必须承担的责任②。从两者的联系上来看,他指出,政府主导是确定政府责任的目标,而政府责任是实现政府主导的路径。赵云在对照十七大报告、2008年政府工作报告和2009年《中共中央国务院关于深化医药卫生体制改革的意见》关于政府主导内涵界定的基础上,对政府主导的内涵演变进行了评析。指出新医改政策在界定政府主导含义的方面实现了两大突破,一是将政府主导概念的界定从理论层面深化为价值层面和制度层面,使政府在医疗卫生公共服务方面从纸上谈兵的角色过渡到了沙场点兵的角色。二是新医改政策对政府主导的内容有了更为完整的界定。从对医改政策内容的分析角度来看,政府主导在其本质上就是处于主导地位的政府对卫生事业的领导③。吕柯香在其硕士学位论文《我国政府主导的慈善组织发展模式研究》中指出,政府指导的慈善组织发展模式就是指政府改变以往的直接控制方式,转向以提供各种政策支持、税收优惠、培育外部环境为主要内容,起到作为一个支持者的辅助作用的运作模式④。傅鸿鹏在《社区卫生服务体系建设:政府主导的实质和内在要求》一文中指出,在社区卫生服务体系建设中,政府主导的关键是政府充分投入;在投入方式上要以政府举办为主,政府购买为辅;社区卫生服务体系要形成

---

① 赵云. 政界视域中医疗卫生领域政府主导的内涵界定评析[J]. 中国卫生经济,2010,(10):8-10.

② 赵云. 政界视域中医疗卫生领域政府主导的内涵界定评析[J]. 中国卫生经济,2010,(10):8-10.

③ 赵云. 政界视域中医疗卫生领域政府主导的内涵界定评析[J]. 中国卫生经济,2010,(10):8-10.

④ 吕柯香. 我国政府主导的慈善组织发展模式研究[D]. 东北大学硕士论文,2008.

以政府主办机构为骨干框架的格局①。学前教育和医疗、慈善组织同属于政府公共服务的重要内容,因此,以上研究成果为政府主导农村学前教育发展概念的厘定提供了重要借鉴和参考依据。

杜晓溪、俞思念在《社会治理范式转换中的政府主导——城乡一体化建设中政府主导及其限度分析》一文中指出,政府主导研究主要集中于政府经济职能领域,但它却为政治领域和社会领域内的政府职能研究引入了全新的理念,也为国家解决城乡问题提供了开阔的思路②。同时指出,实现城乡均衡发展必须转变以往经济导向的社会治理范式,对政府职能做出相应的调整,通过优化政府宏观主导、提升政府公共服务、强化政府资金支持和完善公民政治参与等路径,积极探索适应社会发展需求的政府主导方式,同时合理界定政府主导的必要限度,为城乡一体化发展提供规范有序、公平均衡的政治保障③。

黄范章在《政府主导的边界与路径——兼论重塑国资委和成立国家资源委员会》文章中指出,我国的改革开放是由政府主导、启动和推行的。没有政府主导体制"改革",我国不可能在短短数十年实现跨越式制度创新,建立起社会主义市场经济的基本框架。发挥"政府主导"作用,绝不是削弱市场机制作用,而是进一步推进改革,完善社会主义市场经济体制建设。要正确、充分发挥"政府主导"的作用,就必须将经营性国有资产和国有资源从"政府所有制"中剥离出来……④

董亚男在其博士论文《政府主导下的劳动就业制度公正论》中指出,政府主导则是介于政府包揽与政府放任之间的有所为、有所不为的行政干预模式,是指政府并不直接承担所有的经济、社会事务管理职责,而是根据本国的具体国情来选择政府的参与方式、介入程度、具体职责⑤。他进而从制度变迁的视角,指出了政府主导劳动就业制度的必要性,提出了我国基于政府主导改革逻辑的

---

① 傅鸿鹏.社区卫生服务体系建设:政府主导的实质和内在要求[J].中国卫生政策研究,2009,(08).

② 杜晓溪、俞思念.社会治理范式转换中的政府主导——城乡一体化建设中政府主导及其限度分析[J].求索,2011,(05).

③ 杜晓溪、俞思念.社会治理范式转换中的政府主导——城乡一体化建设中政府主导及其限度分析[J].求索,2011,(05).

④ 黄范章.政府主导的边界与路径——兼论重塑国资委和成立国家资源委员会[J].学术前沿,2012,(09上).

⑤ 董亚男.政府主导下的劳动就业制度公正论[D].吉林大学博士学位论文,2009.

渐进主义制度的社会转型,政府角色的历史规定性及其在国家政治结构中的权能,决定了政府成为劳动就业制度公正的第一推动者和实践主体的观点①。在论文中,他还提出了政府在制度变迁中的主导性作用的主要体现,即构筑适合于市场经济活动的制度环境与框架;界定、保护和实施有效的产权制度;培育和塑造与市场经济相适应的良性社会意识形态,进而推动制度变迁的进程,降低维持现有秩序的制度运行成本;建立制度供给的学习机制,激励个人与组织学习并更新观念,推动制度创新等②四个方面。在论文的最后,董博士进一步厘清了政府主导劳动就业制度供给的范畴与权限,选定了政府制度伦理之公正取向的立足点,提出了总体规划实现劳动就业制度公正,定位了其目标,同时指出制定促进劳动就业制度公正的配套制度、构建公正的操作程序,实现政府主导劳动就业制度公正的预期③。这一研究对于我们深刻理解政府在农村学前教育发展中的主导作用的价值内涵,提出政府主导下农村学前教育发展政策的价值取向具有重要的借鉴和启示。

周彬、周新生在《休闲农业的政府主导发展模式研究——以浙江省宁波市为例》文章中指出,休闲农业已经成为中国社会主义新农村建设的亮点。对浙江省宁波市休闲农业的政府主导发展进行了分析。他们的研究发现,在宁波休闲农业发展过程中,实施政府主导模式是非常必要的,但是该模式也存在一些负面影响,而政府有限主导,加强农村社区能力建设,培育旅游公司参与经营管理以及发挥非政府组织作用是完善政府主导休闲农业发展模式的主要途径④。这些主张为本研究厘定政府主导的内容具有重要的启示。

(二)关于农村学前教育的研究

伴随着教育公平研究在国内外研究的兴起,对于农村学前教育的研究也逐渐地成为了学术界研究的重点。

1. 国内关于农村学前教育研究综述

笔者在中国期刊网上以"农村学前教育"为关键词进行搜索,其文献记录分布如下:1990—1995 年,共 163 条记录相关文章 13 篇;1996—2000 年,共 134 条

---

① 董亚男.政府主导下的劳动就业制度公正论[D].吉林大学博士学位论文,2009.
② 董亚男.政府主导下的劳动就业制度公正论[D].吉林大学博士学位论文,2009.
③ 董亚男.政府主导下的劳动就业制度公正论[D].吉林大学博士学位论文,2009.
④ 周彬,周新生.休闲农业的政府主导发展模式研究——以浙江省宁波市为例[J].科技与管理,2010,(10).

记录相关文章 27 篇;2001—2005 年,共 166 条记录相关文章 18 篇;2006 - 2010 年,共 397 条记录相关文章 80 篇。同样地,以"农村学前教育"为关键词共搜到相关硕士论文 10 篇(1999—2010 年)。以上充分说明,对于学前教育研究 2000 年以前根本没有得到重视,特别是 1995 年以前,专门关于农村地区学前教育事业发展的文章凤毛麟角。进入新世纪以来,随着经济社会的进步和社会主义新农村建设政策实施,农村学前教育的重要性逐渐被认可,逐渐成为研究关注的热点。尤其是 2005 年以后,农村学前教育的研究呈现出了快速发展的趋势。农村学前教育涉及的种种问题进入了学者们的视野之中,一些研究成果引起了相关部门及关心农村学前教育事业的人们的重视,这些成果在一定程度上促进了农村学前教育的健康持续发展。经过归纳整理,目前关于农村学前教育的研究主要集中在以下几个方面:

(1)农村学前教育问题及原因研究

我们发现在已有的研究中,研究者关于农村学前教育的研究虽然角度不同但研究问题主要集中在农村办园条件、教育质量、教师队伍方面。笔者将相关文献进行梳理如下:

第一,农村学前教育办园经费短缺、办园条件差。章柳英指出,江西省学前班存在的问题主要包含教舍环境差、玩教具等教学设备少以及教师整体素质不高三个方面①。也有学者重点对一些贫困地区如西部地区的农村学前教育进行了研究,如郭芸芸的《发展西部农村学前教育的思考》②。郭芸芸(2006)的研究指出,由于西部地区经济水平低导致农村学前教育基础薄弱,许多农村幼儿园无论是在硬件还是软件上都非常落后。也有学者从教育公平的角度论述了影响农村学前教育发展的因素,如周燕指出:广东省实行的分级办园体制严重地制约着办园条件,农村幼儿园的指标低,制约着农村幼儿园的发展,造成了城乡间的教育差距和教育不公③;杨玉红也重点论述了农村学前教育中的教育机会、教育过程和教育结果中的教育公平。此外,还有研究者从办园经费短缺分析了农村幼儿园的办园情况,例如王晓青的《农村幼儿教育存在的问题和对

---

① 章柳英. 江西省农村学前班存在的问题和对策[J]. 农村幼教,2000(2).

② 郭芸芸. 发展西部农村学前教育的思考[J]. 教学与管理,2003(5).

③ 周燕. 影响城乡学前教育公平与均衡发展的制度因素分析——以广东省为个案[J]. 学前教育研究,2010(5).

策》①指出,由于农村学前教育经费短缺,导致农村幼儿教育机构的硬件十分薄弱。

关于农村幼儿园办园条件问题的探究主要集中论述幼儿园的硬件设施和软件上。多数研究者将造成农村幼儿园办园条件差的主要原因归为当地历史因素的影响、经济发展水平低和办园经费短缺上,也有少数研究者从教育公平的角度提出该问题。虽然现有的研究已从不同的角度论述并分析了农村幼儿园的办园条件差一系列的问题,但是很少有研究者探究政府在农村幼儿园发展中的影响,如政府相关部门对农村学前教育重视与否、政府的一些举措或是不当行为是否会影响或造成农村学前教育发展的滞后。

第二,关于农村学前教育的小学化倾向。研究者普遍指出农村学前教育存在着比较严重的小学化倾向。如:罗永恒的《幼儿教育岂能"小学化"》②一文中对"小学化"的概念进行了界定。另外学者沈芝莲在《农村幼教要生动鲜活》中指出农村学前质量差,保教内容以知识教育为主,存在严重的"小学化"倾向。沈芝莲进一步指出,应让广大农村幼教工作者提高认识、打开思路,利用农村特有的自然资源,开发农村幼儿园课程,采取更加灵活生动的方式进行幼儿教育,办出农村幼教的特色来③。李红婷的《农村学前教育政策审视:期待更多关注》、王学琳的《农村学前教育现状及发展策略刍议》和许志勇的《影响农村学前教育发展的主要因素》等都指出我国农村学前教育教学"小学化"倾向严重。

关于农村学前教育质量小学化倾向的原因分析中,研究者指出客观因素(地理环境、经济水平低文化落后等)和主观因素(基层领导、幼儿教师和幼儿家长对学前教育认识的误区)致使学前教育小学化倾向严重——教学内容以读写算为主、教学形式沿用小学化模式。另外,研究者还进一步指出,在农村小学中附设的学前班,严重受到小学教学思想的影响,进一步加剧了农村学前教育的小学化。例如,学者周兢在《我国贫困地区农村儿童早期发展与学前教育质量思考》一文中指出:大多附设在小学里的学前班并没有为农村儿童提供真正意义上的学前一年教育,没有围绕学前儿童发展的核心帮助儿童做好入学准备。将学前班简单地视为小学预科班,或者让一群学前儿童在小学一年级里混读三

① 王晓青.农村幼儿教育存在的问题和对策[J].重庆电子工程职业学院学报,2009(5).

② 罗永恒.幼儿教育岂能"小学化"[J].江西教育,2001(11).

③ 沈芝莲.农村幼教要生动鲜活[J].早期教育,2004(12):14－16.

年,这样的"学前教育"危害甚大①。学者卢筱红通过对江西省农村地区学前教育的调查研究后指出,造成幼儿教育小学化现象长期存在的原因主要有四个方面:一是迎合家长的要求;二是幼儿园管理者和教师自身素质较低;三是受小学"高起点"要求的限制,被迫增加小学数学、语文的教学内容;四是受幼儿园或学前班条件差的限制②。也有研究者从理论层面分析了农村小学化的现象,例如任爱红的《影响农村幼儿教师队伍建设的相关因素分析》③和李炙檬、李希合的《城乡二元结构下的农村儿童学习负担过重的调查和思考》④均从社会流动的视角,分析了二元结构下农村儿童学习负担的原因。

通过已有的研究我们可以看到多数研究者指出了农村学前教育存在严重的小学化倾向,究其原因可以归为:教育观念落后,教师整体素质差。另外,农村学前教育多以小学附设的学前班为主,因此无论教学形式还是教学内容都受小学教育思想的影响。

第三,教师队伍整体素质差。农村学前教育师资是影响农村学前教育发展的重要因素,从目前状况来看农村学前教育师资队伍还存在很多问题。对学前教师队伍的现状探索研究主要集中在:教师数量、教师待遇、教师专业素质等方面。例如,肖梅初的《对农村学前班教师队伍建设的思考》⑤和蒋兴旺的硕士论文(2009)都提到由于政府不重视幼儿教师的聘用和培训造成了幼儿教育队伍素质差教师队伍不稳定等问题。另外许志勇从农村学前教师的福利待遇的角度指出农村学前教师收入差距较大收入低影响着农村学前教育的健康发展。还有学者如李晓菲的《农村学前教育师资的问题与研究》和徐红川的《统筹城乡背景下农村学前教育师资存在的问题与对策研究——以重庆市江津区为例》⑥(2009)都指出:农村学前教育专业师资缺乏、幼儿教师整体专业素质偏低、对幼儿教师的管理不够规范,队伍建设部分内容缺失。此外也有相关研究全方位地

---

① 周兢.我国贫困地区农村儿童早期发展与学前教育质量思考[J].幼儿教育,2008(9):7.

② 卢筱红.我国农村幼儿教育存在的问题及对策——以江西省部分农村地区为例[J].教育导刊,2008(9):15.

③ 任爱红.影响农村幼儿教师队伍建设的相关因素分析[J].早期教育,2004(12):17.

④ 李炙檬、李希合.城乡二元结构下的农村儿童学习负担的调查和思考[J].甘肃科技纵横,2003(6):88 – 89.

⑤ 肖梅初.对农村学前班教师队伍建设的思考[J].学前教育研究,1994(8).

⑥ 徐红川.统筹城乡背景下农村学前教育师资存在的问题与对策研究——以重庆市江津区为例[D].重庆:西南大学,2009.

论述了农村学前教师现状,例如海南省通过实际调研较全面地总结了海南省农村幼儿教师队伍的基本特征:教师数量不足,师生比例高;农村幼儿教师没有编制;农村幼儿教师专业化水平低;教师工资待遇差,流动性大。有研究者就某一方面的问题进行了专门的论述,如殷艳娟在《当前我国农村学前教育存在的问题及其对策研究》中从教师队伍结构的合理性和教师学历的角度分析了农村学前教师队伍中存在的问题。学者许志勇调查了四县市 16 所村镇学前班和幼儿园之后得出了农村学前教师学历水平低的结论。也有研究者对农村幼儿教师专业素养的现状进行了研究。例如,西南大学杨兵的硕士论文《重庆市农村幼儿教师专业素养现状研究》(2010)对重庆市农村幼儿教师的专业素养(专业态度、专业知识和专业能力)的现状与问题及问题产生的原因进行了全面的分析①。

针对农村学前教师队伍整体素质差的研究者主要侧重分析了政府政策、幼儿园管理和教师自身因素三个方面。例如,任爱红针对苏北地区农村幼儿教师队伍总体素质偏低、年龄老化、骨干教师缺乏等现象,对影响农村幼儿教师队伍建设的相关因素进行了调查和分析,包括政策方面(待遇得不到政策上的落实、幼儿园产权不明晰)、管理方面(幼儿教师准入关不严格、业务管理的针对性不强、落实待遇方面监管不力)和教师自身因素(教师本身认识不够、缺乏进取心)等②。

从以上研究中可以看到农村学前教师队伍存在的主要问题有:优质教师资源缺乏;教师福利待遇低;教师专业素质不高;教师负担过重。而造成这一系列问题的原因主要是由于政府不重视、相关政策落实不到位导致教师编制问题无法解决,再加上教师福利待遇低以及幼儿教师自身因素的影响,使得农村幼儿教师队伍整体水平不容乐观。

(2)关于解决农村学前教育问题的对策研究

此方面研究,多数学者提出了相应的对策和建议:

第一,探索符合各地实际的农村学前教育办学模式,全面提高办园水平。学前教育是我国基础教育的重要组成部分,是学校教育的准备阶段,是整个教育公平的起点,学前教育不仅具有教育性,还具有公益性,与其他各级各类教育相比,具有更强的公益性③。而当前制约我国农村学前教育发展的一个主要因

---

① 杨学兵.重庆市农村幼儿教师专业素养现状研究[D].重庆:西南大学,2009.

② 任爱红.影响农村幼儿教师队伍建设的相关因素分析[J].早期教育,2004(12):17.

③ 张朝,于宗富.农村学前教育的困境与出路[J].教育发展研究,2009(24).

素就是资金匮乏,与世界上其他发达国家相比我国对学前教育的投资较低。例如,俄罗斯学前教育投资占教育总投资的20%。因此要保障农村学前教育的健康发展政府必须发挥主导作用加大投资力度保障农村幼儿园的基础设施,在坚持公益性的前提下,建立有效的激励机制让更多的资金流入幼儿园①。另一方面,我国幅员辽阔,国家现有的经济实力还不足以保证国家能全部负担起农村学前教育的费用。例如,汪冬梅在其硕士论文《农村学前教育问题研究》(2006)中指出:我们应该坚持在政府主导下,动员社会力量实现多渠道、多形式地发展农村学前教育,贯彻"多渠道办园"的方针,保障农村幼儿园发展的经费,提高农村幼儿园的办园条件②。

针对农村各地不同的实际情况,不同省市结合当地实际,提出发展策略。例如山东省以及其地级市近年来十分重视学前教育特别是农村学前教育的发展。2003年11月山东省就确定了学前教育改革与发展的目标,到2010年形成以政府举办幼儿园为骨干和示范,以社会力量兴办幼儿园为主体,公办与民办学前教育相结合的发展格局。在农村形成以县(市区)实验幼儿园为示范,以乡镇中心幼儿园为骨干,以村级办园为主体、个人办园为补充的发展格局。《山东教育》(幼教版)曾在2004年11期刊载相关系列报道,如反映淄博市人民政府的《加强政府统筹 着眼长远发展 努力开创农村学前教育新局面》③、反映青岛市人民政府的《坚持三个到位 促进我市农村学前教育事业发展》④,对枣庄市、潍坊市、滨州市等地也有相关报道。

也有一些地方的具体举措极大地促进了当地农村学前教育的发展。例如:广西南宁地区的幼儿园在政府的主导下,城乡幼儿园实行"手拉手"帮扶,一家条件较好的城市幼儿园联系一家乡镇农村幼儿园,在幼儿园建设、师资培养方面进行"一对一"的扶助。山东省青岛市黄岛区通过强化政府行为,采取"政府拨一点,村里投一点,家长出一点,社会捐一点"的办法解决了农村学前教育的资金问题;使幼儿园的"所有权"和"管理权"分离,把村办幼儿园纳入了现代化

---

① 王晓青.农村幼儿教育存在的问题和对策[J].重庆电子工程职业学院学报,2009(5).

② 汪冬梅.农村学前教育问题研究[D].东北师范大学硕士论文,2006.

③ 淄博市人民政府.加强政府统筹 着眼长远发展 努力开创农村学前教育新局面[J].山东教育(幼教版),2000(4):8—9.

④ 青岛市人民政府.坚持三个到位 促进我市农村学前教育事业发展[J].山东教育(幼教版),2000(4):10.

的管理轨道①。骆正军和周艳红、吴瑜的《"布线织网"做文章——永州市农村学前教育管理模式之我见》②指出,目前永州市农村学前教育的管理处于一种竹筛型的模式,文章分析了这种模式的优点和缺点。宁夏回族自治区彭阳县通过加强教师上岗培训,树立了以人为本的育人观,全面提高了农村学前教师的整体素质和学前教育质量;通过树立典型,以点带面全面提高办园水平。另外还多渠道筹措资金,解决了办园经费问题,优化了幼教环境。

第二,提高农村幼儿教师待遇,培养一支高素质的教师队伍。由于农村资源匮乏、经济水平低,政府以及相关教育部门管理不到位,使得农村学前教师的生存状况不容乐观。因此要想保障和提高农村学前教育质量,除了要提高农村学前教育的硬件水平,同时也应注重建设一支高素质的教师队伍。要解决农村学前教师队伍存在的问题必须重点关注:教师待遇和教师培训量方面。研究者提出要想提高教师质量,稳定教师队伍,必须为农村幼儿教师提供良好的工作和生活环境,同时还应该解决农村幼儿教师的编制及其福利待遇问题,保障其合法权益,为教师提供专业成长的机会,增加其外出进修和学习的机会。赵翠文在《农村学前教育师资队伍现状分析与对策建议》一文中提出:要解决农村学前教师队伍存在的问题,必须重视师资培训,建立健全学前教育师资培训体系,加强在职培训③。肖梅初在《对农村学前班教师队伍建设的思考》中通过实际调研后指出:要在农村建设一支高素质的教师队伍最关键的问题是各级地方人民政府与同级教育行政部门如何密切配合,真正将加强农村幼师队伍的建设纳入议事日程。应制定一系列适合当地农村具体可行的政策④。山东省潍坊市为促进农村学前教育发展,从健全幼教管理机构、落实教师待遇、加强教师培训和制定政策法规入手,将潍坊市农村幼儿教师队伍建设纳入了法制化轨道。

多数研究者指出要提高农村学前教师的整体素质就要加强教师培训,例如

① 韩梦凤.加强政府统筹 实行办管分离 努力开创农村学前教育新局面[J].山东教育,2001(5):21.

② 骆正军,周艳红,吴瑜."布线织网"做文章——永州市农村学前教育管理模式之我见[J].当代教育论坛,2005(9).

③ 赵翠文.农村学前教育师资队伍现状分析与对策建议[J].安徽教育,1999(1-2):15.

④ 肖梅初.对农村学前班教师队伍建设的思考[J].学前教育研究,1994(8):19.

倪健在《新形势下农村学前教育现状分析及对策探讨》①一文中指出：对农村学前教师的培训要坚持职前培训和在职培训相结合、长期培训与短期培训相结合、幼教理论与农村实际相结合、理论学习与实践提高相结合的原则。周兢提出，要重构贫困地区农村学前教育管理和培训体系，以满足农村学前教师专业的发展。郭小能、李晓菲的研究强调了要加强对农村学前教师的培训，建立健全师资培训体系。另外，骆正军、张伟在《突破"瓶颈"天地宽——永州市农村学前教育师资队伍建设的问题及对策》②一文中指出，不仅要重视农村学前教师的培训，而且还要通过开展各种科研活动提升教师专业素质。

第三，加强政府部门对农村学前教育的管理。从现有的关于政府对农村学前教育管理的研究来看，普遍认为，农村学前教育发展要以政府为主导，以法律为后盾。研究者指出政府首先要增强主管意识，根据各地的实际情况，制定学前教育发展的目标和计划，其次对学前教育要有专门的机构和人员进行管理。

周兢、柳倩指出，要采用各种方式提高贫困地区农村儿童早期发展和学前教育的质量③。另外也有研究者从改善农村幼儿教师素质，提高农村学前教育质量的角度论述了该问题，如张向红的《邵东县农村学前教育的现状与发展策略》④。

综上所述，可以看出自2000年以来，对农村学前教育的研究已成为学者们关注的热点之一，相关研究也随之日益增多，视角多元，值得参考。同时，我们也应看到已有研究的缺憾和不足。到目前为止，国内关于农村学前教育的硕博士学位论文数目极少，其他文章大都是泛泛而谈。我国地域广大，国情复杂，现有的研究多数只是针对城市地区而论，这样难免缺少针对性。对农村地区学前教育的研究又往往缺少实证性的支持，经验的主观臆测较多，严格的科学调查研究较少；研究多是比较笼统、表面和孤立的事实，不够具体、深入，缺少对事实之间联系的调查研究；对于农村学前教育问题的分析大多忽略农村地区的经济文化背景。因此仍需不断深化我国农村学前教育的研究。

① 倪健.新形势下农村学前教育现状分析及对策探讨[J].中国教育技术装备,2010(4).

② 骆正军,张伟.突破"瓶颈"天地宽——永州市农村学前教育师资队伍建设的问题及对策[J].当代教育论坛,2007(10).

③ 周兢,柳倩.我国贫困地区农村儿童早期发展与学前教育质量思考[J].幼儿教育(教育科学),2008(9):7.

④ 张向红.邵东县农村学前教育的现状与发展策略[J].教育教学研究,2010(24).

（2）国外农村学前教育研究

通过对已有研究分析发现,国外农村学前教育存在着儿童入园率低、教育质量和师资力量总体薄弱、入学准备不足、儿童的健康问题被忽视、文化冲突严重等主要问题。

第一,农村学前教育问题及原因分析。一是入园率低。研究者认为儿童入园率低的问题在农村普遍存在。据调查资料显示:在俄罗斯,只有20%的农村儿童家长认为当地的学前教育机构可以满足学前儿童的教育需求;43%的农村儿童家长认为当地的学前教育机构还不够完善;14.3%的家长认为他们生活的地区没有人送孩子去幼儿园;此外,8.6%的家长指出他们当中只有极少数家长愿意送孩子去幼儿园。俄罗斯2002年比1990年学前教育机构数量减少了45.3%①。李秀芳和曹能秀在《美国农村学前教育存在的问题及对策》中指出,2005年,美国农村3—5岁儿童入园率为49.6%,明显低于城市(57.6%)和城郊(63.4%),城乡差距明显。此外,在美国,对3岁以下儿童开放的保育机构数量不多,在农村地区更是相当少。② 在农村及偏远地区,农村学前教育机构不仅面临数量少、规模小的问题,由于交通不便,路费成本高,而且机构分布不均衡,孩子们无法每天步行去邻近村庄的幼儿园,导致农村地区儿童的入园率远远低于城市地区。还有其他的影响因素,比如国家职责的重要性。以俄罗斯为例,由于学前教育不属于义务教育的范畴,国家在某种程度上很难保障农村和偏远地区的儿童都能接受到正规的学前教育,再加之居住在农村地区的家庭经济状况低下,这些原因造成了儿童入园率低。

二是教育质量和师资力量总体薄弱。从家长角度来讲,农村地区孩子的母亲文化水平相对低下,缺乏相关的保教知识。根据美国人口普查局的资料显示,虽然四分之一的美国人口生活在农村地区,但农村孩子的学前教育状况可能会比他们想象中更糟。他们的现状是有相当一部分农村地区学前儿童的母亲较为年轻,缺乏对学前教育的认识和经验;家庭贫困,很少有机会参加国家学

① The Influence of the Territorial Factor on the Accessibility of Preschool Education. Russian Education and Society, vol. 47, no. 6, June 2006, pp. 27—43. / ISSN1060 – 9393/ I. V. SELIV-ERSTOVA.

② 李秀芳,曹能秀.美国农村学前教育存在的问题及对策[J].幼儿教育(教育科学),2010(3).

前教育计划①。

从教师角度来讲,农村学前教育机构教师专业化程度不高,那里的儿童只能受到所谓的"二等教育"②。此外,农村学校的教育经费比城市学校少很多,聘用的教师缺乏经验,培训也成为制约农村学前教育发展的主要问题(谢尔曼,1992)。

多篇文章鲜明地指出,由于农村幼儿教育机构规模普遍偏小,在园幼儿人数少,所以国家对农村地区的学前教育财政资助也比较少。经费不足是影响其教育质量、教师质量提高的一个重要因素。多方面问题都导致农村学前儿童无法享受与城市儿童一样平等的学前教育。

三是入学准备不足。发达国家、发展中国家研究表明学前教育有着非常积极的影响,它能够提供幼儿早期必要的社会和语言刺激。参加幼儿园比未参加幼儿园的儿童在英语、数学、科学方面的发展更有潜力。然而,农村学前教育机构由于经济等各种特殊困难,对于培养儿童入园必备技能(如识字能力,交往能力,文化差异的适应能力等)和入园前身体、心理准备方面的研究存在很多不足之处③。调查显示,因为家庭经济等种种困难,非裔美籍家庭的每五个儿童中就有一个无法接受正规学前教育,他们只能接受家庭成员、朋友和邻居的照顾。同时,Grace et al.(2006)也指出非裔美籍家庭中56%的儿童很难有机会接受入园准备教育④。同样,孟加拉国许多农村儿童由于家庭贫困不能接受正规学前教育,他们严重缺乏入园必备的识字能力⑤。

---

① Rural Kindergarten Teacher's Perception of School Readiness: A Comparison with the Carnegie Study. Early Childhood Education Journal, Vol. 25, No. 2, 1997.

② Mark Shucksmith, anet Shuchsmith, Joyce Watt. Rurality and Social Inclusion: A Case of Preschool Education. SOCIALL POLICY&ADMINISTRATION ISSN 0144 – 5596/ VOL. 40, No. 6, DECEMBER 2006, pp. 678 – 691.

③ Anna C. Moore, Sadika Akhter, Frances E. Aboud. Evaluating an improved quality preschool program in rural Bangladesh, International Journal of Educational Development 28, 2008, 118 – 131.

④ Dr. Cathy D. Kea, North Carolina A&T State University, Greensboro, NC. Connecting Rural African American Families with Differentiated Home Learning Instruction for Their Preschoolers. Rural Special Education Quarterly, 2009.

⑤ Aftab Opel, Syeda Saadia Ameer, Frances E. Aboud. The Effect of preschool dialogic reading on vocabulary among rural Bangladeshi children, International Journal off Educational Research, 48, 2009, 12 – 20.

从上述描述我们不难发现,儿童入学准备方面存在的问题主要原因在于家庭无法让孩子接受正规的学前教育,学前教育机构无法为孩子提供正规的学前教育。那么,要改变这种现状在很大程度上需要政府的政策和财政资助。

四是幼儿的健康问题被忽视。世界范围内只有少数国家调查、评估幼儿维生素 A 缺失的普遍程度(Beaton,1999)。维生素 A 是维持视觉功能和完善一些视觉组织必须的营养(Sommer,1982)。包括埃及在内,维生素 A 缺失(VAD)在世界范围内许多地方都是一个主要的公共健康问题(世界卫生组织,1995,Gervinskas & Houston,1998)。在埃及,由于农村家庭贫困,1600 个学前儿童中有 43% 的儿童维生素 A 摄入量低于标准的日摄食量(RDA)的 75%(Moussa et al. 1997)[1]。此外,有文章指出中耳炎是发展中国家儿童的一种常见疾病,它已成为导致印度儿童失聪的主要病因。据 1997 年研究表明,印度农村 34 个孩子中有 31 个患有中耳炎,患病儿童占到儿童总数的 15.3% —20%。然而到目前为止,还没有一个针对印度儿童中耳炎致病因素的系统性研究[2]。

令人欣慰的是,农村地区学前儿童的健康问题已日益受到各国关注。研究人员利用人体测量学等多种科学方法调查评估儿童的饮食状况,给予这些地区儿童父母一些有助于增强儿童体质的实用性建议,如倡导婴儿期母乳喂养,提供良好的家庭卫生环境,推荐每日食物营养摄入量标准等等。针对农村地区学前儿童身体健康方面问题的各项研究还在逐步展开。

五是文化冲突严重。广阔的农村地区,种族多样化的现象十分普遍。由于文化背景、家庭组成的不同,很难将人们的价值观等一概而论。即使在同一种文化之下也没有两个家庭拥有同样的需求与信仰,在这种情况之下,农村学前教育中的文化冲突问题日益显著。农村地区多样化使得我们迫切需要认识生活在这些不同地区的居民的各种行为习惯[3],针对不同的行为习惯,实施不同的

---

① Ali Ezz El – Arab, Fatma Khalil, Laila Hussein. Vitamin A deficiency among preschool children in a rural area of Egypt: the results of dietary assessment and biochemical assay . International Journal of Food Sciences and Nutrition, 2002/53, 465 – 474.

② A. Sophia, Rita Isaac, Grace Rebekah, K. Brahmadathan, V. Rupa. Risk factors for Otitis media among preschool rural Indian children, International Journal of Pediatric Otorhinolaryngology, 74, 2010, 677 – 683.

③ Mark Shucksmith, Janet Shuchsmith, Joyce Watt. Rurality and Social Inclusion: A Case of Preschool Education. SOCIAL POLICY&ADMINISTRATION ISSN 0144 – 5596/ VOL. 40, No. 6, DECEMBER, 2006, pp. 678 – 691.

教育,达到求同存异。

各国农村学前教育在发展中也碰到了各式各样的问题,既有相同之处,又各具特点,以上只是阐述了一些主要问题。

第二,关于解决农村学前教育问题对策的研究。就如何解决农村学前教育存在的问题,各国政府制定各种相应教育法律、政策和计划保障学前教育顺利进行。

一是教育法律、政策。在英国,国家保障儿童 5 岁起开始接受义务教育,在芬兰,国家通过教育法保障儿童 6 岁入学前班接受学前教育。现在,提供国家保障的高质量农村学前教育已成为俄罗斯教育现代化的一个重要目标①。

印度实验了 0—6 岁儿童综合发展服务的国家计划,这项保健和教育服务是基于以下四个综合目标:为怀孕和哺乳期妇女提供优质的健康和营养服务;加强 0 - 6 岁儿童体育和社会方面的发展;协调各部门,便于参与政策制定和实施学前教育;为 0 - 6 岁儿童的母亲提供相关的健康和营养知识教育。目前,印度政府正致力于西方教育思想本土教育实践相结合的研究,在课程设计中,注重自然资源和材料的利用,以便更好地满足儿童需要。②

二是教育计划。教育电视介入计划项目。这种方法是以一套高质量的广播、电视系列节目为基础,发展 0—3 岁学前儿童的必备技能(如语言能力等),增加农村儿童父母及其他家庭成员在幼儿早期教育方面的知识和技能。这种方法利用广播、电视为媒介,内容丰富多彩,教会父母如何创造出便宜实用的家庭游戏材料以及如何应对幼儿学前教育中的各种问题,从而使这些家长树立自信和教育孩子的独立性,学会与孩子的相处之道③。

对话式阅读研究。这是一种幼儿园教师对学前儿童提供语言刺激以发展儿童词汇的方法。对话式阅读研究重视加强农村学前教师的培训和管理。主张对教师提供 4 周的教学干预以确保每一位教师按照对话阅读的方式展开教

---

① The Influence of the Territorial Factor on the Accessibility of Preschool Education. Russian Education and Society, vol. 47, no. 6, June2006, pp. 27—43. 2006/ISSN1060 - 9393/I. V. SELIVERSTOVA.

② Jyotsna Pattnaik. Early Childhood Education in India: History, Trends, Issues, And Achievements.

③ Rhonda Folio, Dean Richey, Tennessee Technological University. Public Television and Video Technology for Rural Families with Special Needs Yong Children: The ETIPS Model, TECSE10 (4), 45 - 55, 1990.

学活动。在这个过程中应该让教师认识到如何引导儿童阅读,如何构想开放式问题启发儿童思维、交流。在讲故事时,教师可以利用多种途径,如用插图、用图片卡、为孩子举出生活中的相关事例等方法,以帮助他们更好的理解。①

家庭中心计划。该计划是以家庭为单位来解决农村地区学前教育中的文化冲突问题。家庭中心计划:每个家庭都有独特的环境,家长和家庭是孩子的第一位老师,他们对于孩子的发展有着巨大的影响。家庭中心计划是一项发展综合的、系统的、长期的家长参与式活动计划。主要内容:在早教人员、家庭和社会群体之间建立一种可信的协作关系;认识、尊重、强调家庭需求以及阶级和文化的差异;权利与义务并存(Henderson & Mapp,2002)。强调教育者若遇到文化背景不同且各方面程度较差的学生,需对知识有清晰明了、系统、透彻的讲解,并且同时使用文化反应教学法来减少学生在学习中的问题。文化反映教学法是一种基于现状,考虑到学生不同文化背景情况的教学方法。文化反映教学策略与家庭学校和社会环境均相关。当课堂中遇到与学生自身文化、家庭、所属社会团体、生活经历、兴趣爱好相关的内容时,老师应予以提点,这样,学生遇到自己熟悉的内容与话题时会更好地参与教学活动,从而得到更好的教学效果②。

除政府层面的教育政策和教育计划之外,针对教育质量问题,研究者提出,对已有的学前教育机构进行评估和检测是一个重要的环节。

学校教育质量评估包括师生比、教师教育技巧、教师经验、教育设施、学生家庭环境、学生认知能力、学生个人潜力等方面。评估结果显示:多给学生提供与教师沟通的机会以及教师自身素质的提升是影响学校教育质量的主导因素,这两个因素比基础设施建设、基础设备投资对教育质量的影响更加显著③。

还有文章提到"前后介入式设计控制测试"。这种测试主要是将儿童在实

① Aftab Opel,Syeda Saadia Ameer,Frances E. Aboud. The Effect of Preschool Dialogic Reading on Vocabulary among Rural Bangladeshi Children . International Journal of Educational Research,48,2009, 12 – 20.

② Dr. Cathy D. Kea, North Carolina A&T State University, Greensboro, NC. Connecting Rural African American Families with Differentiated Home Learning Instruction for Their Preschoolers. Rural Special Education Quarterly, 2009.

③ JERE R. BEHRMAN, SHAHRUKH KHAN, DAVID ROSS, RICHARD SABOT. School Quality and Cognitive Achievement Production: A Case Study for Rural Pakistan. Economics. of. Education. Review, Vol. 16, No. 2, pp. 127 – 142, 1997/S0272 – 7757(96)00045 – 3.

验幼儿园的行为表现与儿童在一般幼儿园的行为表现进行细致比较以检测学校教育质量在哪些具体方面的不足之处。在测试中采取行动研究的方法,将日常课程分为三个主要部分:讲故事、数学、自由活动,强调教师与儿童的情感、语言等各方面交流。在测试之后通常会对学前儿童进行评估,主要包括:词汇评估,对于儿童的词汇知识和表达词汇意思的能力方面的评估;模型理解评估,对于儿童视觉分析理解能力的评估;材料设计评估,对儿童视觉空间感的评估;相似性的评估,儿童鉴别两个物品或属性的相似性能力的评估;入园准备测试评估,对于儿童入园身心准备状况的评估;社会性评估,运用游戏观察法在幼儿日常游戏活动中评估其社会性的发展情况;身体健康评估,对于儿童营养状况的评估。此外,对于农村学前教育质量测试还包括对于幼儿园环境、幼儿活动材料以及教育目标、课程、活动、教师培训方面的评估①。

通过以上分析可以看出,各个国家十分重视农村学前教育的发展并且采取了一些积极有效的措施,取得了一定的成效。同样我们也要看到,对国外农村学前教育同样也需要进一步大量、细致的研究,解决农村学前教育发展中存在的问题,保障农村学前儿童享有平等的教育机会。

第三,对弱势群体中的学龄前儿童实施公平的学前教育。学前教育作为教育和社会公平的起点,特别在国际社会共同推进全民教育趋势的影响下,学前教育公平问题逐渐成为各个国家普遍关注的问题,而地区发展不均衡是学前教育公平问题表现之一。通过期刊网的搜索发现,国外对教育公平现象分析放眼于整个教育领域,而着眼于学前教育抑或农村学前教育这一相对独立领域的专门研究的不多。对农村学前教育的研究主要集中在对弱势群体中的学龄前儿童实施公平的学前教育。弱势群体包括城市中的贫困群体,也包括经济文化水平相对较低的农村地区的群体。

综上所述,农村学前教育的健康可持续发展,政府是关键性因素。首先应着手建立和完善弱势群体教育资助体系,以保障农村儿童基本受教育权的实现。其次,需要做的是加大政府的教育投入,要用立法手段和法律机制保障国家不断增加对教育的投入;调整教育财政支出结构,加大对学前教育的投入;扭转教育投入城乡结构失衡,加大对农村地区的教育投入。简言之,要促进农村

---

① Anna C. Moore. sadika Ahter, Frances E. Aboud. Evaluating of an improved quality preschool program in rural Bangladesh. International Journal of Educational Development, 28, 2008, 118 – 131.

学前教育的发展,教育财政投入制度、政策上需要进行较彻底的公平化改革。

(三)关于政府主导学前教育发展研究

自 20 世纪 60 年代以来,无论美、英等发达国家,还是巴西、墨西哥、印度等发展中人口大国,都把普及学前教育作为提高国家竞争力的重要组成部分,作为国家基础教育和人力资源投资的重点,加大财政投入,实施了普惠性的学前教育国家行动计划。把学前教育纳入政府公共服务体系,大力推进普及,已成为当前国际教育发展的新趋势,成为世界各国的共同行动。对于政府主导学前教育发展的研究,近年来学术界也进行了一系列的重要研究。从中国知网上搜索的结果看,目前关于政府主导学前教育发展的论文有 20 多篇,其中有两篇硕士学位论文,其余的为一些个案研究的文章。这些研究成果为本研究提供了重要的借鉴和参考价值与意义。

1. 国外关于政府发展学前教育的责任研究

纵观世界各国发展学前教育的举措,世界各国政府均通过政府的宏观调控、政策立法、监督管理等措施强化政府职能,促进学前教育的健康有序发展。同时,各国还将普惠性的学前教育作为国家发展战略,实施国家行动计划,纷纷出台了一系列的重要举措,加大财政投入力度。综上所述,政府将学前教育纳入公共服务体系范畴,大力推进普及,已成为了当前国际教育发展的新趋势,成为世界各国的共同行动。

世界各国政府重视学前教育发展,体现出了不同的特点。英国政府重在理顺学前教育管理体制,在中央设立了专门的学前教育机构——教育和技能部,下设相关职能部门分工管理全国学前教育事务,具体负责学前教育事务。同时,英国政府还要求,凡是在其他可能对儿童产生影响的事务上,政府相关部门也应发挥相应作用。关于学前教育管理,英国政府 1998 年规定:从当年 9 月起,所有 4 岁孩子开始接受免费教育,一次 2.5 小时,每周 5 次。其目标是在苏格兰 2002 年、英格兰 2004 年时达到 3 岁免费教育。同时,英国政府在 1999 年 8 月宣布,建立第三方监督机构,由独立于教育与技能部的非部级单位——教育标准办公室(Omee for Standards in Edueation,OFSTED)负责制定全国统一标准的托幼机构学前教育服务质量规范以及注册和督导检查工作等,从 2001 年 9 月开始,所有的托幼机构都要接受教育标准办公室的监督。在各个地区将建立地方性的教育质量督导网络以支持督导者的工作。英国政府不仅明确和强化了各级政府对学前教育的职能,加强了各部门的管理指导,同时还建立了第三方监督机构,独立于教育行政部门之外,对学前教育的发展进行监督和管理,摆脱了教育行政部门既当"裁判员",又当"守门员"的矛盾局面①。

美国联邦政府主要通过立法来明确和强化政府对学前教育的领导、规划、管理、监督等职责。1994 年,克林顿总统签署的《2000 年目标:美国教育法》(Goals2000:Educate America Act)明确规定:"到 2000 年,所有美国儿童都能够做好入学学习的准备。"为实现这一目标,该法明确把发展学前教育放在八大教育目标之首,还专门对发展学前教育的全国领导组织机构、教育改革标准与评价、监督等做出了规定②。在联邦政府的影响和带动下,各州也积极响应,通过加紧出台相应法规来强化政府在学前教育发展中的具体职责,从而促进了各州学前教育的健康稳步发展。如俄克拉何马州有 90% 以上的 4 岁儿童接受学前教育,该比例居全美各州之首,该州也是全美能够为所有 4 岁学龄前儿童提供自愿参加的全免费公共学前教育的三个州之一(其他两个州是乔治亚州和纽约州)。此种成绩的取得首先应该归功于俄克拉何马州政府对学前教育的重视,该州先后于 1990 年和 1998 年通过了两部具有里程碑意义的学前教育法③。

印度通过立法和制定政策明确规定了政府是扶助弱势儿童学前教育的责任主体。自 1975 年开始,印度政府实施了"儿童综合发展服务计划",该计划主要针对 6 岁以下农村、部落和贫民窟儿童等弱势群体儿童提供免费早期教育、健康和综合性营养服务。2003 年,印度《国家儿童宪章》指出"国家向所有儿童提供学前教育",2005 年,印度《国家儿童行动计划》要求政府向"最弱势的、最贫穷的和获得最少服务的儿童提供最大程度的优先"。在具体的落实上,规定政府在教育预算分配上"要确保优先那些属于最弱势群体的儿童",这一规定明确将弱势儿童的学前教育投入作为政府责任的重要内容④。

巴西政府在《教育指导方针和基础法》(1996 年)中规定,"提供特殊教育服

① CatherineAyoub. Cognitiveskillperformaneeamongyoungehildren livinginPoverty:Risk, ehange, andthepromotiveeffeetsofEarlyHead Start [J]. EarlyChildhoodResearChQuarterly, 24 (2009).

② 刘小蕊,庞丽娟,沙莉.美国联邦学前教育投入的特点及其对我国的启示[J].学前教育研究,2007(3):3-9.

③ 沙莉,庞丽娟,刘小蕊.通过立法强化政府在学前教育事业发展中的职责[J].学前教育研究,2007(2):3-9.

④ 庞丽娟,夏婧,孙美红.世界主要国家和地区弱势儿童学前教育扶助政策研究[J].教育学报,2010(10):50-55.

务,作为国家的宪法义务,应开始于0—6岁阶段",从宪法责任的高度指出了政府必须扶助0—6岁特殊儿童获得学前教育①。

古巴政府1992年正式启动的"教育你的孩子计划"(Educate Your Child),旨在实现农村地区,特别是山区、边远地区儿童免费学前教育服务的全覆盖的计划②。

2. 国内关于政府主导学前教育发展的研究

虞永平在《试论政府在幼儿教育发展中的作用》一文中指出,政府的财政支持是决定其发展的关键性因素,因此政府应该把学前教育作为社会公共事业发展,不能盲目地将其推向市场③。刘小蓉、庞丽娟、沙莉等人通过对美国政府发展学前教育的做法进行研究后得出,学前教育的发展,无论是在立法保障还是财政投入方面,都离不开政府的支持。王亚新在分析了陕西的学前教育发展现状的基础上,提出在学前教育事业发展中,必须通过立法来明确政府的职能④。冯静认为,政府应在学前教育发展中承担主导责任⑤。黄新南、张瑞、柳铭和卢璟认为,学前教育存在问题的根本原因在于制度的缺失与政府责任的缺位,政府有必要勇于承担起促进学前教育健康快速发展的重任⑥。

高艳艳在其硕士学位论文《政府主导学前教育发展模式研究》中,对政府主导学前教育发展模式进行了界定,将其概括为以国家政府的宏观调控为主,对于"出生至学龄前儿童"实施教育的实践发展模式⑦。她运用文献、归纳总结和比较分析等方法,以美国、英国和日本为样本,对其政府主导学前教育发展模式进行了分析,并论述了该模式给我们的启示⑧。同时,对我国近年来在政府主导学前教育发展实施方面比较有代表性的上海、浙江和地处中西部地区的陕西省等地区,总结了政府主导学前教育模式的成功经验。山西省立足于山西省学前教育发展现状,建构了"督导先行 + 专家引领 + 多元化办园并行"的政府主导学

① 庞丽娟,夏婧,孙美红.世界主要国家和地区弱势儿童学前教育扶助政策研究[J].教育学报,2010(10):50 – 55.

② 庞丽娟,夏婧,孙美红.世界主要国家和地区弱势儿童学前教育扶助政策研究[J].教育学报,2010(10):50 – 55.

③ 虞永平.试论政府在幼儿教育发展中的作用[J].学前教育研究,2007,(01):3 – 6.

④ 王亚新.我国学前教育的政府职能分析[D].西北大学硕士学位论文.2008.

⑤ 冯静.政府在学前教育事业发展中的地位研究[J].世纪桥,2010,(07):58 – 59.

⑥ 魏娟.政府主导学前教育发展的路径探索[D].西北大学硕士学位论文,2012.

⑦ 高艳艳.政府主导学前教育发展模式研究[D].山西大学硕士学位论文,2012.

⑧ 高艳艳.政府主导学前教育发展模式研究[D].山西大学硕士学位论文,2012.

前教育发展模式①。高艳艳还在《政府主导学前教育过程中应如何将"督导"进行到底》一文中指出,落实政府的学前教育方针政策,离不开政府后期的监督和指导。政府主导下的学前教育"督导"工作需要从学前教育督导工作自身的专业性、完善的评估指标体系、灵活的工作方式和切实的法规保障四个方面加以改善②。

魏娟在其硕士学位论文《政府主导学前教育发展的路径探索》中首先对政府主导的概念进行了界定,指出政府主导是指政府利用各种调控手段,对学前教育发展进行必要和合理的调节或管理,即政府在学前教育中起统领全局并推动全局发展的作用③。其次,她从公共经济学和公共行政学的视角,论证了政府主导学前教育的必要性。第三,对我国目前学前教育市场化存在的政府责任缺失导致管理混乱、学前教育经费投入严重不足、学前教育资源分配不合理导致其发展不平衡、安全意识薄弱及安全管理存在漏洞等种种弊端的深入研究,详尽地分析了政府主导学前教育的优势④。她认为,要推动学前教育有序健康发展,就必须明确政府在学前教育发展中的重要职责,发挥出主导作用⑤。同时,提出了实施学前义务教育作为政府主导学前教育的基本思路的建议,并指出了其具体的路径,即从法制建设、管理体制、财政投入、均衡发展、师资建设和安全管理等方面入手,并探讨了这一政策的可行性及可能遇到的困难⑥。

张涛、唐荷花在《政府主导促进农村学前教育发展——基于教育均衡发展的视角》一文中指出,当前我国农村学前教育边缘化趋势严重,农村幼儿教育发展状况令人担忧。他们从教育均衡发展的视角出发,提出了政府主导农村学前教育发展的几条具体措施,即立法是农村学前教育发展的有益屏障,统筹规划是农村学前教育发展的活水源头,经费投入与管理是农村学前教育发展的重大支柱,协调监督是农村学前教育发展的有效保证⑦。

---

① 高艳艳.政府主导学前教育发展模式研究[D].山西大学硕士学位论文,2012.

② 高艳艳.政府主导学前教育过程中应如何将"督导"进行到底[J].吕梁教育学院学报,2012,(06).

③ 魏娟.政府主导学前教育发展的路径探索[D].西北大学硕士学位论文,2012.

④ 魏娟.政府主导学前教育发展的路径探索[D].西北大学硕士学位论文,2012.

⑤ 魏娟.政府主导学前教育发展的路径探索[D].西北大学硕士学位论文,2012.

⑥ 魏娟.政府主导学前教育发展的路径探索[D].西北大学硕士学位论文,2012.

⑦ 张涛,唐荷花.政府主导促进农村学前教育发展——基于教育均衡发展的视角[J].当代学前教育,2011,(冬).

周永明、张建萍在《政府主导的学前教育发展制度设计与选择——以宁波市江北区慈城镇为例》一文中指出,当前基层地方政府在发展学前教育中面临办园体制、园舍建设模式、公共财政投入方式、教育成本分担机制、教师管理制度等五个难以把握但又难以回避的具体问题①。他们在对宁波市江北区慈城镇积极探索更富弹性与可行性的学前教育发展模式的基础上,总结提炼出了"五·三"制度模式。文章对该制度模式进行了阐述与论证,指出该制度设计在当前学前教育发展的五个重要方面都提出了三种选择,而三种选择的结构比例及以何者为重,都需要地方政府切实考虑当地实际发展水平与需要来进行确定,特别提出了在学前教育方面不能盲目推行"以公为主"的主张②。具体来讲,在探索解决办园体制问题方面,为满足本区域所有适龄幼儿的入园需求,提出了公办幼儿园、普惠性民办幼儿园、选择性民办幼儿园并举的模式,通过大力发展前两者建设"广覆盖,保基本"的学前教育公共服务体系;通过发展选择性民办幼儿园满足群众个性化的教育需求③。为解决重中之重、优先中之优先的园舍建设问题,提出了新建居住小区配套建设、新农村建设中公共服务设施配套建设、中小学富余校舍改建三种途径并行的主张④。在探索改革公共财政投入体制方面,提出了补教师、补幼儿、补幼儿园的三种方式,其实质是强调只有多方式多途径的公共财政投入体制才能有效平衡公办园与民办园、公办教师与非公办教师、城镇教师与山村教师、入读公办园幼儿和入读民办园幼儿等不同主体的利益⑤。在探索改革学前教育成本分担机制方面,为彻底改变以往主要依靠财力相对薄弱的乡(镇)一级政府举办幼儿教育的疲软局面,提出了由县(区)财政、乡(镇)财政、幼儿家庭三方共同分担,并十分强调县(区)一级政府的财

① 周永明,张建萍.政府主导的学前教育发展制度设计与选择——以宁波市江北区慈城镇为例[J].学前教育研究,2011,(03).

② 周永明,张建萍.政府主导的学前教育发展制度设计与选择——以宁波市江北区慈城镇为例[J].学前教育研究,2011,(03).

③ 周永明,张建萍.政府主导的学前教育发展制度设计与选择——以宁波市江北区慈城镇为例[J].学前教育研究,2011,(03).

④ 周永明,张建萍.政府主导的学前教育发展制度设计与选择——以宁波市江北区慈城镇为例[J].学前教育研究,2011,(03).

⑤ 周永明,张建萍.政府主导的学前教育发展制度设计与选择——以宁波市江北区慈城镇为例[J].学前教育研究,2011,(03).

政投入责任①。在探索解决幼儿教师队伍管理问题方面，主张对公办幼儿教师应坚决落实其公办教师待遇；对目前实际存在的大多数非公办幼儿教师，则应积极施行资格准入和注册登记制，创造条件让他们参加事业保险，并逐步实现统一工资标准，同时提供通过公开招考等途径转为公办教师的机会②。此外，还应允许幼儿园根据实际需要灵活聘用幼儿教师，以保持一定的幼儿教师进入与退出机制，保证幼儿教师队伍的活力③。

夏婧、张霞在《强化政府主导责任，大力推进学前教育三年普及——四川省学前教育普三政策探析》一文中，总结出了四川省学前教育普三政策及其实施主要特点：将普三尤其是农村学前教育普三作为学前教育事业改革发展的核心与重点；成立普及学前三年教育工作领导小组，建立联席会议制度；建立学前教育普三政策体系，并注重政策的试点与试行；加大学前教育财政投入力度，增设学前教育专项发展资金；将农村公办乡镇中心幼儿园建设作为普三重点；加强教师队伍建设，实现学前教育有质量普及④。同时，他们提出了对我国其他地区完善学前教育发展政策的几点意见，即将学前教育的全面普及作为学前教育改革与发展的基本方向和目标，坚持以政府为主导发展学前教育，抓紧研究建立以政府投入为主、以公共财政为支撑、社会多渠道投入和家长合理分担教育成本的投入体制，重点发展农村学前教育。政府应将农村学前教育发展纳入新农村建设规划和教育事业改革发展规划；积极探索农村学前教育经费投入体制，建立以政府投入为主、集体经济支持、社会力量参与和家庭适当分担成本的投入与保障机制。同时，中央和省级财政应加大对贫困、农村地区发展学前教育的支持与转移支付力度。为加快农村学前教育普及步伐，我们建议国家设立"中西部农村乡镇中心幼儿园建设工程"，以财政投入为主、政府办园为主、公办教师为主，大力推进农村乡镇中心幼儿园建设⑤。

---

① 周永明,张建萍.政府主导的学前教育发展制度设计与选择——以宁波市江北区慈城镇为例[J].学前教育研究,2011,(03).

② 周永明,张建萍.政府主导的学前教育发展制度设计与选择——以宁波市江北区慈城镇为例[J].学前教育研究,2011,(03).

③ 周永明,张建萍.政府主导的学前教育发展制度设计与选择——以宁波市江北区慈城镇为例[J].学前教育研究,2011,(03).

④ 夏婧,张霞.强化政府主导责任,大力推进学前教育三年普及——四川省学前教育普三政策探析[J].学前教育研究,2010,(08).

⑤ 夏婧,张霞.强化政府主导责任,大力推进学前教育三年普及——四川省学前教育普三政策探析[J].学前教育研究,2010,(08).

张才生等在《举办农村幼儿园的政府主导样本》一文中系统地分析了保康县通过体制机制创新,走出了一条政府主导学前教育发展的路子,并对其实践经验进行了系统归纳和概括。即:建立普及学前教育工作的推进机制,确保政府重视学前教育成为常态;创新以政府投入为主体的投入机制,确保学前教育的公益性和普惠性;建立幼儿教师队伍培养和培训机制,确保入园率与办园水平的同步提高①。

杨冬梅、李辉、戴明丽在《强化政府主导,创新体制机制——山东省大力推进农村学前教育普及的经验与启示》一文中指出,农村学前教育是当前我国学前教育发展和普及的重点与难点。山东省在强化政府主导责任与创新体制机制方面做了一些有益的探索,农村学前教育普及取得了一定成效。他们对山东的经验进行了系统的总结,指出其具体举措主要有:召开高层级专门会议,制定政策规划,构建"三级两线"管理网络,提高政府主导强度;通过设专项、纳预算,创新政府与社会合作机制,扩大农村学前教育投入渠道和规模;以公办乡镇中心园建设为突破口,推进"以公办为主"的办园体制改革,注重农村学前教育质量提升;建立健全农村幼儿教师编制待遇保障制度,创新并逐步健全督导评估体制,切实加强对农村学前教育的督导力度②。在此基础上,提出了三条值得其他地区学习借鉴的经验:首先,坚持学前教育的公益性是学前教育改革发展的基本出发点。山东省通过新建改扩建、公民办并举等多种举措,有效扩大农村学前教育机会;通过严格办园准入制度、教师队伍建设和教育教学督导评估等,确保学前教育目的、内容的公共性,体现了学前教育的公益性③。另外,应从提高政府主导强度和主导能力入手,坚持并落实政府主导的改革发展思路。山东省通过制定科学的教育发展规划和高密度、系统化的政策,构建"三级两线"管理网络,提升了政府主导强度;以投入、办园、教师队伍建设几大核心要素为抓手,努力提高了政府主导能力;通过加强督导评估,既提升了政府主导强度,又

① 张才生,肖昌斌,侯辛锋.举办农村幼儿园的政府主导样本[J].湖北教育,2010,(12).

② 杨冬梅,李辉,戴明丽.强化政府主导,创新体制机制——山东省大力推进农村学前教育普及的经验与启示[J].学前教育研究,2011,(11).

③ 杨冬梅,李辉,戴明丽.强化政府主导,创新体制机制——山东省大力推进农村学前教育普及的经验与启示[J].学前教育研究,2011,(11).

增强了政府主导能力①。第三,应以体制机制改革创新为破解点,保障落实政府主导职责,以提高农村学前教育事业发展的活力。如县、乡镇政府和村委会三级管理力量应一齐发力,教育行政管理与业务指导应同时并行,由此构建"三级二线"的立体化管理体系;应设立农村学前教育发展专项经费,创新政府社会合作模式,如"民办公用公有"等,建立多元投入体制;应以公办乡镇中心园建设为关键点,推进以公办为主的办园体制改革;应增核编制、保障教师权益,创新教师管理制度;应建立健全督导责任区制度、专项督导制度和公示问责制度等,完善督导问责体系,推动农村学前教育有质量地普及②。

(四)研究述评

从国内外研究的状况来看,对于政府在发展学前教育方面的责任已经有了较为明确的认识,基本达成了一致,就是要充分发挥政府在发展学前教育方面的责任,解决了政府为什么要主导学前教育发展的问题。但从已有的研究来看,对于政府主导的研究还存在一些不足。主要体现在:

一是对政府主导的内涵还缺乏较为明确法律法规保障。从已有的研究来看,对政府主导学前教育发展的内涵的研究虽然取得了一些重要的成果,但学界仍然缺乏统一的认识。比如,什么是政府主导?政府在学前教育发展上应主导什么?政府在农村学前教育方面的主导的内涵包括哪些?对这些问题目前仍然缺乏有效的法律保障。从国外农村学前教育研究综述中,我们已经了解到美国、英国、法国、日本、韩国、印度等国家已经制定了学前教育法律,专门针对贫困地区、弱势儿童的法律法规,在一定程度上,保障了这些国家学前教育事业的长足发展。然而我国目前尚没有关于学前教育的专门立法,只有在我国《宪法》(第四次《宪法》修正案)总纲第十九条和《中华人民共和国教育法》第十七条中对学前教育在整个国家教育体系中的定位作了明确规定,指出学前教育是社会主义教育体系的重要组成部分,是我国教育的基本阶段。其次,有专门针对学前教育的规章制度性文件,即国家教委1989年颁布的《幼儿园工作规程》和《幼儿园管理条例》,还有2010年最新颁布的《国家中长期教育改革和发展规划纲要(2010—2020年)》。这些规章制度性文件都没有上升到国家法律。可

---

① 杨冬梅,李辉,戴明丽.强化政府主导,创新体制机制——山东省大力推进农村学前教育普及的经验与启示[J].学前教育研究,2011,(11).

② 杨冬梅,李辉,戴明丽.强化政府主导,创新体制机制——山东省大力推进农村学前教育普及的经验与启示[J].学前教育研究,2011,(11).

见,我国学前教育严重缺乏立法和规章制度性文件的保障。由此说明,加强学前教育立法是多么的重要。

虽然各国学前教育的发展状况不尽相同,但是不难发现,政府在促进学前教育发展的进程中都或多或少地采取了主导的举措。

二是对于政府如何主导农村学前教育发展缺乏实证性的研究。由于对政府应主导什么研究的缺失和不足,导致既有研究对如何主导学前教育一般体现在理论层面的探讨,论述的是应然层面的主导,大多数集中在对于学前教育经费投入、发展规划的制定、公办幼儿园的建设、幼儿园的安全管理等方面;而对于实然层面的问题缺乏应有的研究,如对民办幼儿园政府应如何主导,对于农村幼儿园政府主导应主要做好哪些工作等,缺乏系统的研究和探讨。尤其是在"国十条"颁布后,政府应如何主导落实国务院的相关规定,仍缺乏实证性的研究成果。

从已有的研究可以发现,中外农村学前教育的发展有相似之处,比如,各个国家在思想上都十分重视农村学前教育这个领域,通过颁布相关的法律政策,促进农村学前教育的发展。但是,由于各国的经济、文化的巨大差异,中外在农村学前教育发展中存在的问题、采取的措施等都有很大的不同,同时也反映出我国在该领域存在的问题。首先,我国教育经费投入总量不足。从教育经费投入总量占 GDP 的比重来看,我国低于世界平均水平,甚至低于经济发展水平不如我国的发展中国家乃至不发达国家,仅高于世界上最不发达的八个国家。以2000 年为例,我国的财政性教育投资占 GDP 的比率为 2.87% ,低于发达国家的公共教育投资比例(5.3%),低于世界平均水平(4.5%),甚至低于欠发达国家的平均水平(4.1%)。其次,在教育经费投入总量不足的情况下,我国学前教育经费在教育经费总量中所占的比重过小。同样以 2000 年为例,在我国的教育经费支出中,高教占 25.4% 、中专占 6.6% 、中学占 29.42% ,而小学占 32% ,幼儿教育仅占 1.38% 。

对学前教育的财政投入严重不足,落实到农村学前教育的经费就更不值得一提了,农村学前教育明显处于不利的地位。从教育公平角度来说,政府在教育资源分配方面对农村学前教育存在不公平现象,而这种教育不公平现象恰恰进一步加大了城乡之间学前教育发展的差距。所以,在我国有限的教育资源情况下,各级政府更应在教育财政预算中设立学前教育发展专项经费,优先考虑和满足农村教育发展的需要,切实保障农村地区学前儿童平等接受学前教育的机会和权利,扶持农村学前教育的发展。

三是对于政府主导如何实现农村学前教育发展缺乏系统的研究。应该说，从近年来的研究状况来看，实现政府主导已经成为学前教育发展的重要政策导向，但无论是学界还是实践界对于政府如何主导农村学前教育发展的研究成果鲜有，仅有的研究成果难以指导和解决目前所面临的矛盾和问题。

我国是一个农业大国，有80%的儿童生长在农村，大力发展农村学前教育促进农村儿童的健康发展，是社会主义教育的本质要求，是构建社会主义和谐社会的重要内容，也是建设人力资源强国的重要途径。农村学前教育具有教育和福利双重属性，其重要地位决定了要以政府为主导推进学前教育事业的发展。从公共经济学的角度看，学前教育是典型的准公共产品，当求学者增加到一定程度时会呈现出私人产品消费上的排他性和竞争性，可以由市场参与提供①。但是，农村具有特殊的经济、社会因素的影响，使得市场无法适度高效地调节学前教育的发展，再加上学前教育的效用具有内隐性和后期性，使农村学前教育长期受到冷落。可见，一方面农村学前教育领域出现了市场失灵，需要政府介入进行必要的干预，另一方面，农村学前教育的特殊性也决定了要以政府为主导发展农村学前教育。政府职能行使的合法化基础何在呢？"市场失灵是政府行为合理化的理由之一"②。发展农村学前教育有经费、体制、师资等问题，核心是加强领导问题。这个问题解决了，其他问题就好解决③。农村学前教育与城市学前教育相比发展缓慢，其中关键的问题是农村学前教育工作领导和管理的薄弱。要促进农村学前教育的发展，提高农村学前教育的质量，就要加强农村学前教育的领导和管理，明确各级行政部门的职责，并且各个部门之间要密切配合，协调一致，共同努力，加强领导，保证农村学前教育改革与发展的顺利进行。因此，农村学前教育要发展，一定离不开政府的支持。只有政府对这一问题引起足够的重视，才可能为农村学前教育的发展提供更多的政策和财力支持。

此外，农村学前教育事业的发展依赖于政府提供的政策法规，政策法规越完善越有利于农村学前教育的发展。政府作为政策法规的唯一提供者，在解决学前教育城乡差距大的问题时起到关键性和决定性的作用。因此，中央和地方

---

① 贺颖.农村学前教育中政府责任的必要性探析[J].太原师范学院学报(社会科学版),2008(3).

② 欧文·E·休斯.公共管理导论[M].中国人民大学出版社,2007.

③ 骆正军,周艳红,吴瑜."布线织网"做文章——永州市农村学前教育管理模式之我见[J].当代教育论坛,2005(18).

各级政府应该充分发挥自身职能,承担起完善政策法规的职责,逐步完善政策法规,确立具体的和可操作的有利于农村学前教育发展的政策措施。

以上研究的不足,为本研究提供了广阔的研究空间。

四、研究方法

本研究主要运用了以下几种方法:

(一)文献法

文献法也称历史文献法,就是搜集和分析研究各种现存的有关文献资料,从中选取信息,以达到某种调查研究目的的方法。它所要解决的是如何在浩如烟海的文献群中选取适用于课题的资料,并对这些资料做出恰当分析和使用。本文主要在综述、政府政策、制度的搜集和国外经验借鉴中使用了此方法。

(二)调查研究法

调查研究法是在科学方法论和教育理论的指导下,通过运用问卷、访谈、实地考察等科学方式,有目的、有计划地搜集有关教育问题或教育现状的资料,从而获得关于教育现象的科学事实,并形成关于教育现象的科学认识的一种研究方法。在本研究中指主要运用问卷调查的方法来了解农村学前教育发展现状的翔实数据,以期在现实状况中对政府主导什么、为什么主导、怎么主导等理论和现实问题加以分析和总结,并且通过深入访谈和实地观察,与所选研究基地的参与者和相关利益者一道进行研究和实践,从而了解相关利益者对农村学前教育发展的最真实的理解和认识以及他们对学前教育的发展需求。

(三)政策分析法

根据政策分析的具体问题和所要提供的信息,可以采用一种或多种政策分析的方法,如经验式研究方法、评估式研究方法和规范式研究方法。采用经验式政策分析是为了解释一个政策的因果关系;通过评估式政策分析可以检验政策的价值;而规范性研究方法往往是为即将执行的政策提供建议和支持的时候使用。一般情况下,前两种方法运用在政策出台后,而后者在政策出台前。因此本文所说的此研究方法,侧重于经验式和评价式的政策分析。

五、相关概念界定

(一)政府主导

1. 政府主导概念解析

政府,泛指行使国家权力的所有机关,包括立法、行政和司法机关。狭义指国家政权机构中的行政机关①,其中包括中央、地方和基层行政机构。主导,《现代汉语词典》中解释为"主要的并且引导事物向某方面发展的"。从政府主导概念上看,政府主导由"主"和"导"两个内容构成,即政府主导的最初含义就是政府主导地位的确认("主")和主导作用的发挥("导"),政府主导地位的确认是主导作用发挥的前提,而主导作用的发挥是政府主导地位确认的关键。

根据政府角色的相关理论,可按照政府介入和承担的公共事务的职责及参与程度,将政府干预分为政府包揽、政府放任、政府主导三种模式。政府包揽是指从直接干预微观市场主体活动到构建庞大行政管理体制,完全由政府全权充当社会直接管理者的角色;政府放任是指充分发挥市场机制配置社会资源的作用,政府不干预个人追求自我利益的过程,而采取小范围和低程度的消极干预模式;政府主导则是介于政府包揽与政府放任之间的有所为、有所不为的行政干预模式,是指政府并不直接承担所有的经济、社会事务管理职责,而是根据本国的具体国情来选择政府的参与方式、介入程度、具体职责②。

2. 政府主导的理论依据

对政府主导的界定的理论依据往往是经济学理论,忽视对管理学、政治学、领导学、公共管理学的借鉴。经济学的公共产品理论往往只能从静态的内容层面分析政府主导,而不能从其本身以及动态层面分析政府主导的运作机制,而管理学、政治学、领导学、公共管理学恰恰可以弥补这种不足。我们现在探讨的政府主导概念中政府的概念同样具有广义和狭义之分,广义政府包括立法、行政、司法三个部分,而狭义政府仅指行政部分,政府主导到底是广义政府的政府主导,还是狭义政府的政府主导需要严格界定;另外,狭义政府同样是个多部

---

① 中国大百科全书. http://gongjushu.cnki.net/refbook/BasicSearch.aspx.

② 董亚男. 政府主导下的劳动就业公正论——基于非正规群体劳动权的制度化保障之考量[D]. 吉林大学博士学位论文,2009:46.

门的综合体,仅与医药卫生相关的部门就有卫生、药监、社保、质监、物价、工商、税务、财政等部门,在多部门领导下如何实现政府主导一方面需要强有力的领导核心,一方面还要各个部门分工负责。而这个问题可以从政治学、行政管理学中得到理论上的阐释。其中政府主导为什么可以理解为政府主导地位的确认和主导作用的发挥,以及什么是主导只有管理学理论才能解释清楚,为什么要确立政府对医药卫生事业的主导作用只有行政管理学才能解释清楚,而政府如何发挥主导作用只有公共管理学才能解释清楚。所以,在界定政府主导含义、内容、形式中,借鉴多学科的理论是非常必要的,否则难以从根本上全面阐述政府主导的内涵①。

3.政府主导

从概念界定的角度看,政府主导界定存在混沌化的倾向。一些学者将政府主导等同于政府责任,政府责任是微观层面对政府职责的定位,政府主导是宏观层面对政府职责的定位;一些学者将政府主导等同于政府主办,还有一些学者将政府主导等同于政府裁判。实际上,政府主导是一个复合体,我们可以以春节联欢晚会为例来说明政府主导的含义。政府主导中的政府角色非常类似晚会后台的导演和前台主持人角色的综合,为了简单明了,我们将政府主导等同于主持人对晚会的安排。主持人的主要职责包括三个,一是决定晚会的节目,二是确定晚会节目表演的演员,三是安排节目和演员演出的先后顺序。其中节目的确定非常类似医疗卫生领域决定供给什么类型的医疗卫生服务;演员的安排类似于在医疗卫生领域确定公共性医疗卫生服务、基本医疗卫生服务、特需性医疗卫生服务分别安排给政府、社会、市场来负责供给;节目顺序的安排类似供方医疗服务、需方医疗保险,不同功能医疗卫生服务,例如预防、治疗、康复,以及不同层次医疗卫生和医疗保险之间的关系定位和权重排序,在这个问题上关系处理不妥和权重排序不当都会导致失败。同时,需要说明的是这场晚会的主持人是扮演多种角色的人物,他不仅是晚会的主持人,还是晚会的节目演员,而且参加了三个节目的演出,其中在第一个节目中充当独角(公共卫生、医疗救助),在第二个节目中充当主角(基本医疗服务和基本医疗保险),在第三个节目充当配角(特需医疗服务和商业医疗保险)。在整个晚会的过程中这个主持人70%的时间都主持节目,其他30%在参加节目演出。政府实际上在医

---

① 赵云.学界视域中医疗卫生领域政府主导的概念界定评析[J].中国卫生经济,2010, (08):5-7.

疗卫生领域承担着多样的主持人的角色,其主持以及独角、主角、配角四种角色就是政府主导的四种内容。当然,这只是一个简单的比喻,现实的情况要复杂得多,理论的情况就更加烦琐了,必须系统说明为什么要政府主导、政府主导什么、政府怎么主导、如何保障政府主导四大问题。另外,政府主导在概念界定的表达上未能采取严格的科学表达形式,表现在两大方面,一是多数情况下政府主导概念的界定往往采取回避的形式,二是在政府主导定义的表达上往往采取列举式。

从公共管理角度来看,政府主导的实质就是政府治理。因此,只有从治理的角度解析政府主导才能抓住其本质。值得庆幸的是,目前国内已经有学者开始从治理的角度来研究政府主导问题。北京大学的杨燕绥教授从公共卫生和医疗服务方面对政府主导进行了研究后指出:"要合理区分公共卫生和医疗服务。政府承担公共卫生的规划责任、财务责任和执行责任;政府不能包办医疗服务,其责任应体现在规划、规范、筹资、监督,以及机制建设等方面。"① 赵云指出,政府主导的本质含义就是面对看病难、看病贵的公共问题,为了促进全体人民的身心健康,具有主导地位的政府通过整合社会资源的方式,利用不同性质的卫生主体采取不同的方式提供不同类型的卫生服务,满足人民群众不同类型的卫生需求的过程。在医药卫生领域政府主导的内容可以概括为四大方面,卫生体制的建设者、卫生事业的主持人、公共性卫生产品供给的提供人、准公共性卫生产品供给的合伙人、私人性卫生产品供给的参与人②。其他领域的研究为本研究界定政府主导内涵提供了重要的借鉴价值。

(二)学前教育和农村学前教育

1. 学前教育

关于学前教育这一概念,目前学界尚没有统一和公认的界定。在国内,比较有影响的主要是几位学前教育学者在各自所著的《学前教育学》教材中所给出的定义。《教育大辞典》中对学前教育概念的界定:一是对出生至入学前的儿童的教育;二是刊物名③。《教育辞典》指出,学前教育亦称幼儿教育,是指幼儿

---

① 杨燕绥,岳公正,杨丹. 医疗服务治理结构和运行机制——走进社会化管理型医疗 [M]. 北京:中国劳动社会保障出版社, 2009.

② 赵云. 学界视域中医疗卫生领域政府主导的概念界定评析[J]. 中国卫生经济,2010,(08):5 - 7.

③ 教育大辞典(第二卷)[M]. 上海:上海教育出版社,1990:156.

入小学前在幼儿园所受的教育①。梁志燊认为,学前教育是指对从出生到入学前的儿童所进行的教育②。李生兰认为,学前教育指对胎儿至进入小学前的儿童所进行的教育、组织的活动和施加的影响,它的教育对象包括胎儿、婴儿(0—3岁)、幼儿(3—6、7岁)③。顾明远主编的《教育大辞典》指出,对幼儿教育是3—6岁儿童的教育,属于学前教育的一个阶段④。黄人颂认为,学前教育"泛指出生至六岁前儿童的教育,包括学前社会教育和家庭教育。学前社会教育指凡由社会设施或资助,指派专人实施或辅导的各种机构或组织。其形式多种多样,在我国以托儿所、幼儿园为主。托儿所收托三岁以下婴儿,幼儿园收托3至6岁前幼儿"⑤。刘焱认为,"学前教育是旨在促进学前儿童(0—6、7岁)的身心全面、健康与和谐发展的各种活动与措施的总和。"⑥

也有学者指出,学前教育指学龄前所接受的教育。对这一概念所涵盖的年龄段,人们有不同的解释,一种认为是指3—6岁的儿童所接受的教育,另一种认为是指0—6岁儿童所接受的教育。我国教育法规定对6岁以前的儿童实施保育和教育相结合的机构称为幼儿园。

综上所述,本研究所指的学前教育是指以学前社会教育为主、家庭教育为辅,在各种机构对3—6岁儿童进行的保育和教育活动。实施这种教育的机构主要是指幼儿园,包括公办幼儿园和民办幼儿园,但不包括一些以英语、艺术等为特色的专门的培训班,也不包括专门招收3岁以下幼儿的托儿所。

2. 学前教育的性质和功能

学前教育作为人类的一种实践活动,除具有一般教育所具有的本质属性以外,还有其独特的本质属性和特征,对这些本质属性和特征的认识是发展学前教育的前提和基础。纵观学前教育的历史发展以及中外学前教育机构的类型、服务形式,结合现代公共事业管理、政府治理和教育学等相关研究成果,学前教育的性质和功能主要有:

(1)学前教育的启蒙性。从学前教育所处的地位来讲,学前教育阶段是孩子接受家庭教育以外的第一个社会教育类型,是孩子进入系统学习的开端,是

---

① 教育辞典[M].江西:江西教育出版社,1988:190.

② 梁志燊.学前教育学[M].北京:北京师范大学出版社,1990:2.

③ 李生兰.学前教育学[M].上海:华东师范大学出版社,2006:1.

④ 教育大辞典(第二卷)[M].上海:上海教育出版社,1990:155-156.

⑤ 黄人颂.学前教育学[M].北京:人民教育出版社,1989:(1).

⑥ 刘焱.学前教育原理[M].辽宁:辽宁师范大学,2006:23.

孩子终身学习的起始环节,是为孩子以后的学习和生活奠定良好基础的教育,因此,学前教育应该是一种启蒙教育,具有启蒙性。这种启蒙性主要表现在儿童从依附性走向独立性、从自我性走向社会性、从天性走向人性等方面。从这种意义上来讲,学前教育不是学科教育,不是豪华教育,而是普惠性的教育,是培养幼儿吃苦耐劳的能力和品质的教育,是承载着生命意义的无限可能性的教育。

(2)教育性和保育性的统一。学前阶段儿童的身心发展特点决定了学前教育必须是教育性和保育性的统一。这是最主要、最本质的属性,是世界各国政府制定公共学前教育政策的基本依据①。这一特性是指,学前教育既要保护儿童健康,又要促进儿童的全面发展和传递人类文化。我国1922年《壬戌学制》颁布后,1932年10月由当时的教育部公布了全国统一的《幼稚园课程标准》,在幼稚教育的总目标中就阐述了保教合一的观点,即增进幼稚儿童身心的健康。……培养人生基本的优良习惯(包括身体、行为等各方面的习惯)。老解放区的学前教育工作者也把"看护小儿的教育,注意小儿听觉、视觉及器官的充分发展"与"注意儿童的记忆力、模仿力和联想力等智慧的发展"等作为学前教育的重要目标。新中国于1951年制定的《幼儿园暂行规程(草案)》中也规定幼儿教育的目标是"保证幼儿身体的正常发育和健康","发展幼儿的智力……想象力和创造力"等,明确了学前教育保教并重的目标和功能。

(3)公益②性与服务性。这意味着一方面学前教育是涉及每一个儿童及其家庭的事业,而不应仅仅为少数人享有和获益。1959年联合国《儿童权利宣言》指出:"凡是以促进儿童身心健全发展与正常生活为目的的各种努力、事业及制度等均称之为儿童福利。"显而易见,学前教育是儿童福利事业中的重要一环。儿童福利与教育往往与妇女及家庭紧密相连。近现代意义上托幼机构产生的主要原因,是家庭教养社会化发挥了学前教育在服务家长方面的功能。在西方,伴随着工业革命的兴起,妇女为了维持生计,不得不走出家庭进入工厂,寻找工作机会,孩子的看护就成了一个社会问题,于是促进了托幼机构的产生。欧文在自己工厂内开办的"幼儿学校",正是为了给那些无人照料、流浪街头的工人阶级子女提供教育的。我国老解放区早在1934年2月,由中央人民内务

---

① 储朝晖.中国幼儿教育忧思与行动[M].南京:南京师范大学出版社,2008:217.
② 公益指不特定的多数人的利益。参见袁方主编.社会学百科辞典[M].北京,中国广播电视出版社,1990:354.

委员部颁布的《托儿所组织条例》中就规定："组织托儿所的目的是为了要改善家庭的生活,使托儿所来代替妇女担负婴儿的一部分教养的责任,使每个劳动妇女可以尽可能的来参加生产及苏维埃的各方面工作……"当时在老解放区的幼教工作者还根据革命和生产的需要,灵活地组织多种类型和服务形式的托幼机构,如日托、寄宿、寄养等。一些企事业部门或公司也把解决职工子女入托入学,作为给予的一项福利而承担起责任。1996年6月起实施的《幼儿园工作规程》中明确了幼儿园的双重任务之一是"为家长参加工作、学习提供便利条件"。托幼机构家长工作的重要性正是由学前教育的功能所决定。

另一方面,学前教育还要能够促进家庭模式的转型并为家庭提供育儿支援。20世纪60年代以来,随着妇女社会地位的提高和妇女运动的不断兴起,参加工作的妇女数量越来越多。1982年儿童基金会的统计数据表明,在美国,有学龄儿童的妇女参加工作的占60%,有6岁以下幼儿的妇女参加工作的也达到40%,这种现象直接影响家庭的规模、结构、收入等,美国传统式的家庭(父亲工作,母亲在家照顾孩子)仅占13%,同时,未婚家长的增多、离婚率居高不下,使得托幼机构必须为不同需求的家长提供各种类型的服务。在中国,计划生育国策的推行,使得独生子女的受教育问题得到家长的空前关注,因此,很多幼儿园或者商业机构也纷纷推出多种服务,为家长提供科学育儿方面的指导和培训。在当代,幼儿教育机构的设置及其服务不仅减轻了家庭的育儿压力,也使父母有可能提高受教育程度和培训水平,促进终身学习的发展。

(4)社会性。强调学前教育能够增加社会产出,减少社会成本。美国一项长达30余年的追踪研究结论证明:接受过早期教育的儿童与未接受过早期教育的儿童相比,前者的学业完成率高、就业率高、成婚率高,而犯罪率低。该项研究还通过详细测算,得出了对学前教育的投资回报率高于任何一个教育阶段的结论。这一结论引起了世界各国纷纷对学前教育的重视和投入的加大。美国通过制定《儿童保育与发展固定拨款法》《提前开端法》《儿童早期教育与发展法》《不让一个儿童落后法》等,保障了学前教育的地位及其发展,也以法律的形式有效地保障了对学前教育事业的各项拨款,有力地推动了学前教育的发展。英国政府对于学前教育也尤为重视,据《2007年教育概览:经合组织教育指标》公布数据,英国在学前教育上的投入最高,政府在每名学前儿童身上的投资是4000英镑。在当今知识经济的年代,各国纷纷认识到教育和人才培养的空前重要性,对学前教育的高度重视将有利于各国教育、经济、社会的发展。

(5)补偿性。补偿性是指发展学前教育对于处于弱势群体的幼儿具有弥补其先天不利因素对其自身发展影响的作用。这是因为,学前教育是面向每一个适龄儿童的教育,也是消除贫困、保障儿童学习和发展机会均等的重要手段。因此,加强学前教育有助于维护社会公正和公平。近年来,随着社会经济、政治的发展,保障处境不利儿童的学习与发展机会和权利,已经成为各国关注的问题。如美国的"提前开端"方案,主要针对来自低收入家庭的学龄前儿童(3—5岁),帮助家庭经济困难的父母把子女送到托幼机构,为幼儿提供补偿教育的方式,向其提供免费的、广泛的健康、教育、营养、社会和其他特定的服务,保证这些儿童能够身心健康地发展,为入学做好准备。我国一些地区加大对农村学前教育、留守儿童教育、特殊儿童的融合教育、农村幼教师资培训等的重视,也在一定程度上体现了学前教育的补偿性。

(6)衔接性。强调学前教育为儿童入学做准备,增加入学率。学前教育是基础教育的组成部分,必须促进儿童身体健康成长,同时通过开展丰富的教育活动和游戏活动,引导幼儿积累社会经验,掌握入学前必需的情感、态度、知识、技能等,为幼儿进入小学做好充分的准备。各国都非常重视解决幼小衔接问题,并且进行这方面的科学研究,有的国家或地区将早期教育扩展到小学三年级,有的国家则把5—6岁儿童的教育纳入义务教育的范畴等,保证幼儿入学后的适应问题。

由上可知,学前教育具有多重功能,而并非以教育性为唯一功能。总结百余年来我国学前教育发展的现实状况,我们可以明显地看到,学前教育在促进0—6岁儿童身心的全面和谐发展和基础性学习准备、解放劳动力以支持国家建设、促进男女平等、促进教育公平乃至社会公平等方面都发挥了重要的功能,这里主要指的是其社会功能。从促进儿童个体发展的视角看,学前教育具有启蒙性、基础性、生活性、民主性的功能和特点。

3.农村学前教育

要明确农村学前教育概念,需要对农村的概念进行界定。关于什么是农村,目前研究者众说纷纭、莫衷一是。百度百科对"农村"是这样定义的:农村是以从事农业生产为主的农业人口居住的地区,是与城市相对应的区域,具有特定的自然景观和社会经济条件,也叫乡村。本研究中的农村是相对于城市而言的,包括县镇和乡村,在本文中特指陕西省省域内的以农业生产为主的县镇和乡村。

农村学前教育,是指在以从事农业生产为主的劳动者聚居的地方开展的学前教育。在本研究中是指对陕西以农业为主要产业的县和县以下的农村3—6

岁幼儿实施的教育,以保证儿童就近接受教育影响和利于儿童身心发展为核心因素来探讨此问题。

(三)政府主导农村学前教育

结合学前教育机构具有公共利益性的属性和上述词义,可以将政府主导农村学前教育的概念理解为:政府利用各种调控手段,对农村学前教育发展进行必要和合理的调节或管理,在政府的目标指导下设计发展目标并依靠政府所掌握的政治资源来完成农村学前教育发展进程及目标任务的一种管理体制。

笔者认为,此处的政府主导更应该体现一种理念,应理解为政府为促使学前教育机构公共利益性的实现,要积极地采用各种手段,如制定科学的规划、积极的融资、合理的评估、正确的监管等。这些手段是不固定的,可以根据具体的需要进行调整,但前提都是保障学前教育机构的公共利益性。关于政府主导农村学前教育发展的具体内涵,我们将在第二章中详细讨论,此处不再赘述。

六、研究思路和框架

(一)研究思路

以全面、系统搜集和整理国内外有关政府主导农村学前教育和政府主导农村学前教育发展相关理论成果为基础,以政府主导农村学前教育发展存在的问题为逻辑起点,以十八大提出的"办好学前教育"为目标,围绕"政府为什么要主导农村学前教育、如何主导"等问题,从教育公平理论、公共产品理论、新公共行政理论和公共服务均等化思想出发,借鉴其他学者的研究成果及国内外学前教育的实践经验和发展趋势,从法制建设、管理体制、办学体制、财政投入、均衡发展、师资建设和安全管理等方面提出若干具体实施措施,并对其可行性及可能遇到的困难进行探讨。以上是本研究的基本思路。

(二)研究框架

全书分为七个部分:

第一,梳理了相关理论。教育公平理论、教育成本分担理论、政府职能理论、公共服务理论、人力资本投资理论等对于学前教育发展具有重要的借鉴和参考价值,为本研究提供了理论视角和支撑,是本研究开展的主要理论基础。

第二,分析了政府主导农村学前教育发展的逻辑。从学前教育的本质属性、政府本质和职能的视角出发,论述了政府主导农村学前教育发展必要性和可能性,提出了政府主导农村学前教育发展的分析框架。

第三,论证了政府主导下农村学前教育发展的现实样态、存在的突出矛盾与问题。在系统梳理新中国成立以来农村学前教育发展政策的基础上,以陕西省农村学前教育发展为对象,采用实证研究的方法,对于政府主导下的农村学前教育发展状况进行了深入的研究,梳理了政府主导学前教育发展模式提出以来,陕西省农村学前教育发展取得的主要成效,厘定了政府主导农村学前教育发展面临的发展不均衡、缺乏统筹管理、经费投入低、民办园管理不善和师资力量薄弱等方面的问题。

第四,剖析了政府主导下农村学前教育发展问题的成因。从政府和公众对学前教育的认识偏差,农村学前教育发展缺乏制度保障、缺乏基本的经费投入制度,幼儿教师队伍管理制度不完善等方面剖析了导致政府主导下农村学前教育发展问题的成因。

第五,观照了国内外相关政府主导学前教育发展的理论与实践。系统地梳理和分析了美国、英国、日本等国家关于政府发展学前教育的理论和经验,对于我国发达地区政府发展学前教育的典型案例进行了剖析,提出了我国政府主导农村学前教育值得借鉴的几点启示。

第六,提出了政府主导农村学前教育发展制度设计与路径选择。政府主导是发展我国农村学前教育的必然选择。需要转变政府及全社会对农村学前教育的认识,加强学前教育立法,加大经费投入,创新办园体制,健全幼儿教师培养体制机制,加强学前教育督导机制建设等。

第七,结语部分。此部分通过对整个研究主要成果的总结,阐述本人对研究的核心内容及其价值的认识,分析本研究所存在的不足,并指出今后进一步研究的方向。

第二章　政府主导农村学前教育发展的理论基础、逻辑基点和分析框架

理论是一项研究活动开展的基石,任何研究的开展必须建构在一定的理论基石之上。

一、政府主导农村学前教育发展的理论分析

(一)教育公平理论

教育公平是人类文明进程的一个重要标志,是社会公平的基石。任何一个文明的社会或国家都会重视教育的公平问题。教育公平这个理论探索的沃土早有人耕耘,但长久以来,绝大部分探讨都是针对义务教育阶段或是高等教育阶段[①],学前教育公平方面却是一个少有涉及的领域。

1. 教育公平理论的提出

公平是人类永恒的话题。自人类社会阶级分化以来,就有了对公平的追求。人类进入奴隶社会后,随着社会阶级的分化,就出现了教育的不公平问题。教育公平是社会公平的基石,也是古往今来人们一直在追求的永恒的理想。早在2000多年前,我国古代著名教育家孔子就提出了"有教无类"的主张,打破了之前"学在官府"的不公平现象,可以说他是世界教育史上最早论述教育公平的教育家。后来,西方的柏拉图和亚里士多德也对教育公平有过经典的论述。近现代以来,许多教育家对于教育公平问题也有着经典的论述。瑞典教育家胡森从"平等"的视角来论述教育公平问题,他认为:所谓"平等",首先是指每个人都有不受任何歧视地开始其学习生涯的机会,至少是在政府所创办的学校教育中应该如此;其次,是指平等地对待每一个人,不管他的种族和社会出身如何;最后,在制定和实施教育政策时,应确保入学机会和学业成就的机会平等。

关于教育公平研究,现在普遍的看法是,教育公平包括教育权利平等与教

---

① 周燕,余文蕙.学前教育公平理论探析[J].教育导刊,2008(09).

育机会均等两个基本方面。所谓权利平等,是指全体公民享有平等的受教育的权利,这种权利不受种族、阶层、肤色和其他因素的影响,是公民的一项基本权利。根据胡森的观点,教育机会均等应有三种涵义:起点均等、过程均等和结果均等。起点均等指人人都有机会接受教育的权利;过程均等指受教育的场所或学校在师资配备、硬件设施等方面相同或差异不大;结果均等指受教育之后都有取得成功的机会。

教育公平还涉及精英教育和大众教育的价值取向。一个国家或地区是选择能造就一批优秀人才的精英教育,还是选择能够推动整体社会人群素质提高的大众教育,有可能成为影响教育公平的一大隐患。目前出现的重点中学、重点小学、市重点、省重点等都是将教育推向不公平的重大因素。

2. 学前教育公平理论

学前教育作为基础教育的重要组成部分,理应是一种公平的教育机会,即:任何适龄的儿童都有同等的权利和机会进入幼儿园接受教育,平等地享用教育资源,机会均等地取得学前教育的成功。学前教育的伦理学公平即受教育权利公平,是学前教育公平的逻辑起点和实践起点。学前教育的法示公平强调机会公平和规则公平。学前教育的经济学公平要求实现所有儿童公平地占有和使用有限的教育资源,是经济学的结果公平在教育领域的具体表现,伦理公平和法律公平的实质还只是一种形式上的公平,只有在权利、机会、规则公平的基础上,利用经济与政策手段,通过对社会贫富状况的调剂实现了结果公平,才意味着公平的真正实现①。目前,我国经济欠发达和落后地区的学前教育状况很不尽人意。其次,学前教育的目的是培养幼儿多元化的思维习惯,并帮助他们建立正确的世界观和人生观。最后,学前教育不同于中高等教育及其他教育,它的基础性和铺垫性更强。

3. 我国学前教育的公平性问题

我国学前教育的公平性问题越来越成为一个重要的议题,原因是我国学前教育不公平性过于严重。

首先,我国学前教育的地区差异性很大。1994 年国家实行地方财政自收自支的分税制改革之后,地方财政实力的差距逐渐加大,不仅东西部之间、城乡之间存在明显的差异,同一个城市的不同区,同一个地区的不同乡(镇)也有很大的差异。如此一来,各地区所占有的学前教育资源也就处于差异逐渐加大的

---

① 姚伟,邢春娥.学前教育公平的理论基础[J]《学前教育研究》2008(01).

状态①。这就使得不同地区、同一城市的不同区、同一地区的不同乡镇在学前教育发展上的差异逐渐被拉大,幼儿享受学前教育的公平性就成为了迫切需要解决的重要问题。

农村学前教育的公平性是地区差异的一大体现,在我国农村,虽然孩子的教育逐渐被重视,学前教育机构也逐渐增多,但其社会弱势群体的性质没有改变,所应受到的关注还不够多,教育公平性也一直没有得到解决。大部分农村幼儿与同龄的城镇幼儿相比,他们的生活环境封闭单一,缺乏活动设施和游乐场地,在受教育开端之际便处于环境不利状态,在成长的起跑线上就落后于同龄城镇幼儿②。而那些跟随父母到城市生活的农民工的孩子,在学前教育阶段受的不公正待遇也是多方面的。徐微、任华等在《流动学前儿童教育过程公平现状及其改进对策》中提到,在师幼互动中,流动儿童被提问的次数很少;城市的幼儿也大多不愿与这些流动儿童游戏;在家园合作方面,幼儿教师与流动儿童的家长缺乏平等的交流,而且交流次数明显少于非流动儿童的家长。这些都反映出,农村幼儿在学前教育中缺乏足够的条件享用和城市儿童相同的教育资源。

其次,政府资金或扶持的方向有失偏颇。政府行为的形象工程,使得政府在选择扶持对象的时候,将有限的资金和人力,投放到了"示范性"或"中心"幼儿园,其他的幼儿园没有同等的享受到这些资源的优势,就造成了非示范性和非中心幼儿园的幼儿在享受教育资源时,出现了不公平现象。有的经济不发达地区甚至出现了政府开办的超豪华型幼儿园,但在该地区却同时还有很多贫困家庭的幼儿没有机会接受教育,因此家长想方设法要将孩子送到这些园所。这样,家庭的社会背景就参与到教育机会的分配中来③。而各个幼儿的家庭情况是不尽相同的,以家庭背景来"被选择"受教育的机会,这就又对教育公平提出了严重的挑战。

(二)教育成本分担理论

教育成本分担理论最早是由美国教育经济学家约翰·斯通于1986年提出的。该理论指出:成本分担就是一种将私人价格补偿和公共价格补偿相结合的

---

① 张婕.对我国学前教育公平性的审思[J].幼儿教育(教育科学版),2006(04).
② 张瑞芳.透视我国幼儿教育公平现状[J].研究与探索,2005(12).
③ 张婕.对我国学前教育公平性的审思[J].幼儿教育(教育科学版),2006(04).

混合补偿机制,将教育成本分担给不同的分担主体,包括政府、学生、学生家长和社会①。根据公共产品理论,由于学前教育是一种准公共产品,所以这就有了教育分担的可能性和合理性。

1. 我国学前教育成本分担现状

我国的教育经费主要来自国家财政性拨款、社会团体和个人的捐助、募捐和集资、学生交纳的学杂费等。但是在目前的学前教育中却主要是以个人承担为主的,极少有其他形式的经费来源。不仅如此,现在学前教育收费过高已经成为严重的社会问题,"高收费、乱收费"愈演愈烈;幼教经费严重不足,生均成本差距大;经费缺乏有效的管理和必要的监督②。这些都成为人所共知的事实,但是由于学前教育的重要性,家长都不想自己的孩子输在起跑线上,所以即便再高的收费,也不想因此而影响孩子的正常上学。

与此相反的是,现在的幼儿园,存在入园率低、教育质量低等问题。统计资料显示,2007 年学前三年毛入园率只有 44.6%,根本无法与小学阶段 99.27%的净入学率、初中阶段 97%的毛入学率相比③。一边是不惜高额的学费也要让孩子受到及时的教育,另一边是偏低的入园率,这很是说明了在学前教育中存在的问题。学前教育费用的增加对收入较好的家庭来说,并没有什么大的影响,但是对中低收入的家庭,由于支付不了高昂的费用,只能让孩子留在家里,然后直接进入小学接受教育。

我国农村学前教育的现状就更不容乐观,虽然农村的学前教育费用没有城市那么高,但是在农民低收入的基础上,也算是偏高的了。而且农村的学前教育还存在数量和质量上的问题,这都限制了农村学前教育的发展。而无论在农村还是在城市,政府在学前教育方面的投入都是很少的,农村在这方面得到的支持更是少之又少。

2. 我国学前教育成本分担现状原因探究

我国学前教育成本分担之所以出现这些原因,是与大的社会环境相关的,

---

① 孙羽迪. 我国高等教育成本分担及国际比较[M]. 北京:北京工业大学,2008.

② 王化敏. 加强幼儿园收费管理促进幼教事业健康发展——14 省、市收费调查结果及政策建议[J]. 早期教育,2002 (09).

③ 马佳宏,王琴. 我国学前教育成本分担问题分析[G]. 2009 年中国教育经济学年会论文集.

其原因主要有以下几个方面。

首先,国家对学前教育投入较少,也没有完整的管理机制。比起中高等教育,国家财政在学前教育方面的投入是很少的,同时也缺乏相应的管理机构。国家层面上没有独立的机构来运营学前教育的经费并进行相关管理,具体到地方上,也多是把学前教育划归为中小学教育里面。特别是在体制转型期,各级教育主管部门没有经费支持用于建立学前教育的新体制,以有效解决事业发展中出现的新情况、新问题①。

其次,幼儿家长分担教育成本过高。在我国目前的学前教育中,政府提供了部分公办幼儿园,其实也就是提供了一个场所和若干公办幼儿教师。其他方面就几乎很少投入,一般是本着谁受益谁承担的原则,所以大部分的幼儿教育成本落在了幼儿家长身上。约翰·斯通将成本分担在时间上分为"过去""现在"和"将来",其中对家长支出学费的解释是:家长为了承担子女的高等教育成本,使用"过去"的财产和积累,"现在"为子女上学付款,节减储蓄,或负债供养子女读书;"将来"再用子女取得的收入获得回报或归还贷款。② 学前教育也一样是这种情况,即家长用以前积累的财富,现在为子女的学前教育买单,将来等子女有了经济能力了再收回成本。这本就像是赌博一样的投资,是根本说不通的。因为将来家长能否收回成本完全不是幼儿家长所能掌控的,反而幼儿长大后,对社会的付出与贡献是完全逃避不了的。这说明,仅就受益来说,幼儿学前教育的成本几乎全部由幼儿家长承担是极其不合理的。

3. 我国农村学前教育成本分担问题成因探究

教育消费是指为获取知识与技能,受教育者本人或家庭用于正规学校教育方面的各种支出,以及受教育者本人智力、体力与努力的付出③。目前,在我国农村的教育中,教育消费最多的就是学前教育,因为九年义务教育的普及,使得这方面的费用大为减少,部分地区甚至还对高中教育进行补贴。而学前教育就成为农村教育消费的一大支出,如果政府部门能在教育成本分担上有所举措,那也会极大地促进农村的整体教育水平和质量,但事实上,农村学前教育成本分担单一化问题在我国农村显得更为明显。在我国的广大农村,公办幼儿园很是少见,大多数为私立的。私立幼儿园主要目的就是盈利,而当地政府是不可

① 洪秀敏,庞丽娟.学前教育事业发展的制度保障与政府责任[J].学前教育研究,2009(01).

② 柴效武.高校学费制度研究[M].北京经济管理出版社,2003:24.

③ 黄意平.论教育成本分担理论在我国实践的局限[J].高教探索,2007(01).

能对这些幼儿园做太多管理的,更少有政策支持和补贴。而在农民的一贯认识中,自己的孩子上学当然是要由自己出钱,很少想到政府责任与政府分担问题,这就造成了农村学前教育一直由幼儿家长单方面承担的局面。

(三)政府的本质和职能理论

1.政府的本质及其职能理论

政府的本质和职能理论是行政管理学研究的热点问题。关于政府的含义有广义和狭义之分。狭义的政府仅指政府的行政系统;广义的政府包括立法、司法和行政三大部门①。本研究是在狭义上对政府在发展农村学前教育上的主导作用进行研究。根据我国《宪法》规定,我国各级政府系统有中央政府和地方政府两个层次五级,即中央和地方两个层次,中央、省(直辖市)、市、县、乡镇五级。在这五级政府中,对于农村学前教育发展最为直接、关系最为密切的政府是县级政府。因此,本研究中如无特别指出的政府均指县级人民政府。

"政府职能"几乎是近年来学术界和政府领域讨论的一个关键词。正如穆勒所言:"在我们这个时代,无论是在政治科学中还是在实际争执中,争论最多的一个问题就是,政府的职能和作用的适当界限在哪里。"②

对政府职能的讨论与人们对政府的认识是分不开的,对政府本质和形成的不同看法,赋予了政府不同的职责范围。早期启蒙思想家认为,政府是人们在一致同意的"契约"下集合起来的一种组织,它帮助参与组织的每个人从有组织的社会中获益。因而,政府是在人类由自然社会向政治社会演进过程中运用理性进行选择的结果,如霍布斯所言:"原始社会是一个'人对人是狼'的自然状态,为了结束这种状态,人们必须放弃他们在损害他人的情况下寻求幸福的自然权利,同他人签订协议,把大家所有的权利和力量托付给某一个人,或一个能通过多数的意见把大家的意志转化为一个意志的多人组成的集体,即具有无上权威的政府。"③所以,在霍布斯那里,政府拥有对于每个人的无上权力,其主要职责就是保护人民的生命安全。后来英国大哲学家洛克提出了有限政府理论,他认为:"人类在进入政府社会之前是处在一种依靠理性生存的自然状态;在保护个人的财产方面,自然状态存在着许多缺陷;人们联合成为国家和置身于政

---

① 赵如林.市场经济学大辞典(下册)[M].北京:经济科学出版社,1999:363.

② [英]约翰·穆勒.政治经济学原理(下卷)[M].北京:商务印书馆,1997:366.

③ 乔耀章.政府理论[M].苏州:苏州大学出版社,2002:35.

府之下的重大的和主要的目的,是保护他们的财产;政权的一切和平的起源都是基于人民的同意;社会始终对政府保留着一种最高权力,政府的目的只是为人民谋取更大的福利。"他接着指出:"人们彼此达成协议进入文明社会,只是交出了他们在自然状态下享有的部分权利,但仍然保留了生命、自由和财产的自然权利。保护和尊重这种权利是政府的责任。①"后来,卢梭将政府保障平等的责任推向了极致。他认为,在自然状态下,人人都是平等的,政府起源于私有制基础上的人类不平等的发展,是富人首先发现并发明了政府这种人类社会的组织管理形式。虽然卢梭赞同国家是在契约的基础上形成的一个共同体,但他认为订立契约的人与这个共同体之间并非是一种从属关系,而是一种结合关系。建立政府仅仅处于人民公意的需要,是公益法律化的一种形式。公共力量需要有一个适当的代理人把它结合起来,并使它按照公意的指示而活动。政府就是在臣民与主权者之间所建立的一个中间体,以便使两者得以互相适合,它负责执行法律并维持法律的尊严以及政治的自由②。

由此可见,以霍布斯、洛克和卢梭为代表的近代政治学从"契约论"的角度解释了政府的起源与本质,但围绕着政府权力边界和主要责任的争论则并没有达成一致。随着市场经济的发展带来了日益复杂的经济和社会问题,关于政府责任的讨论逐渐进入经济和社会领域,政府与市场的关系、政府与社会的关系、政府责任的边界、政府权力的运行方式等日益受到关注。1997 年,世界银行提出了现代政府的五项基础性任务③:建立法律基础;保持非扭曲性的政策环境,包括宏观经济的稳定;投资于基本的社会服务与基础设施;保护承受力差的阶层;保护环境。这五项任务处于每个政府使命的核心地位,如果这五项任务不能完成,就不可能取得可持续的、共享的、减少贫困的发展。从以上论述不难看出,现代社会赋予了政府更多的保障公平的责任,这不仅是政府自身属性所决定的,是其权利公共性的内在要求,必须改善所有政治共同体成员的生存境遇,而且也是政府合法性的基础;政府维护社会公正将有利于实现社会团结和

---

① 乔耀章.政府理论[M].苏州:苏州大学出版社,2002:40.

② [法]卢梭著,李常山译.论人类不平等的起源和基础[M].北京:商务印书馆,1982:126–131.

③ 世界银行.1997 年世界发展报告:变革世界中的政府[M].北京:中国财政经济出版社,1997:4.

稳定①。

2. 政府发展农村学前教育的功能设置

政府对农村学前教育发展发挥着重要影响,其作用的发挥取决于政府在农村学前教育发展中的功能和职能。因此,明确和厘定农村学前教育发展中的政府功能具有重要的价值和意义。

所谓功能,是指事物(具体讲是指系统、机构)主体所具有的能力和作用的总和,它是指这一事物(系统、机构)所能发挥的效能与作用。当一个组织机构建立或出现的时候,它的功能基本上也就确定了,一般是不以人们的主观意愿随意变化的。与功能常易被混为一谈的是职能。所谓职能,通常指领导、上级根据其需要与某一机构的功能而要求交付给这一机构的具体职责与任务。二者均含有我们通常所说的"作用"的意思,但功能含有先天的客观性,而职能则内含人为的赋予性。政府在农村学前教育发展中的功能主要有以下几项。

(1)设计功能

设计功能作为政府在农村学前教育发展中的一项主要功能,是政府根据教育改革与发展的目标来制定农村学前教育发展道路,并借助一定模式把这一道路表现出来,以指导教育行政部门和幼儿园在政府的行为模式下开展教育活动,从而实现其目标的进程。从农村学前教育发展的主体来看,主要包括家长、学校、政府三大主体。家长是农村学前教育发展的直接承担者,属于微观主体,他们追求的是享受优质教育最大化,其行为直接影响着农村学前教育。幼儿园是农村学前教育发展的中观主体,处于家长和政府之间,一方面他们落实政府的相关政策法规,另一方面通过自身的努力,尽量满足家长对学前教育的需求。政府处于宏观层面,主要是为农村学前教育发展提供顶层制度设计和环境保障。但由于微观主体自身所具有的局限性,不可能很好地把握学前教育发展规律,也不可能对农村学前教育发展演进做出科学选择。而政府作为社会主体的代表,则代表着社会主体的利益,按照多数民意的呼声来进行政策选择。由于政府与家长和学校往往会因目标取向的不同而出现行为模式和理念的分歧,这就要求政府应根据社会经济发展的目标取向,适时对农村学前教育的道路与模式进行科学设计,通过设计功能的发挥来促进和保障义务教育均衡发展目标的推进。

---

① 杨令平. 西北地区县域义务教育均衡发展进程中的政府行为研究[D]. 陕西师范大学博士论文,2012.

（2）诱导功能

诱导功能是政府根据学前教育整体发展规划和目标,按照市场配置资源的优化理念和物质利益取向为原则,通过相应的政策和措施,促使学前教育主体通过自身行为的调节来达到其目标。一般而言,政府对农村学前教育设计代表了社会主体的偏好和选择,但在市场经济条件下微观主体只以自身的物质利益作为行为选择。因此,家长的教育选择行为往往与政府设计的学前教育发展道路不相一致。这种微观主体行为与社会选择之间的差距,势必要求政府对学前教育发展过程进行相应的调整,这种调整不应通过强制行为,而应该通过一种诱导和规范行为来进行,即从物质利益的调整入手,依靠市场手段来进行。随着学前教育发展体制的不断完善与发展,政府这种诱导作用将日益明显,并将发挥越来越大的作用。

（3）干预功能

干预功能是政府通过行政手段直接介入农村学前教育发展进程,按照政府的意图对农村学前教育施加影响。它是政府对落后地区处境不利群体学前教育处于较为滞后或出现重大危机时所采取的补救行为。即政府通过颁布行政指令强行驱使农村学前教育由非常规运行恢复到正常有序运行的发展状态。例如,由于受个体利益驱动的诱导,家长很容易陷入盲目择园,导致学前儿童的无序流动,这就要求政府在发挥诱导功能的同时,还需要采用正当的行政手段,对学前教育进行直接干预和协调。这种干预带有强制性和约束性,即政府通过组织机构系统强制性地要求微观主体按照政府意图开展活动,微观主体没有自行选择的余地,其特点是力度大、时效快,但同时也存在着由于政府误判而造成损失的隐患。近年来,我国一些地方出台的大学区管理模式、托管模式、城乡一体化模式等推进农村学前教育发展的实践就是政府干预学前教育发展功能的集中体现。

（4）规范功能

规范功能是政府管理学前教育的一项基础性功能,是政府以法律、法规和现行政策为依据,以获得学前教育最佳发展秩序和促进质量提升为目的,对阻碍农村学前教育发展的行为进行约束和规制。当前,社会公众对学前教育不公平和不公正的诟病日益凸显。针对这种现象,政府必须运用法律手段以及相应的制度来加以规范和约束。

（四）公共服务理论

公共产品理论,是新政治经济学的一项基本理论,也是正确处理政府与市场关系、政府职能转变、构建公共财政收支、公共服务市场化的基础理论。按照萨缪尔森在《公共支出的纯理论》中的定义，纯粹的公共产品或劳务是这样的产品或劳务，即每个人消费这种物品或劳务不会导致别人对该种产品或劳务的减少。而且公共产品或劳务具有与私人产品或劳务显著不同的三个特征：效用的不可分割性、消费的非竞争性和受益的非排他性。而凡是可以由个别消费者所占有和享用，具有敌对性、排他性和可分性的产品就是私人产品。介于二者之间的产品称为准公共产品。

当前，我国农村学前教育欠发达的状况已成为制约全国整体学前教育发展的一个薄弱环节。因此从公共产品理论的角度来分析农村学前教育的发展，发掘出影响农村学前教育的不利因素，并纠正以往单一的、不合理的教育供应状况，找出适合现实国情的合理对策，对改进农村学前教育的改革和发展具有十分重要的意义。

1. 我国农村学前教育供给现状

由于受城乡差别、地区发展不平衡、收入分配方式不合理等诸多因素的影响，我国农村居民收入普遍较低，农村公共产品的供给不容乐观。目前，农村地区公共产品的供给主要由三方来提供，一方是政府部门，通过财政支出来完成农村公共产品的供给；一方是市场，以营利为目的来实现农村公共产品的供给；另外一方是个人或组织，以自愿为基础来提供农村公共产品[1]。而在这三种方式中，又多以市场调节、个人和组织为主，政府部门的作用严重缺位，这就为农村教育不发达的现状埋下了严重的隐患。同时，在我国农村的学前教育中，很少有农村居民将其与政府行为联系起来，政府部门也乐在其中，不管不问任其自然发展，这些都是目前我国农村学前教育欠发达的构成因素。

2. 学前教育产品属性分析

公共产品理论之所以研究物品的属性，就是为了厘清社会各个部门在社会生活中所应肩负的责任，并研究这些部门应以什么样的方式向社会提供服务。纯粹公共品，由公共部门即政府提供（政府提供不意味着政府直接生产），纯粹私人品，由私人部门或市场提供，混合品，则是混合提供[2]。学前教育，可以归结于公民最基本的受教育的权利，是政府部门必须下大力气、下大投入才能切实

---

① 鄂尔江，罗永乐. 公共产品理论视角下广西农村学前教育供给问题分析——以南宁市西明村为例[J]. 市场论坛，2012(01).

② 谢亚. 从公共产品理论看西部大开发投入机制的创新[J]. 西部经济论坛，2000(07).

落实的,特别是农村的学前教育如果离开政府的补贴、投入和关注,只能在其自身经济实力的承受能力之下自生自灭。而且与高等教育、中小学教育相比,学前教育的外部效益更大。在我国,虽然学前教育不属于义务教育范畴,同时它也具有私人产品的竞争性、排他性等特点,但由于其不仅对受教育者本身颇有益处,对整个社会的发展与进步,也起着至关重要的作用,基于此,学前教育准公共产品的性质就毋庸置疑了。

3. 公共产品理论下的农村学前教育

一个地区提供的公共服务可能会影响到其他地区,这些也是公共产品理论难以完全实现的原因。例如,一个地区对其区域内提供了学前教育资金支持,但人口的流动会使这种支持变得不公平,甚至出现社会纠纷。虽然在现实生活中,有着种种的原因使得政府部门难以顾及学前教育,特别是农村的学前教育,但由于其准公共产品的属性,这就要求政府部门必须严格落实、切实执行,以改变目前农村的学前教育基本完全由个人承担的不合理现状。

此外,城乡学前教育关注度的偏差也要求政府加大对农村学前教育的关注。据统计,2011年全国幼儿园总数增加了1.6万所,在园幼儿规模增加了400多万人。这些数字似乎显示了国家对学前教育关注的力度加大了,但是这些新增的幼儿园和师资方面的投入主要还是在城市,农村虽然也有"国培计划"培训出的6.9万名幼儿园骨干教师,但最后落实到位肯定不会足额。公共产品效用的不可分割性、消费的非竞争性和受益的非排他性也要求城乡幼儿享有同等的受教育权利,特别是享受到同等的学前教育的机会。目前看来,这还远远没有达到合理的构成配置,亟须政府加快实施学前教育准公共产品效用的步伐。

(五)人力资本投资理论

自亚当·斯密在《国富论》中详细论述了人力资源理论之后,对人力资本的研究就一直没有停止过。美国经济学家雅各布·明塞尔在《人力资本投资与个人收入分配》中,首次建立了个人收入分析与其接受培训量之间关系的经济数学模型。西奥多·W·舒尔茨也曾做过《人力资本投资》的演说,阐述了许多无法用传统经济理论解释的经济增长问题,明确提出人力资本是当今时代促进国民经济增长的主要原因,他还提出人力资本投资理论,并对教育投资及其回报率做了定量的研究。

1. 人力资本投入的教育学意义

人力资本投入就其本身来说是为了提高人的生产能力,从而提高人在劳动力市场上的收益能力的初始性投资。其主要目的就是提高人口质量,而提高人口质量的最佳途径就是教育,所以教育投入可以算作是人力资本投入的最好方法。

高等教育投入和职业技能投入可以产生巨大的效益,这很容易为多数人所理解,但学前教育的投入却使大部分人感到收益甚微,甚至感觉不到受益,因为学前教育涉及的只是基本生活、生存知识、运动能力和简单思维能力的锻炼,似乎与创造财富等社会性行为没多大关联。美国的教育经济学家在调查学前教育对儿童长期发展的影响后发现:优质的学前教育是最有效的预防性干预手段之一,不仅对幼儿及其家庭有利,更具有社会经济价值,因为它既能为社会创造高质量的劳动力,提高就业率,增加国家的财政收入,还有利于降低犯罪率和改善公民的健康状况和生活质量,从而节约公共行政、司法、医疗和福利开支,是一种高回报的人力资本投入①。同时,幼儿期是一个投资人力资本的理想时期,这种投资不仅对儿童有利,也对家庭和社会有利。芝加哥纵向研究的最新结果在《科学》杂志发表②,学者在对低收入家庭长达 19 年的追踪研究表明,幼儿接受学前教育干预对他们 28 岁时教育和经济状态、犯罪预防、健康状况、行为纠正以及心理健康都有重大的积极影响。此外,学前教育带来的经济效益远大于成本,平均比例为 6∶1。法国的研究表明学前教育扩张提升了后续学校教育阶段儿童的学业表现和成人阶段的职业收入。以上理论和实验在某种程度上阐释了学前教育资本投入的社会学意义。

2. 国际关于学前教育人力资本投入研究

2000 年诺贝尔经济学奖得主詹姆斯·赫克曼(Heckman,J)通过分析芝加哥亲子中心、高瞻佩里幼儿园等发现:"学前教育是最值得投入的教育领域。③"这是因为学前教育的人力资本投入有着较为长久的受益空间,而且在幼儿年龄较小时期的大量的人力资本投入,对幼儿诸多能力的积累和锻炼起到积极作用,并使其在未来的社会竞争中处于领先地位。学前教育的人力资本投入能使幼儿获得更好的师资力量、更充足的教育资源及更优异的教育成果。

从成本收益的角度来看,大量学前教育研究显示,学前教育投资能够产生巨大的经济效益和社会效益。而且在教育阶段中,对学前教育的投资所获得的

---

① 严冷,冯晓霞.学前教育作为人力资本投入的启示[J].中国教育学刊,2009(07).

② 苏珊,纽曼著.李敏宜,霍力岩主译.学前教育改革与国家反贫困战略——美国的经验[M].北京:教育科学出版社 2011:5.

③ 严冷,冯晓霞.学前教育作为人力资本投入的启示[J].中国教育学刊,2009(07).

回报最高,还将伴随着幼儿的成长产生持续、大量的收益。从 1964 年起,美国提前开端计划的研究人员对来自贫困家庭的 123 名幼儿进行了持续近 40 年的追踪研究。此项研究设置了实验组和对比组,与对比组相比,实验组幼儿接受了 1—2 年的学前教育。研究结果发现,实验组幼儿较对比组幼儿学业成就更高,有更高的就业率与经济收入,家庭关系更为融洽和睦,吸毒和犯罪率更低。当这些实验组幼儿成长到 27 岁时,投资收益率为 1:7.16;到他们 40 岁时,整体投资收益率已高达 1:17.07。其中,对幼儿个人的收益率为 1:4.17,对整个社会的投资收益率则高达 1:12.9。分析表明,这些社会收益分别来自于犯罪率的减少、特殊教育与心理辅导的减少、所得税的增加以及社会福利开支的减少①。因此,学前教育的人力资本投入将是受益最大、最有价值的资本投入。

3. 我国的投入状况

我国目前教育资本投入主要集中在中高等教育和职业教育方面,学前教育的资本投入方面很是贫乏,而且这方面的投入多为幼儿家长所承担,政府投入方面严重缺位。比如必要的师资配备、相应的硬件条件和适时的教师培训等,都是政府部门所应承担的责任,但在农村基层政府,实现这些都是很难的。而农村的幼儿家长在这方面做的也不到位,他们很少花费时间在幼儿的学习上,一般都是任随幼儿自身的发展,虽然近些年来情况有所改观,但在社会进步的大环境下,其改观程度就微不足道了。还有的幼儿家长认为学前教育的投入是可有可无的,于是在经济能力不堪重负的情况下,会减少对幼儿学前教育的投入,甚至让幼儿丧失享受学前教育的机会。而在农村,政府对学前教育的投入又缺乏相应的机制,少投或不投都成为司空见惯的现象,所以农村学前教育的水平才会持续走低。

二、政府主导农村学前教育发展的合理性分析

所谓合理的,就是合规律而被认为是客观的,合目的而被认为是有价值的,合逻辑而被认为是严密的,合理智而被认为是正常的,合规范而被认为是正当的,有根据而被认为是应当的,有理由而被认为是可理解的,有价值而被认为是可接受的,有证据而被认为是可相信的,有目标而被认为是自觉的,有效用而被

---

① 中国学前教育发展战略研究课题组.中国学前教育发展战略研究[M].北京:教育科学出版社.2010:6-7.

认为是可采纳的,等等。合理性是对人的思想和行为所应当具有的客观性、价值性、严密性、正常性、应当性、可理解、可接受、可信性、自觉性等的概括与要求,是合规律性、合目的性和合规范性的统一,也是真理性和价值性的统一①。从这种视角出发,政府主导农村学前教育的合理性主要体现在以下几方面。

(一)政府主导农村学前教育是落实教育权的需要

受教育权是国际人权法和各国的宪法规定和保障的基本人权。这决定了政府有责任、有义务保障每个公民平等地接受教育,这是不以人的意志为转移的。如前所述,学前教育是一种公益性教育,是人一生发展奠基性的教育。关于公益性,有学者指出:"一个人享用某项公共利益的程度并不取决于他为生产这项利益做出了什么贡献,或没有做出什么贡献。对一项公共利益而言,任何个人的道德边际利益与他付出的边际代价之间并无联系。当一项利益提供给公众时,纳税人可以多收益,也可以少受益,不必因此而多交税或少交税。如果一个人无论如何都能享受一项利益的话,那么他自愿为之做贡献就是不合情理的了。既然这一点对所有的人来说都是一样的,那就不会有人自愿做贡献,因而即使所有的人都希望得到某项公共利益,这项利益也决不可能产生出来。②"学前教育的公益性决定了接受学前教育不仅有利于儿童自己和家长,而且对整个社会都有益处。因此,作为社会公益事业的学前教育只能而且必须由政府来举办。举办公益事业、提供公共物品和维护社会平等是现代政府的重要职责。

我国是一个农业大国,有80%的儿童生长在农村,大力发展农村学前教育促进农村儿童的健康发展,是社会主义教育的本质要求,是构建社会主义和谐社会的重要内容,也是建设人力资源强国的重要途径。保障农村学前儿童接受基本均等的学前教育是农村儿童的基本人权,落实这一人权,就是要保障农村学前教育的本质属性——教育性和福利性,这一地位决定了必须以政府为主导推进农村学前教育事业的发展。

(二)政府主导是保障学前教育性质和功能的决定性条件

学前教育的基本属性和学前教育资源的特殊性,决定了不可能通过自由市场竞争实现资源配置的优化并服务于社会大众。普惠性学前教育是社会的基

---

① 郝文武.教育哲学研究[M].北京:教育科学出版社,2009:6.
② 安东尼·德.雅塞.重申自由主义[M].北京:中国社会科学出版社1997:141.

本公共服务,政府必然是资源配置的主导者、资源的主要提供者和普遍惠及广大人民群众的基本保障者。明确和落实政府责任,是促进学前教育事业健康、可持续发展的关键保障①。从公共经济学的角度看,学前教育是典型的准公共产品,当求学者增加到一定程度时会呈现出私人产品消费上的排他性和竞争性,可以由市场参与提供②。但是,农村具有特殊的经济、社会因素的影响,使得市场无法适度高效地调节学前教育的发展,再加上学前教育的效用具有内隐性和后期性,使农村学前教育长期受到冷落。可见,一方面农村学前教育领域出现了市场失灵,需要政府介入进行必要的干预,另一方面,农村学前教育的特殊性也决定了要以政府为主导发展农村学前教育。政府职能行使的合法化基础何在呢?"市场失灵是政府行为合理化的理由之一"③。

1.政府主导是发展学前教育的必由之路和大势所趋

教育是一项庞大而重要的事业。近百年来的教育发展历史表明,只有强有力的权利参与才能使之得到充分的支持和协调地发展。为了促进教育的发展与进步,国家需要通过制定教育政策来引导和干预教育。从美国的"提前开端计划"、英国的"确保开端项目"、印度的"儿童综合发展服务项目",我们都可以看到各国政府主导性责任的加强,学前教育改革的重要举措都需要政府政策的指导和协调在其中发挥重大作用。

发展农村学前教育有经费、体制、师资等问题,核心是加强领导问题。这个问题解决了,其他问题就好解决④。农村学前教育与城市学前教育相比发展缓慢,其中关键的问题是农村学前教育工作领导和管理的薄弱。要促进农村学前教育的发展,提高农村学前教育的质量,就要加强农村学前教育的领导和管理,明确各级行政部门的职责,并且各个部门之间要密切配合,协调一致,共同努力,加强领导,保证农村幼儿教育改革与发展的顺利进行。因此,农村学前教育要发展,一定离不开政府的支持。只有政府对这一问题引起足够的重视,才可能为农村学前教育的发展提供更多的政策和财力支持。

---

① 李天顺.以公益普惠的学前教育奠基未来[J].人民教育 2011(11).

② 贺颖.农村学前教育中政府责任的必要性探析[J].太原师范学院学报(社会科学版),2008(3).

③ 欧文·E·休斯公共管理导论[M].中国人民大学出版社,2007.

④ 骆正军,周艳红,吴瑜."布线织网"做文章——永州市农村学前教育管理模式之我见[J].当代教育论坛,2005(18).

2. 政府教育价值取向影响学前教育发展方向、方式与进程

制定教育政策通常是为解决一定的教育问题,并借助教育政策来规范、引导人们的教育行为,来指导教育事业的发展。"在现象形态的层面上,教育政策表现为由政府等政治实体关于教育领域的政治措施组成的政策文本或文本的总和。任何一项教育政策都是一种教育领域的政治措施,任何政治措施本身都代表或蕴含着政府对于教育事务和教育问题的一种价值选择——做什么或不做什么、鼓励什么或禁止什么的一种价值选择。①"

3. 学前教育的正外在性是政府投入的重要依据

外在性是市场机制无法处理的问题,学前教育是否具有正外在性是政府是否主导的重要依据。大量的研究表明,学前教育对幼儿个体、幼儿的家庭和社会都具有极其重要的意义。1999 年的 OECD 报告甚至认为,儿童早期教育和保育是从投资中获益最多的教育阶段。

4. 政府主导弥补学前教育市场的缺陷

学前教育市场,是指学前教育供需双方及其中介人之间,围绕牵涉各自利益的价格而展开激烈竞争所形成的各种经济关系的总和②。学前教育投资效益的隐蔽性和迟滞性较之以后的任何一个阶段都强。隐蔽性是指学前教育的收益比较隐晦,不易被人所知,也容易被忽视;迟滞性是指学前教育投资是一种长期性的投资,只有等孩子长大后才能有明显回报。这些特性使得私人资本更愿意投资经济建设或其他类型的教育而不是学前教育,所以就需要政府财政来支持学前教育的发展。

(三)农村学前教育的现状决定了政府主导的必要性

长期以来,受城乡二元社会经济制度的影响和制约,包括学前教育在内的农村公共服务都是按照"自力更生为主,国家支援为辅"的制度来发展的,因而,在农村学前发展上形成了一种"路径依赖"。这就导致农村学前教育长期供给不足,资源短缺,发展水平低下,进一步固化了城乡"二元"结构。由于城乡居民收入的巨大差异,农村家庭大多处于贫困中,特别是西部地区的农村家庭。这些贫困家庭中长大的农村儿童在身体发展方面非常缓慢。中国 61% 的 0—6 岁儿童生活在农村地区,但是农村地区的幼儿入园率仅有 43%。2008 年农村地

---

① 刘复兴. 教育政策的价值分析[M]. 北京:教育科学出版社,2003:45.

② 蔡迎旗. 幼儿教财政投入与政策[M]. 北京:教育科学出版社,2007:70.

区6个月大的婴儿患贫血的概率为34%,贫困县2岁儿童发育迟缓率高达22%①。联合国儿童基金会曾对我国3500个贫困家庭进行调查发现,儿童轻度和重度营养不良的比率非常高。随着我国经济社会发展,公共财政的逐渐富足,社会公众对享受优质学前教育资源的诉求日益强烈,改变城乡"二元"体制,减少城乡间的巨大差异成了改革的重点。

很多研究表明,农村地区家长在抚养孩子的过程中,缺乏正确的养育知识和必要的技能,同时农村家长大多忽视了儿童早期教育的重要性。据一项调查发现②,4岁儿童独自在家的比例达到43.3%,6岁独自在家的比例为35.6%;随父母到地头的4岁幼儿达13.1%,6岁幼儿为8%。可见,农村家长并没有意识到学前教育的重要性,同时也反映出农村学前教育机构的缺乏。为农村儿童提供补偿性的学前教育已成为各国政府投入的主要依据。

因此,学前教育对提升农村贫困儿童的整体素质、建构国家财富起着奠基性的作用,而且有着长期的综合效应。

三、政府发展学前教育行为的评价指标体系

从我国近年来中央和部分省对学前教育发展指标体系的督导评估来看,政府在发展学前教育方面的责任日益明确和显现。为了说明这一问题,我们对陕西省"双高双普"验收指标体系和国家教育督导团关于评价政府学前教育发展的指标体系进行归纳和分析,以期能对后面政府主导农村学前教育分析架构的建立提供帮助。

(一)陕西省关于学前教育的评价指标体系

2010年以来,各地纷纷出台了一系列的政策措施,大力加强学前教育发展。其中陕西省制定了县级党政领导干部履行教育发展职责考核办法。通过"双高双普"验收(即高水平高质量普及九年义务教育、普及学前教育、普及高中阶段教育)来落实政府发展教育的责任。这一制度创新对于政府教育行为的强化起到了重要的推进作用。这里我们以《"双高双普"验收标准》中的学前教育指标

---

① 苏珊,纽曼著,李敏宜,霍力岩主译.学前教育改革与国家反贫困战略——美国的经验[M].北京:教育科学出版社2011:3.

② 潘仲名,沈芝莲.农村幼儿教育体系研究[M].北京:教育科学出版社2000:26.

体系情况,来分析政府主导学前教育的相关职责。该《标准》对于学前教育的评估标准有 18 项,具体内容见表 2 - 1。

表 2 - 1　陕西省"双高双普"评估验收标准关于学前教育的评价指标①

1. 全面提高学前教育普及水平:坚持就近入园、往返路途安全的原则,确保适龄儿童、进城务工人员随迁子女、留守儿童和符合条件的残疾儿童入园;学前一年幼儿毛入园率达到 87.9% ;学前二年幼儿毛入园率达到 82.1% ;学前三年幼儿毛入园率达到 73.3% 。

2. 全面提高保教质量:幼儿身体健康,喜欢体育活动,动作基本协调、灵活,对音乐、美术感兴趣,能进行简单的艺术表现活动;生活、卫生习惯良好,知道必要的保健常识,具有基本的生活自理能力;具备基本的语言交流能力,对周围自然现象感兴趣,能初步了解简单的自然现象,能感受数量关系和形象特征;在园情绪愉悦,主动与人交往,懂礼貌。

3. 办园体制:建立了政府主导、社会参与、公办民办并举的办园体制。

4. 实施学前教育推进工程:制定了县域学前教育发展规划,按规划完成幼儿园建设年度任务;实行学前一年免费教育;设立专项资金,支持城区(县城)公办幼儿园、乡(镇)公办中心幼儿园、村级幼儿园建设;中小学富余校舍和社会资源首先用于学前教育,新建、扩建幼儿园建设用地,应按照公益事业用地办理,实行优先安排;严格执行幼儿园准入制度,建立了幼儿园动态监管体系,民办幼儿园依法取得办园资格证,并纳入教育行政部门统一管理,消除无证办园;创建 1 所省级示范幼儿园。

5. 落实素质教育战略主题:办园方向正确,把保护幼儿生命安全和身体健康放在首位,坚持以游戏为基本活动,寓教于乐,促进幼儿快乐生活、健康成长;按照国家和陕西省的要求,结合幼儿园实际,合理安排和组织幼儿一日生活,分别制定了详细、科学的小班、中班、大班保育工作方案和游戏活动实施方案,明确游戏活动载体和户外活动、喝水、吃饭、睡觉、休息等具体要求,且实施效果良好;建立了素质教育的考核评估制度,注重全面发展,兼顾个体差异,形成正确导向。

6. 规范办园行为:不得以任何形式教授小学教育内容和强化训练,不得给幼儿布置家庭作业,不得要求家长统一购买各种幼儿教材和教辅资料;严格执行收费标准,建立了收费公示制,接受家长和社会监督;不得以开办实验班、特色班等名义擅自设立收费项目,提高收费标准;不得收取建园费、赞助费等,不得向幼儿家长推销图书、玩具等商品。

7. 园舍文化建设:坚持充分体现素质教育战略主题的原则;坚持因地制宜,节约资金,因陋就简,朴素大方,高雅美观,突出地方特色和园本特色的原则;主题色彩鲜明、和谐、悦目,符合幼儿身心发展规律,切忌大面积暖色布置和动漫墙布置,保持幼儿视觉、听觉等感觉自然轻松,有利于心态平和与安静休息;园舍绿化、美化、净化,幼儿人均绿化用地面积 2 平方米;设置了旗台,升降旗仪式规范。

---

① 资料来源:陕西省"双高双普"评估标准。

8. 幼儿园管理:园长热爱幼教事业,具有改革创新精神,树立了素质教育新理念;认真履行工作职责,遵纪守法,廉洁自律,作风民主;领导班子结构合理,团结和谐,职责明确;坚持以人为本,尊重教职工,关爱幼儿,建立了平等、规范、健全、高效的管理制度;建立健全了教职工代表大会和家长委员会制度,接受社会监督。

9. 安全管理:建立健全了各种安全、卫生保健制度,制定了安全预案;按规定配备了专职安保人员,配置了安保器材和技术设备;若需配备接送幼儿车辆,则必须符合国家规定,车辆管理规范;加强了幼儿体质检测和食品卫生管理检查,消除各类安全隐患;建立了幼儿园传染病应急防控和信息报送机制,未发生安全责任事故。

10. 经费管理:教职工工资及绩效工资按时足额发放;公用经费及幼儿生活补助费按时足额拨付到位,保障幼儿园正常运转;各类幼儿园经费管理规范。

11. 教职工编制与结构:教职工与幼儿的比例为 1:7,每班配备 2 教 1 保,全体保教人员持证上岗;教师学历合格率达到 100%,其中大专学历达到 85%,本科及以上学历达到 15%;中级以上职称达到 30%,能运用现代化设施组织保教活动的达到 80%;炊事员与幼儿比例为 1:60;卫生保健人员按照在园幼儿 150 名至少设 1 名的比例配备;有专职会计 1人,专(兼)职出纳 1 人。

12. 师德建设:保教人员应具有良好的道德修养,淡泊名利,自尊自律,尊重幼儿,关爱幼儿,以平和的态度对待幼儿,不得体罚和变相体罚幼儿;幼儿园将师德表现作为保教人员资格认定、定期注册、绩效考核、职务聘任、评优奖励的首要条件,实行一票否决;每学期至少开展 1 次全面的师德师风检查活动,定期表彰奖励优秀保教人员和先进幼教工作者;保教人员无违法犯罪现象。

13. 培训与科研:制定了保教人员素质提升工程实施方案,园长和保教人员参加了全员培训,并取得岗位培训合格证书;建立了保教人员继续教育激励机制,鼓励保教人员参加学历提升和继续教育培训;幼儿园运转经费的 5% 用于保教人员培训;保教人员全员参与园本课题研究,根据幼儿生活中遇到的实际问题设立课题,每年的园本课题个数不低于保教人员总数的三分之一;积极开发不同层次幼儿发展的游戏活动载体,促进幼儿健康成长。

14. 园舍建设:幼儿园选址、建筑符合国家和陕西省规定,园舍有独立的院落和出入口;园舍建设达到安全和健康要求,无土木结构建筑,无危房;园舍设于阳光充足地段,户外活动场地应有不少于二分之一的面积在标准的日照阴影之外;户外活动场地面积人均 4 平方米,活动场地全部软化;活动场地设 30 米直道,配置大型活动器械 10 件(农村 5 件)以上。

15. 占地面积与建筑面积:城镇幼儿园人均用地面积 6 个班、9 个班、12 个班分别为19.28 平方米、18.56 平方米、18.05 平方米;城镇幼儿园人均园舍建筑面积 6 个班、9 个班、12 个班分别为 12.22 平方米、11.65 平方米、11.24 平方米;城镇幼儿园建有饲养角、种植园、沙池、嬉水池;农村幼儿园人均用地面积不低于 11.62 平方米;农村幼儿园人均建筑面积不低于 6.09 平方米。

16. 活动室与寝室:活动室与寝室分设;活动室和寝室通风、透光良好,每班活动室、寝室、洗漱间与卫生间总面积达到 129 平方米;各班配有符合幼儿健康要求的幼儿专用的桌、椅、床(1人1床),床的规格、质量符合规定要求,被褥、床单等统一规格,保证质量,符合幼儿休息需求,并按季节配置;活动室配有钢琴(电子琴)、电教设备、饮水设备、卫生设备、消毒设备和供暖降温设备;幼儿园玩教具的种类和数量达到标准要求。鼓励幼儿和家长自制玩具。

17. 部室建设:城市幼儿园:音体活动室面积 6、9、12 个班分别为 120 平方米、140 平方米、160 平方米;兴趣活动室面积 6、9、12 个班分别为 80 平方米、120 平方米、160 平方米;图书资料室面积 20—30 平方米,幼儿人均图书 10 册;保健观察室、隔离室面积 20—30 平方米,配备有资质的保健医师,设施配备达到标准要求;农村幼儿园:音体活动室面积 6 个班为 60 平方米;兴趣活动室面积 6 个班 40 平方米;图书资料室面积 20 平方米,幼儿人均图书 10 册;保健观察室面积 20 平方米,设施配备达到标准要求。

18. 厨房建设:厨房面积城市幼儿园 6、9、12 个班分别为 77 平方米、90 平方米、102 平方米,农村幼儿园 6 个班为 61 平方米;厨房粗加工间、配餐间、主副食加工间、消毒间、物品保管间等各功能区设置科学合理,做到"三分离一方便";配有电冰箱、烤箱、和面机、绞肉机、消毒柜、留样柜等设施;排气排烟良好,上下水通畅,防鼠防蝇设施齐全;取得卫生许可证,炊管人员持证上岗,符合卫生要求,食品采购管理规范,做好 48 小时食品留样。

从以上可以看出,这个标准很细致,评估的条款很多,但没有具体分清楚政府责任和幼儿园的责任,即具体那些应该由政府负责,哪些应该由幼儿园负责,哪些是幼儿园教师的责任,哪些由家长负责,哪些是社会的责任等等。

(二)教育部有关学前教育的评估单

国务院关于学前教育发展的十条规定出台以后,促进了学前教育发展。为了确保国务院政策措施的落实到位,教育部就各地学前教育的发展情况开展了督查。教育部的督查主要指标体系如表(2-2)。

表 2-2　教育部关于学前教育发展评估单

一级指标	二级指标
一、政府职责 20 分	1. 重视并切实加强对大力发展学前教育的领导。成立学前教育工作领导小组或建立联席会议制度,加强对学前教育的统筹协调;健全教育部门主管、有关部门分工负责的管理体制和工作机制。
	2. 制定切实可行的学前教育发展规划和三年行动计划,其目标明确,措施具体,突出针对性、可操作性。

续表

一级指标	二级指标
	3. 建立督促检查、考核奖惩和问责机制。加强对学前教育的督导检查,将学前教育发展纳入各级政府领导目标责任制;对在学前教育工作中做出突出贡献的单位和个人给予表彰和奖励。
二、经费投入 15 分	4. 将学前教育经费列入财政预算,切实加大学前教育投入力度,向边远贫困地区和少数民族地区倾斜;新增教育经费要向学前教育倾斜;财政性学前教育经费在同级财政性教育经费中要占合理比例,并且近三年有明显提高;确保发展学前教育工程(项目)投入。
	5. 建立政府投入、社会举办者投入、家庭合理负担的投入机制;研究制定公办幼儿园生均经费标准和生均财政拨款标准,并能及时拨付到位。
	6. 制定支持学前教育的优惠政策,鼓励社会力量办园和捐资助园;建立学前教育资助制度,发展残疾儿童学前康复教育;国家支持学前教育发展的项目经费使用规范、合理。
三、园所建设 15 分	7. 扩大普惠性学前教育资源。大力发展公办幼儿园,提供广覆盖、保基本的学前教育公共服务;鼓励社会力量以多种形式举办幼儿园,积极扶持民办幼儿园,并提供普惠性服务。
	8. 研究制定城镇小区配套幼儿园的规划、建设、接收、使用与管理细则,并有效落实,确保布局合理,方便就近。农村乡镇建设公办中心幼儿园,大村独立建园,小村设分园或联合办园,人口分散地区开展学前教育巡回支教等,构建县、乡、村学前教育网络。
	9. 设施设备配备达标,满足幼儿活动和发展的需要。
四、队伍建设 15 分	10. 合理确定幼儿教师生师比,核定公办幼儿园教职工编制,配足配齐教职工;健全幼儿教师准入制度,严把入口关;多渠道保证师资的供给,满足学前教育发展需求。
	11. 完善学前教育师资培养培训体系,扩大幼儿教师的培养规模,加大幼儿教师的培训力度,增强培训的针对性,提高教师专业素质。
	12. 依法落实幼儿教师地位和待遇,切实维护幼儿教师合法权益。

续表

一级指标	二级指标
五、规范管理15分	13. 严格执行幼儿园准入制度,制定各种类型幼儿园的办园标准,实行幼儿园审批登记和年检制度。对无证办园进行全面排查登记,实行分类治理,妥善解决无证办园问题。
	14. 完善幼儿园收费管理机制,制定幼儿园收费标准,规范幼儿园收费工作。
	15. 重视幼儿园安全保障和卫生健康工作,健全各项安全管理、卫生保健、饮食与健康工作制度和安全责任制。
	16. 落实《幼儿园教育指导纲要》,加强对幼儿园保教工作的指导,建立幼儿园保教质量评估监管体系和机制,开展保教质量监测评估工作,有效解决"小学化"倾向和问题。
六、发展水平20分	17. "毛入园率"明显提高,"入园难"问题得到有效缓解。
	18. 城镇和农村公办幼儿园所占比例、广覆盖程度明显提高。
	19. 学前教育财政投入所占比例明显提高。
	20. 取得幼儿教育资格证的教师数占幼儿教师总数的比例明显提高。
	21. 保教质量明显提高。
	22. 社会对当地提供的学前教育的满意度明显提高。

教育部对政府发展学前教育责任的规定比较明确,但评估标准是面向全国所有地区的,有些只是原则性的,难以顾及全国所有地区学前教育的发展状况。很显然,对于我国目前城乡差异明显存在的状况下,用一个统一的标准来规范或者督查全国学前教育的发展状况,显然是不合适的。因此,这一标准对政府发展学前教育的职责和任务规定仍过于笼统,难以顾及农村地区学前教育的发展。

四、政府主导农村学前教育的分析框架

从前述的论述看,对政府主导农村学前教育没有异议。既然政府应该主导农村学前教育发展,那么政府主导农村学前教育发展的具体内容有哪些,也就是说政府应该主导农村学前教育发展什么,在哪些方面进行主导,这是本研究的重点和关键所在。根据国内外有关学前教育发展研究成果,结合陕西省和教育部有关学前教育发展中政府行为指标体系的相关内容,笔者认为,政府主导农村学前教育应主要包括以下几个方面。

(一)政府应用科学的教育理念引领农村学前教育发展

教育理念是教育事业发展的导航器和风向标,有什么样的教育理念,就会有什么样的学前教育发展。因此,政府主导农村学前教育发展,首先应体现在政府要向全社会宣传科学的、先进的学前教育理念。纵观我国目前农村学前教育发展面临的种种矛盾和问题,无一不与人们对于学前教育的不正确的认识有关。这种错误观念的形成除了特定的社会历史背景,也与政府在科学的学前教育理念的宣传上不到位有关。因此,政府主导农村学前教育发展应首先在科学的教育理念的宣传上,在科学的学前教育规律的宣传上,在新的关于学前教育本质和规律的认识上。政府作为农村学前教育发展的主导者,应在全社会营造一种良好的氛围和环境。尤其是要大力宣传国内外关于学前教育发展的最新理念和国家的最新要求,教育和引导广大家长从孩子可持续发展和国家人力资源强国的高度来认识农村学前教育发展的地位和作用,认识科学的学前教育保教方法的重要性和必要性。

(二)政府应制定农村学前教育发展规划

农村学前教育的发展离不开科学有效的发展规划的保障。政府主导农村学前教育发展,必须将农村学前教育发展规划的制定放在重要位置。在制定农村学前教育发展规划方面,政府应在科学有效的调研基础上,就农村学前教育发展一系列重大问题做出统筹安排。

关于农村学前教育发展规划的制定,当务之急是要根据党的十八大提出的要求,结合城镇化和新农村建设进程的实际,制定一个跟中长期国家经济社会发展和教育事业发展相适应的农村学前教育中长期发展规划,进一步明确农村学前发展的目标和任务。在此背景下,研制出适切性较高的分步实施方案,确保中长期发展规划纲要的实施能够落到实处。

政府在制定农村学前教育发展规划时,应坚持学前教育公益性原则,对农村幼儿园资格准入和办园标准应该具有明确的科学合理的指标要求;尤其是在农村学前教育布局调整上,应以保障每个幼儿就近入学为原则,采取多种形式扩大农村学前教育资源,改扩建、新建幼儿园;要充分利用中小学布局调整富余的校舍和教师举办幼儿园(班);以财政投入为主、政府办园为主、公办教师为主,大力推进农村乡镇中心幼儿园建设;高标准完成在每个乡镇办好一所公办中心幼儿园的任务;应在充分发挥乡镇公办中心幼儿园的辐射、示范作用方面积极探索,注重发挥其引领和带动作用,在促进农村学前教育实现广覆盖方面取得显著成效,实现农村学前教育发展的根本性突破。

(三)政府应建立科学的农村学前教育管理体制

管理体制是农村学前教育发展的重要保障。科学有效的管理体制有赖于政府职能的落实。政府主导农村学前教育,就要建立一个科学完整的管理体制机制。从目前的情况来看,农村学前教育的管理体制应该包括从中央到地方的管理体系,特别是要突出地方政府在农村学前教育发展上的责任。这个管理体制在机构设置方面,应主要完善省、市、县三级学前教育管理机构;在人员配备方面,应在各级政府教育主管部门设立专人来行使包括农村学前教育在内的管理权;在管理运行机制方面,应建立科学有效的运行系统,确保学前教育的各项重大政策方针能够及时有效地落实到位,农村学前教育发展中的矛盾和问题能够及时地上传到决策层面;在督导评估方面,应借鉴基础教育督导的成功经验,完善学前教育督导的相关体制机制。总之,只有建立健全农村学前教育管理体制,才能确保农村学前教育发展的各项政策措施落实到位,才能保障农村学前教育目标任务的落实。为此,政府一要把农村学前教育列入教育发展的整体规划,将其作为实现农村小康建设的社会发展硬指标;二要坚持地方负责、分级管理和有关部门分工负责的管理体制,加强农村政府的管理力度;三要依托县、乡中心园,建立以提高教育质量为核心的农村学前教育管理运行机制,制定科学、适宜的法律法规以规范和保障学前教育事业的发展。

(四)政府是农村学前教育投资的主要承担者

政府主导在投入上发挥作用,保证在农村基本普及学前教育。政府要优化财政支出结构,把教育作为财政支出重点领域予以优先保障,完善学前教育培养成本分担机制,以政府投入为主、社会举办者投入、家庭合理分担的投入机制;各地区根据学前教育普及程度和发展情况,逐步对农村家庭经济困难子女接受学前教育予以资助,健全资助政策体系,尤其是广大农村地区应以政府财政投入为主。学前教育发展过程中不太赞成公进民退,应该促进两条腿的繁荣,公尽可能繁荣,民也尽可能得到发展,要强调对公的发展,不要把钱投到个别的园上,不要办成示范园、高档园,政府应该办的是普惠性的园,面向大众的,收费比较低的,具有一定质量的,让老百姓就近送孩子上的,普惠性的幼儿园。同时研究和出台一些引导、鼓励,支持民办幼儿园得到更好发展的政策,应该引导新办的民办园往普惠性上走,对现有的民办园也应该通过鼓励、支持和帮助,引导它们向普惠性走。对民办幼儿园,建议对营利和非营利的给予不同的政策和支持。

(五)政府应承担农村学前教育教师队伍建设责任

师资是学前教育发展的核心,也是目前影响农村学前教育发展的关键因素。因此,政府主导农村学前教育发展就必须将师资队伍建设放在重要位置。从政府的职责来看,首先,应该严把农村学前师资队伍的入口关,确保教师队伍的整体素质;其次,应采取措施提高农村学前教师待遇,应该不断完善教师津贴补贴标准,提高农村幼儿教师地位待遇,对长期在农村工作的幼儿教师在工资、职务(职称)等方面有优惠政策,改善教师工作和生活条件;再次,政府统筹规划农村合格学前师资培养和配备,完善教师培训制度,将幼儿教师培训经费列入政府预算,制定出合理科学的培训计划,规范幼儿教师师资管理;最后,应不断健全教师管理制度,制定幼儿园教师配备标准,保证农村学前教育质量。

(六)政府应履行对农村学前教育的监管责任

科学合理的监管是确保农村学前教育健康、可持续发展的重要内容。为此,政府应发挥引导、规范、监管并举的作用。政府履行农村学前教育监管责任,一是应对学前教育理念进行监管。尤其是农村学前教育发展方面,科学育儿观以及科学保教方法方面,仍存在一些不是很到位的地方,存在一些误区。政府应该加强对以上观念层面的监管,确保农村学前教育能够按照教育教学规律和人的成长规律发展。二是对政府的投入行为进行监管。投入是政府主导学前教育发展的重要方面。应该在哪些方面投入,应该如何投入,投入的效果如何,这些问题关涉到政府投入能否产生出良好的效益。因此,政府应对农村学前教育发展责任的投入进行适当的监管,以保障投入效能的发挥。三是加强对民办幼儿园的监管。目前,我国民办幼儿园数量已占到了全国幼儿园总数的60%以上。虽然民办幼儿园在一定程度上缓解了学前教育资源不足的问题,但由于学前教育的相关法律法规、监督机制不够健全,一些地方对民办幼儿园的监督力度不够,无序办园、无证办园的现象屡见不鲜。对此,政府的一个重要职责是加强对社会力量办学的有效监管,尽快出台相关法律法规,对那些不符合标准的幼儿园进行引导、规范，甚至取缔。四是履行对农村学前教育教学质量的监管。办好农村学前教育的最终结果要体现在农村学前教育质量的提升和提高上面。要通过科学合理的指标体系，客观真实地对农村学前教育质量进行监控和评价，确保农村学前教育教学质量不断提升。

总括起来，政府主导农村学前教育的职责主要包括两个方面：一方面，经费投入的义务，即建立具备基本条件的学前教育机构以及对留守儿童、低收入家庭儿童、特殊儿童给予特殊照顾，通过建立有效的经费投入机制以确保每一个幼儿都能接受学前教育的义务；另一方面，管理和监督的义务，政府必须承担起宏观调控学前教育市场，调节供给与需求的矛盾，规范办园主体行为的职责，包括制定学前教育发展规划、建立和完善学前教育管理体制、加强学前教育师资队伍建设以及均等配置学前教育资源等。

五、政府主导农村学前教育需要澄清的几个问题

在明确政府主导农村学前教育的内涵、建构政府主导农村学前教育管理体制的时候，还应澄清以下几个方面的关系问题。

(一)明确"政府主导"与"政府主办"的关系

在我国的计划经济体制时期，政府在学前教育事业发展中的角色是全力履行相关职责的全能责任政府，即通过行政部门以计划、行政命令等从宏观到微观对学前教育事业发展和幼儿园办学机构无所不管。所有学前教育的事业投入都由中央集中掌握，实行"计划定，财政拨，银行管"的方式。经费投入、来源渠道单一。政府与学前教育机构之间是行政命令关系。这并不是我们要讲的"政府主导"。随着计划经济向市场经济转型，政府的经济职能与政治职能分离，社会公共管理职责和方式发生了转变。在学前教育领域，"以社会力量兴办幼儿园为主体"的政策导向，引入了多元投资办学主体，各种性质类型的幼儿园发展很快。但是由于对转型期政府在学前教育事业发展中的职责、宏观调控中应承担的公共管理责任认识模糊不清，对幼儿教育的重要性认识不到位，导致学前教育发展出现了所谓"社会化"和市场化的转向，造成了事业发展方向偏差，在一些地区不仅大批优质教育资源流失，而且教育质量下降，影响了学前教育事业的健康、可持续发展。这也不是我们要讲的"政府主导"。

目前很多地方对政府主导的理解存在偏差，把政府主导学前教育当成政府

主办公办园,这是非常不妥的。要警惕和反对以政府主导为借口,大建公办园的做法;应在新建公办园的同时,积极吸纳民间资金,最大程度地向社会提供优质教育资源。我们必须明确,政府主导并不是政府大包大揽,而是规划先行,主导的最高境界是制度建设。

同时,政府主导是从整体上统筹,而不是亲力亲为。政府把有限的教育资源、经费用到实处,与其花费大量成本新建公办园,不如用在规范薄弱园、提高教师素质、教学设备更新等方面更有效。政府主导不同于主办,需要更加开阔的视野,对整个学前教育包括公立园、机关、企事业单位园、民办园,进行统筹、规划,尤其要给地位最弱的民办园发展空间。

(二)政府主导与发挥市场力量的关系

目前,政府在幼教市场方面尊重和开放还不够。选择公办园还是民办园,要看群众的需求,这是市场作用的结果。政府要尊重市场力量,抓它该抓的事,不能一味管、压。同时,政府应通过媒体公布各个幼儿园的办学条件、师资、场地、特色等现状,让公众根据需要选择市场,市场自身也会优胜劣汰。当然,我们应该清醒地认识到,单靠市场调节也不行——幼儿园不是完全的商品,有时会带有一定的垄断性,比如在某一地区只有一家幼儿园,它就具有区域垄断性。这种情况下,政府应该发挥宏观调控作用,承担起自身职责,想办法解决该区域内中低收入家庭孩子的入园问题。

(三)政府投入公办园与其他园的关系

政府主导农村学前教育发展的一个重要内容就是要大力投入兴建农村幼儿园、公办园,但这并不意味着政府对其他园置之不理。政府应建立一个服务全民的公共财政体系,将财政惠及社会力量兴办的幼儿园,而不仅是公办教育的财政,让每个人都能平等地分享公共财政。

政府应确立一个幼儿园合格标准,允许大家申请申报,对于达到标准的幼儿园,给予一定的财政资助;对于那些尚未达标的幼儿园,允许、鼓励他们提升质量、管理水平,以避免另起炉灶,造成资源浪费;那些办得好的、有意愿和条件办好的民办园,也可以获得社会公共财政投入。

可在幼儿园中推行教育券制度,这样老百姓无论选择公办还是民办都能获得相应补贴。政府采取教育券的形式补助百姓,比单纯建园风险要小得多,而且可以减轻普通家庭尤其是中低收入阶层孩子的入园负担。

（四）政府发展的公办园与区域内其他园之间的关系

政府主导绝不意味着只是主导公办园的发展，政府应对区域内的所有的幼儿园进行统筹规划。也就是说，政府应对辖区域内学前教育的现状、问题、对策等各方面进行整体统筹，针对不同地区学前教育资源状况采取不同的政策。比如，对于边远贫困地区政府可以多办幼儿园；对于经济富裕地区，政府应给民办学前教育留些发展的空间；对于低收入群体、农村幼儿和特殊幼儿等弱势群体幼儿，政府应对其接受学前教育给予重点关注。

农村学前教育发展的问题不仅仅是个教育问题，更是一个社会问题，涉及社会的方方面面。比如目前农村地区学前教育学位欠缺、场地不足、人口出生率增加等，这些情况都有可能影响到农村学前教育的发展，因此，政府要建立一整套预警机制，及时统计、沟通信息，确保学前教育决策的科学性和合理性。政府主导还需要各相关部门之间的协调和统筹，比如教育部门要和城建部门沟通办园场地问题，和工商部门沟通注册问题，和政府相关配套部门之间的沟通与配合。

第三章　政府主导下的农村学前教育发展的实证分析——基于陕西省的调研

　　上述分析了政府主导农村学前教育的理论基础和基本框架。那么,政府主导下的农村学前教育发展状况如何? 取得了哪些成效? 还存在哪些突出矛盾和问题? 为此,对陕西农村学前教育发展状况予以实证研究,对政府主导下的农村学前教育发展状况进行系统扫描,从中厘定其发展成效,分析目前农村学前教育发展中的突出矛盾和问题,为后续研究奠定坚实的基础。

一、我国农村学前教育发展政策回眸

　　任何政策都是阶级意志、利益的集中体现与表达,政策的制定是一种政治行为①,教育政策是政府政策的一部分,是政府的产物,是政府管理教育领域和调节教育领域社会关系的政治措施和工具,它作为一种重要的教育资源,已经成为教育领域中影响教育改革和发展的重要力量。具体到学前教育领域,良好的学前教育政策是办好学前教育发展的风向标和保护器,通过政策促进学前教育事业发展,为儿童未来发展打下坚实基础已成为世界各国的共识。一项政策的制定和实施,需要历经政策议题的确定、政策文本的确立、政策的颁布、政策实施和政策的评估及调整等方面。

　　从现实状况来看,农村、农业、农民、农村教育问题始终是我国经济发展和社会进步的根本问题,这是由我国农业人口占多数的基本国情所决定的。因此,我国教育的普及,民族素质的提高,都取决于农村教育的改革和发展,农村教育是我国教育改革和发展的大头所在。根据社会与教育发展的规律,农村学前教育发展,受一定的政治制度和教育政策的制约。农村学前教育政策不仅体现了国家行为在农村学前教育领域中的具体规范和要求,更是整个国家经济发展战略在农村学前教育上的体现。因此,了解农村学前教育的政策变迁的轨迹,是解决农村学前教育发展的必要环节。

---

　　① 袁振国主编.教育政策学[M].南京:江苏教育出版社,2000:41.

从1903年第一所幼儿园——湖北幼稚园的开设算起,我国学前教育已走过了110年的发展历程。学前教育在曲折中几经飘摇,几经变革,一路蹒跚走来,逐步发展。这一历程中始终伴随着学前教育政策的变迁。新中国成立后,我国制定了一系列促进学前教育发展的政策,经过60多年的发展,学前教育取得了较为显著的成效。回顾60多年来,我国学前教育政策的变迁历程,从中不难看出,其政策变迁经历了从计划经济体制的福利式学前教育体制转向社会化办园体制的制度重构过程。换而言之,新中国学前教育政策的变迁经历了两个不同的发展阶段,有学者将其概括为福利化办园阶段和社会化办园阶段①。本文为研究方便,拟对新中国成立以来农村学前教育政策进行简单回顾。

(一)改革开放前农村学前教育政策

这一时期的农村学前教育政策又可以分为以下几个阶段:

1.社会主义改造时期的学前教育政策及法规(1949—1956)

中国的学前教育随新中国的成立发生了革命性的变化和历史性的转折,从根本上改变了旧中国半殖民地半封建的性质,学前教育成为人民大众的文化教育事业的一个重要组成部分,开始担负起为工农大众服务的重任。

建国初期,党和国家的发展重心主要在工业建设方面,但对教育的恢复和发展也给予了关注。在1949年1月召开的第一次全国教育工作会议确定,以老解放区新教育经验为基础,吸收旧教育有用的经验,借助苏联经验,建设新民主主义教育。据此,各级人民政府和教育行政部门陆续调整,制定了一系列新的教育制度和政策,逐步建立了适合新中国建设需要的农村教育体制,基本完成社会主义改造时期的农村教育体制。

(1)设置专门机构,依托两条腿走路的方针发展学前教育事业

1949年11月,中央人民政府教育部成立,在初等教育司设置幼儿教育处。1952年11月,中央人民政府委员会第十九次会议决定成立高等教育部,中央教育部结构相应调整,幼儿教育处由原来的司属处调整为部的一个直属单位②。关于托幼机构领导关系不明问题,小学教育司专门于1950年致函政务院文化教育委员会,建议将三周岁作为托儿所与幼儿园的分界,托儿所归卫生部门领导,幼儿园归教育部门领导。教育部、卫生部、内务部1956年2月23日下发的

---

① 张秀兰.中国教育发展与政策30年[M].北京:社会科学文献出版社,2008:055.

② 杨莉君.学前教育政策法规概论[M].湖南:湖南师范大学出版社,2008:33.

《关于托儿所幼儿园几个问题的联合通知》明确规定:"托儿所和幼儿园应以儿童的年龄来划分,即收三周岁以下的儿童者为托儿所,收三至六周岁的儿童者为幼儿园。""托儿所则统一由卫生行政部门领导;幼儿园内的托儿班由卫生行政部门进行业务指导;幼儿园统一由教育行政部门领导,托儿所内的幼儿班由教育行政部门进行业务指导。"幼儿教育事业在中央教育部直接领导下迅速发展。

1955年1月8日国务院发布了《关于工矿、企业自办中、小学和幼儿园的规定》,要求各工矿、企业单独或联合创办幼儿园,以解决本单位职工子女上幼儿园的需求,经费由各单位列入财政预算。在这一政策的支持下,工矿、企业、机关等部门主办的幼儿园数量明显增长。到1965年,全国有幼儿园1.92万所,入园幼儿171.3万人①。

(2)制定政策性文件,指导学前教育事业发展

1949年12月,第一次全国教育工作会议指出:"以老解放区新教育经验为基础,吸收旧教育有用的经验,借助苏联经验,建设新民主主义教育。"1950年5月1日《人民教育》发表了钱俊瑞题为《当前教育建设的方针》的文章指出"为工农服务"是苏联教育的基本经验之一。为解决工农的后顾之忧,举办大批托儿所、幼儿园也就成为必要的选择。

从1950年12月开始到1951年1月,政务院和教育部相继发布关于处理接受美国津贴的文化教育机关的登记条例及指示,为此教育部、内务院、全国妇联从1951年开始,共同领导了对外国在我国设立的孤儿院、慈幼院、育婴堂等"慈善机构"的接收工作。从1950年9月4日起,教育部要求全国幼教工作者学习《苏联幼儿院教养院工作指南》等书,开始设立了学习苏联的实验基地,苏联专家每周一次轮流到幼儿园观摩和分析教育活动,掀开了全国深入广泛地学习苏联的教育实践活动。

1951年8月10日发布的《政务院关于改革学制的决定》指出:"实施幼儿教育的组织为幼儿园。幼儿园收三足岁到七足岁的幼儿,使他们的身心在入小学前获得健全的发育。幼儿园应在有条件的城市中首先设立,然后逐步推广。②"1952年3月18日教育部颁发试行的《幼儿园暂行规程草案》中说明幼儿

---

① 张秀兰.中国教育发展与政策30年[M].北京:社会科学文献出版社,2008:055.
② 中国学前教育研究会.中华人民共和国幼儿教育重要文献汇编[M].北京:北京师范大学出版社,1999:43.

园的任务是:"根据新民主主义教育方针教养幼儿,使他们的身心在入小学前获得健全的发育;同时减轻母亲对幼儿的负担,以便母亲有时间参加政治生活、生产劳动、文化教育活动等。"明确了幼儿园必须承担教育幼儿和便利妇女参加社会建设的双重工作任务。

1954 年 7 月 3 日,教育部、出版总署颁发《关于出版中学、小学、师范学校、幼儿园课本、教材、教学参考书和工农兵妇女课本、教材的规定》,指出:"凡中学、中等师范学校、小学、幼儿园课本、教材,一律由国家指定的出版社出版,其他出版社不得出版,已出版者售完为止,不得再版。"规范各类教育用书。

(3)颁发相关通知,关注幼儿教师福利、编制及培养提高

1952 年 7 月 16 日教育部颁发《师范学校暂行规程(草案)》,说明"培养幼儿教育的师资"是师范学校的任务之一。同时教育部颁发试行的《关于高等师范学校的规定》中指出,教育系要分设学前教育组,培养中等幼儿师范学校的教师。根据同年教育部有关高等学校院系调整计划的精神,将分散于一些高校的有关专业适当合并,以集中力量形成幼儿师范学校师资培养基地,使得我国幼儿园师资培养工作在新中国建立之初就有了法规保证。1956 年 2 月 20 日,《教育部关于颁发师范学院教育系幼儿教育专业暂行教学计划及其说明的通知》中对师范学院教育系应该开设的专业科目和主要内容做了说明,明确了教育见习与教育实习等实践环节,并提出对于基础好的同学可开设选修科目。1956 年 5 月 19 日,教育部由部长张奚若签发了关于颁布《师范学校教学计划》和《幼儿师范学校教学计划》的命令,随发《师范学校教学计划》、《幼儿师范学校教学计划》和关于执行以上两个教学计划的指示,在指示中对过去旧教学计划中存在的问题进行了分析并概括了新颁布的计划的特色,保证了幼儿教师的质量。

1953 年 9 月 1 日,教育部、财政部、卫生部颁发《关于适当解决小学、幼儿园教职员工福利问题的几项原则的决定》,对公办中小学、幼儿园的教师在患病期间的待遇及女教师分娩等假期给予了规定,并明确了教职员工公费医疗按照《关于全国各级人民政府、党派、团体及所属事业单位的国家工作人员实行公费医疗预防的指示》处理,但在此规定中明确说明"以上各项均不包括私立及民办小学、幼儿园的教职员工在内"。1956 年 6 月 18 日教育部《关于中、小学、幼儿园教职员工退休、退职、病假期间的待遇所需经费开支问题回复福建省教育厅的公函》中提到,"幼儿园教职员工退休、退职、病假期间的待遇,参照国家机关工作人员的有关规定执行,所需经费按内务部、财政部、国务院人事局联合通知中各项规定执行。"幼儿园教职员工有了与机关干部同等的生活待遇和保障。

1956 年 2 月 23 日,教育部、卫生部、内务部关于托儿所幼儿园几个问题的联合通知中提到:教育行政部门负责对在职幼儿园园长和教养员的培养与提高,应采取在职学习、轮训、夜校、函授、业务讲座、观摩等方式进行;卫生行政部门负责托儿所、幼儿园儿童护士的培养与提高。

1956 年 3 月 20 日,教育部、教育工会全国委员会颁发《关于中小学、师范学校的托儿所工作的指示》,在指示的附件二中对中央一级机关托儿所工作人员编制员额标准作了规定:全托儿童与保育员的比例 2—3 岁为 3:1,3—5 岁为 4:1,5—7 岁为 6:1;全托儿童与行政事务人员的比例儿童在 100 人以下为 8:1,在 100 人以上为 10:1;日托儿童与保育员的比例 2—3 岁为 6:1,3－5 岁为 9:1,5－7 岁为 13:1;儿童与行政事务人员的比例 100 人以下为 15:1,100 人以上为 20:1。

1956 年 6 月 30 日,教育部《关于大力培养小学教师和幼儿园教养员的指示》提出:"今后必须在'又多、又快、又好、又省'的方针下,及时地完成培养小学教师和幼儿园教养员的任务。""幼儿教育紧跟着社会主义工业化和农业合作化事业的迅速前进,也将有很大的发展,因此,今后有关幼儿园师资的培养供应,也必须采取更为切实有效的步骤"。文件对大量培养幼儿园教养员所采取的具体措施做出批示。

政府对幼儿教师培养的重视和切合实际的多样化政策,使正规幼儿师范学校与各种培训相结合,又关注到了幼儿教师的福利待遇及编制问题,产生了良好的社会效益。

(4)明确教育事业经费预算,保障学前教育事业发展

1950 年 3 月政务院在《关于统一管理 1950 年度财政收入的决定》中对教育事业经费的管理做出明确规定:中央人民政府掌管的大中小学,大行政区和省(市)县立中等以上教育事业分别列入同级预算,乡村小学、幼儿园经费由县人民政府随同国家公粮征收地方附加公粮解决,城市小学、幼儿园教育、郊区行政教育费等开支征收城市附加政教事业费解决。1951 年政务院在关于财政系统的有关决定中再次规定,教育费按学校直接领导关系分别列入中央、大行政区、省(市)三级预算,一般小学幼儿园和简易师范学校由地方附加开支。由此初步形成了我国由政府包办教育的体制。应该指出,这一体制是计划经济体制的产物,对新中国创建初期教育事业的恢复和发展,起到了积极作用①。

1952 年 3 月 18 日,教育部颁发试行《幼儿园暂行规程草案》第七章"经费、

---

① 陈荻先,纪芝信.中国农村教育体制改革研究[M].北京:人民教育出版社,1998:8.

设备"中说明:"市、县所办幼儿园的经费,由市、县人民政府在地方教育事业费内统筹统支。其他公办和私立幼儿园的经费,由设立者或董事会供给;市、县所办幼儿园经费的预算、决算,由市、县人民政府教育行政部门审核批准;其他公办和私立幼儿园经费的预算、决算,由设立者审核决定,并报告当地教育行政部门备案。"在1955年1月8日发布的《国务院关于工矿、企业自办中小学和幼儿园的规定》中提到:"按照厂矿、企业的规模,把建筑学校和幼儿园的计划列入基本建设的总计划内;办理中、小学、幼儿园年需一切费用,由各部门统一列入"营业外"开支,编入财务计划,负责解决所办中小学、幼儿园的基本建设,并负责解决各种设备及日常开支所需的一切经费。"

1957年3月召开的第三次全国教育工作会议强调,小学幼儿园教育的发展必须打破由国家包下来的思想,在城市要提倡街道、机关、厂矿企业办学,在农村要提倡群众集体办学。会议还要求特别是初中的发展,今后要面向农村。按照上述精神,各县及农业生产合作社积极兴办初中和各类小学幼儿园,农村教育出现了前所未有的蓬勃发展局面[①]。

2. 社会主义全面建设时期的学前教育方针及政策法规(1956—1966)

(1)农村幼教机构发展"大跃进"

1958年,随着工农业生产的"大跃进"和人民公社的兴起,中共中央、国务院先后颁布了《关于教育事业管理权力问题的规定》和《关于教育工作的指示》,对幼儿教育的发展提出全国应在3—5年的时间内基本完成"使学龄前儿童大多数都能入托儿所、幼儿园的任务"。1958年12月,中共八届六中全会通过的《关于人民公社若干问题的决议》中提出,公社"要办好托儿所和幼儿园,使每一个孩子比在家里生活得好,教育得好……父母可以决定孩子是否需要寄宿……公社必须大量培养托儿所和幼儿园的合格的保育员和教养员"[②]。这两个文件明确了下放教育管理权限,实行全党全民办学,幼儿园、小学、普通中学、职业中学、一般中等专业学校的设置和发展,无论公办或民办,均由地方自行决定。各地的农村教育管理机构及其职责也发生了变化,生产大队也逐步担负起了办理本村幼儿园、小学、农民业余学校的责任。在当时强调数量发展的形势下,"三天托儿化""一夜托儿化""实行寄宿制,消灭三大差别"等口号和行动,在农村纷纷出现。1957年全国幼教机构有16400处,1958年猛增至695300处。

---

① 陈荻先,纪芝信. 中国农村教育体制改革研究[M]. 北京:人民教育出版社,1998:11.

② 杨莉君. 学前教育政策法规概论[M]. 湖南:湖南师范大学出版社,2008:38.

1960 年全国幼儿园又增至 785000 处,入园幼儿增至 29331000 人①。学前儿童入园率由 1957 年的 61.7%上升到 80.3%②。这样的发展速度大大超越了我国当时农村的经济发展水平,违背了幼教事业发展的客观规律。

这时期农村教育在组织上被高度重视,规模上迅猛扩张,形式上花样翻新,但教育目标、教育内容和教育方法已严重背离教育规律。其间的农村基础教育政策也更多地凸现服务于阶级斗争的政治任务和政治需要,农村学前教育的本质功能完全被异化。

(2)全国幼儿教育力量削弱

在恢复整顿时期,教育部精简机构,幼儿教育处被撤销,仅保留一名原幼教处干部在普通教育司综合处处理有关日常事务。此后相当长的一段时间内,教育部基本上没有对幼儿教育工作下发文件指示,幼儿教育的发展与提高受到相当程度的影响③。

(二)改革开放以来农村学前教育政策演进轨迹

改革开放以来,我国进入了全面建设时期,各项社会事业蓬勃发展,农村学前教育也得到前所未有的重视。

1. 社会秩序恢复与重建时期政府对农村学前教育的关怀(1978—1982)

(1)中央和政府加强对学前教育的领导

1978 年 12 月召开的中国共产党十一届三中全会,做出了把工作重点转移到社会主义现代化建设上来的伟大战略决策,国家进入了中国特色社会主义建设时期,幼儿教育事业也进入新的发展阶段。

1978 年教育部恢复了幼教行政领导机构,在普通教育司设立幼教特教处。1979 年 3 月 29 日,中国人民保卫儿童全国委员会恢复。1979 年国务院进一步成了"托幼工作领导小组"。1979 年的五届人大二次会议《政府工作报告》中指出"要十分重视发展托儿所、幼儿园,加强幼儿教育"。在 1980 年的报告中提到"加强幼儿教育和托儿工作"。1981 年更多地强调"要培训大批合格的幼儿教师,使更多的学龄前儿童能够进入幼儿园,并且能够受到适应他们身心特点的教育"。1982 年 12 月,国务院在《关于第六个五年计划的报告》中指出"要注重

① 杨莉君.学前教育政策法规概论[M].湖南:湖南师范大学出版社,2008;39.

② 王英杰,曲恒昌,李家永.亚洲发展中国家的义务教育[M].北京:人民教育出版社,1997;247.

③ 杨莉君.学前教育政策法规概论[M].湖南:湖南师范大学出版社,2008;39

发展学龄前教育",明确"六五"期间幼儿教育事业的发展指标是:从"1980 年1151 万名入园幼儿数增加至 1985 年的 1800 万名"。

1979 年 10 月 11 日,中共中央、国务院转发《全国托幼工作会议纪要》的通知中提出坚持"两条腿走路"的方针。这一方针也是对 1954 年方针的继承与延续。党和政府对托幼事业的关怀,使学前教育事业发展的很多关键问题得到基本解决。

(2)制定政策性文件,指导学前教育的发展

在我国社会秩序恢复与重建时期,由于党和国家领导人对基础教育的高度重视,一系列有利于农村基础教育资源保障的政策文件也相继出台。1978 年 1月,国务院对《教育部关于加强中小学教师队伍管理工作的意见》的通知中提到,加强教师队伍建设是教育战线一项十分重要的基本建设。它直接关系到扩大和加快各级各类教育事业发展的规模和速度,是提高教育质量,适应社会主义革命和建设的需要①。

针对幼教机构较多集中于城市,教育部于 1979 年 11 月 8 日颁发《城市幼儿园工作条例(试行草案)》,对幼儿教育的目标、方针、内容和制度做了规定,有助于较迅速地恢复幼儿园的正常工作秩序。1981 年 10 月 31 日教育部发出《关于试行幼儿园教育纲要(试行草案)的通知》指出"作为各类幼儿园进行教育工作的依据",要求各地幼儿园结合实际试行。《教育纲要》继承了 50 年代《教学纲要》的主要精神,并将教育观念提到了新的高度。在颁布《教育纲要》的同时,教育部委托上海市组织编写了幼儿园教材,由人民教育出版社出版发行,并通过上海教育出版社绘编出版与教材配套的挂图②。

这一时期农村基础教育的政策是致力于教育思想领域拨乱反正,恢复和完善基本教育制度,普及农村小学教育、幼儿教育,着手建设与经济建设相适应的教育体系。虽然这一时期也有一些促进农村基础教育发展的措施,但基本的教育投资体制还没有形成,导致教育结构的不平衡和城乡教育的巨大差距,这也成为日后制约农村基础教育发展的主要因素。

2. 开创有中国特色社会主义建设新局面时期政府对学前教育的管理(1983—1992)

自 1983 年起,中国幼儿教育进入向社会化办园转型的阶段。这一转型的

---

① 王怀兴. 中国农村基础教育政策研究——基于人力资本投资的视角[D]. 吉林:吉林大学博士学位论文,2006:57.

② 杨莉君. 学前教育政策法规概论[M]. 湖南:湖南师范大学出版社,2008:42.

趋势是:办园核心目标由支持妇女就业到提高国民素质;组织依托由单位到单位和社会的多元,且以社会为主;举办主体由单位向个人转移,经费由举办主体负责筹措。

1983年9月21日,教育部《关于发展农村幼儿教育的几点意见》中分析到,"据1982年统计,全国县镇、农村入园幼儿为881万人,占全国入园幼儿总数的79.2%,比1978年增长了35.7%。不少农村地区学前一年的幼儿班发展很快,深受农民群众的欢迎。"在意见中指出:"要积极创造条件,有计划地发展农村幼儿教育。发展幼儿教育必须坚持'两条腿走路'的方针。农村应以群众集体办园为主,充分调动社(乡)、队(村)的积极性;县镇则应大力提倡机关、厂矿企事业、街道办园。①"这个文件对发展农村学前教育起到了积极的指导作用,促使农村幼儿园迅速发展:县镇幼教机构由1982年的91809处增至1992年的111016处。1992年,全国附设学前班占幼教机构总班数的42.5%,其中农村学前班占54.2%,县镇学前班占29.2%。1993年,学前班已占全国幼教机构总数的44.6%,其中农村学前班占56.2%,县镇学前班占30.3%②。

1984年5月22日教育部转发《北京市社会力量办学试行办法》的通知中指出:"社会力量办学是社会主义教育事业的一个组成部分,是国家、集体和企事业办学的重要补充。"1984年10月,党的十二届三中全会做出了《中共中央关于经济体制改革的决定》,对科技和教育体制改革也提出了要求:"科学技术和教育对国民经济的发展有极其重要的作用。"在国家经济体制改革的背景下,农村基础教育政策加大了对农村基础教育的资金投入力度,并基本建立了农村基础教育的投资管理体制。1985年5月,《中共中央关于教育体制改革的决定》明确指出,"把发展基础教育的责任和管理权限下放给地方,实行基础教育由地方负责,分级管理的原则。"1986年4月,《中华人民共和国义务教育法》正式颁布,进一步明确了义务教育在国务院领导下,实行地方负责,分级管理的体制。

1986年6月10日国家教委《关于进一步办好幼儿学前班的意见》中提到:"举办学前班是现阶段发展农村幼儿教育的一条重要途径;在城镇地区也是满足群众送子女接受学前教育要求的一种教育形式。"1987年10月15日国务院办公厅转发国家教委等部门《关于明确幼儿教育事业领导管理职责分工的请示的通

---

① 中国学前教育研究会.中华人民共和国幼儿教育重要文献汇编[M].北京:北京师范大学出版社,1999:197.

② 杨莉君.学前教育政策法规概论[M].湖南:湖南师范大学出版社,2008:42.

知》中指出："幼儿教育既是教育事业的一个重要组成部分,又具有福利事业的性质,因此,必须在政府统一领导下,除地方政府举办幼儿园外,主要依靠部门、单位和集体、个人等方面力量发展幼儿教育事业,实行'地方负责,分级管理'和有关部门分工负责的原则。"据此精神,教育、卫生、建设等部门根据各自分工指定文件,1988 年 7 月 14 日《国家教委、建设部城市幼儿园建筑面积定额(试行)》发布;1988 年 8 月 15 日国务院办公厅转发《国家教委、国家计委、财政部、人事部、劳动部、建设部、卫生部、物价局关于加强幼儿教育工作的意见》;1988 年 10 月 17 日和 10 月 24 日国家教委分别发布了《关于社会力量办学几个问题的通知》和《社会力量办学教学管理暂行规定》,明确了社会力量办学是我国教育事业的组成部分,是国家办学的补充。希望各地进一步重视这项工作,把鼓励、支持社会力量办学的措施落到实处。引导托幼机构工作逐步走向科学化、规范化。1989 年 8 月 20 日,国务院批准了新中国成立后的第一个幼儿教育行政法规《幼儿园管理条例》,对幼儿园的基本条件、行政管理、保教工作等做了规定。1989 年 6 月 5 日国家教委发布了《幼儿园工作规程(试行)》,在重申 1981 年《幼儿园教育纲要》基本精神的基础上,突出了促使幼儿教育进一步科学化的教育原则。

这一时期是我国农村基础教育迅速发展的黄金时期,确定了农村幼儿教育"分级管理,乡镇为主"的投资体制,明确了各级政府的相应管理权限和职责任务,在当时农村经济和乡镇企业发展势头较好的情况下,调动了地方政府和群众兴办教育的积极性,促进了农村幼儿教育的快速发展。1990 年,全国各类幼儿园(班)17.2 万所,比 1980 年增长 5%;在园幼儿 1972 万人,比 1980 年增长 50%[①]。这些得益于经济发展为农村基础教育发展所提供的有利客观条件,同时也得益于我国农村基础教育政策的有力支持。

3. 分税制改革推动了幼儿教育体制的重构(1993—2003)

1991 年 11 月 11 日开始召开的党的十四届三中全会通过《中共中央关于建立社会主义市场经济体制若干问题的决定》中明确指出,把现行地方财政包干制改为合理划分中央与地方事权基础上的分税制,建立中央税收和地方税收体系,实行分税制财政体制。中央决定分税制改革从 1994 年 1 月 1 日起在全国开始实施[②]。分税制实施后,从根本上动摇了原来福利式幼儿教育体制的财政基

---

① 庞丽娟.中国教育改革 30 年[M].北京:北京师范大学出版集团 2009;39.

② 王怀兴.中国农村基础教育政策研究——基于人力资本投资的视角[D].吉林:吉林大学博士学位论文,2006;60.

础,福利式学前教育进入解体状态。

1992年国务院下达的《九十年代中国儿童发展规划纲要》指出,要积极发展学前教育,坚持"动员社会力量,多渠道、多形式地发展幼儿教育"的方针;1993年出台的《中国教育改革和发展纲要》提出"改变政府包揽办学的格局,逐步以建立政府办学为主体,社会各界共同办学的体制"的教育发展战略。从此,多渠道、多形式举办的幼儿园快速发展起来。

1997年颁布的《全国幼儿教育事业"九五"发展目标实施意见》是一个重要的政策性文件,提出了学前教育办学体制新格局。在国家政策的鼓励和引导下,社会力量举办的学前教育机构比例逐渐增大,其中包括原企业、事业单位园所转制园、承办园和新增的社团、街道、公民个人或合资合作等多种非国家财政性教育经费办的幼儿园。尽管文件中规定在社会保障制度尚未健全、社区服务体系尚不配套的地区,主办单位不能将幼儿园一步推向社会。但由于其事业单位自身改革的负担,多数企事业单位无论条件是否成熟,直接把幼儿园推向了社会。1992年有幼儿园17.25万所,到2002年有11.18万所,达到10年来的最低点,锐减了6.07万所,也就是降了35.3%①。

特别是2003年《关于幼儿教育改革与发展的指导意见》中"以社会力量兴办幼儿园为主体"的政策导向,引入了多元投资办学主体,社会团体、组织和个人纷纷投资兴办幼儿园,各种社会力量所办的幼儿园迅速增加。如珠海市2003年民办园占全市幼儿园的90%。从1995年到2001年,全国3—6岁幼儿入园率从41%下降至34%,低于"八五"末的水平②。

分税制实行的政策供给仅仅停留在从宏观、纲领性地指导教育发展上,政策缺乏针对性和可操作性,对于比较严重的农村基础教育投入不足的问题也没有给予更高的认识和采取必要的措施;再加之乡镇政府为缓解地方政府的经费紧张状况开始征收教育费附加和教育集资力度的加大,导致进一步加重了农民的负担。这一时期对农村基础教育的政策缺位和执行失范,导致农村学前教育资源投入上的严重不足,发展上步履维艰、困难重重,逐步拉大了城乡学前教育的差距。

4.民办园为主体的多元格局(2004—2009)

2004年温家宝总理在政府工作报告中指出:"切实把教育放在优先发展的地位,

---

① 中国学前教育研究会.中华人民共和国幼儿教育重要文献汇编[M].北京:北京师范大学出版社,1999:76.

② 庞丽娟主编.中国教育改革30年[M].北京:北京师范大学出版集团2009:42.

用更大的精力、更多的财力加快教育事业的发展。实施新一轮《教育振兴行动计划》,重点加强义务教育,特别是农村教育。"这一时期国家将发展教育的主要精力放在了义务教育阶段,这一年开始了西部地区"两基"攻坚计划,重点对西部地区460多个县开展了两基攻坚。从中央政府到地方政府在发展教育方面主要是保障农村地区义务教育阶段有学上的问题,突出政府在此方面的责任。伴随着2006年新的《义务教育法》的颁行,义务教育办学体制方面实现了重大转变,由"人民教育人民办"转向了"人民教育政府办",开启了中国义务教育发展的新时期。而此时,义务教育非均衡发展问题又提到了政府决策的重要议事日程,促进均衡发展又成了两基攻坚后的重要目标任务。各级政府开始在义务教育阶段实施了一系列的重大项目,确保每一个学生在实现有学上的前提下争取让上好学。

与义务教育办学体制发生重大变化相比,学前教育的体制并未发生明显改变,仍然延续着民办园为主的发展思路和策略。

从以上的分析不难看出,近年来,政府在教育发展方面一直把精力放在了如何确保义务教育上来,而在学前教育方面却一直没有得到应有的重视,特别是在农村学前教育发展方面。这点,我们从幼儿园的办园主体可以窥见一斑。从2004年开始,我国学前教育事业的发展格局发生了较大变化。仅以公办幼儿园和民办幼儿所占的比例来看,2004年,公办幼儿园占47.3%,民办幼儿园占52.7%,到2007年公办幼儿园占39.9%,民办幼儿园占60.1%[①]。

二、调研的基本状况

(一)研究对象的选取

为全面了解政府主导农村学前教育的发展状况,我们以陕西省为对象,对杨凌区、咸阳市、宝鸡市、渭南市、安康市、汉中市、商洛市、铜川市、榆林市、延安市等10市(区)分别进行了面上数据的调研,并深入解剖了渭南市的农村学前教育发展状况。本次采用听取教育行政主管部门领导汇报、实地考察、小组访谈和问卷调查的方式。选取了陕西省10个市(区)城乡幼儿园作为调研对象。调研点分布见图3−1。

---

① 中国学前教育发展战略研究课题组.中国学前教育发展战略研究[M].北京:教育科学出版社 2010:74.

图 3 - 1　调研地点分布图

(二)陕西省农村幼儿园的宏观现状

1. 陕西 10 个市(区)中幼儿园数量情况(见图 3 - 2)

幼儿园数量在 1000 所以上的地区有咸阳市(1450 所)、渭南市(1018 所);500—1000 所的地区有汉中市(771 所)、宝鸡市(608 所);100—500 所的地区有延安市(436 所)、榆林市(363 所)、商洛(265 所)、安康市(211 所)、铜川市(114 所);另外,杨凌区有幼儿园 24 所。

(单位:所)

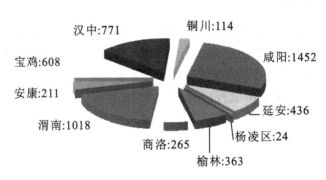

图 3 - 2　陕西省 10 个市(区)幼儿园园所数量统计

2. 陕西 10 个市(区)在园幼儿人数情况(见图 3 - 3)

在园幼儿人数 10 万人以上的地区是渭南市(12.9017 万人);5—10 万人的地区有咸阳市(8.7 万人)、汉中市(7.291 万人)、宝鸡市(6.7 万人)、延安市(6.3644 万人)、榆林市(6.1605 万人);1—5 万人的地区有商洛市(3.5824 万人)、铜川市(1.1702 万人);另外,杨凌区在园幼儿 0.3231 万人。

(单位:万人)

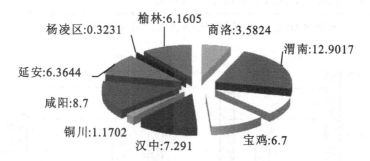

图 3 - 3　陕西省 10 个市(区)在园幼儿人数统计

3. 陕西省 10 个市(区)幼儿园入园率情况(见图 3 -4)

从总体上看,全省学前一年教育基本普及,学前三年教育普及程度还需要提高,各市(区)的入园率表现出不均衡态势。调查表明渭南、宝鸡、咸阳和延安的学前一年普及率超过了 80%,同时这四个区市的学前二年和三年的普及率都超过其他区市,除铜川外其余区市的学前一年和学前二年入园率都超过了60%;铜川的学前一年入园率不足 50%,在被调查市区中最低,榆林的学前二年入园率是被调查地市中最低的。

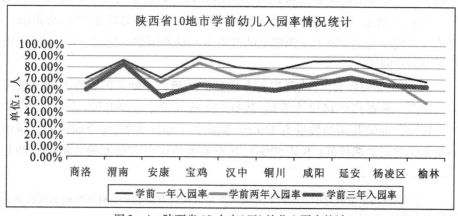

图 3 -4　陕西省 10 个市(区)幼儿入园率统计

4.陕西省10个市(区)民办幼儿园数量和比例(见图3－5)

公办园数量比例很小,民办园比例平均在90%,尤其是民办园的数量在咸阳竟然高达95%,这其中包含了企办园与私人办园,且园所差异相当显著。

陕西省具备一定规模的各级各类注册幼儿园(班)达5057所。其中,民办学前教育发展迅速,幼儿园数量占到全省幼儿园总数的81.9%,在园幼儿占全省幼儿园总数的70.85%,民办学前教育已成为全市学前教育不可或缺的重要力量,有效缓解了城乡学前教育资源不足的矛盾。

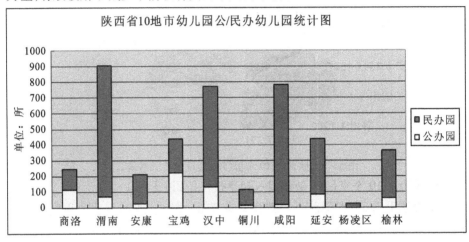

图3－5　陕西省10个市(区)幼儿园性质统计

5.陕西省10个市(区)乡镇中心幼儿园建设

乡镇中心幼儿园是农村幼儿园的代表,对农村幼儿园有辐射和示范作用,乡镇中心幼儿园的健康发展可以带动当地农村幼教的大力发展。我国中西部22个省(市、自治区)的27284个乡镇中,仍约有一半乡镇没有中心幼儿园①。这从一定程度上也反映出了西部地区乡镇中心幼儿园建立的紧迫性,也反映出其发展的空间性。

从表3－1可以看出,陕西省各个地区的乡镇中心幼儿园建设与发展情况亟待提高。全省共有1432个乡镇,共有552所乡镇中心幼儿园,建园率为38.5%,其中公办幼儿园的数量为276所;但从各个地区来看,每个地区的乡镇中心幼儿园建园率都较低(不足50%),甚至有的地区没有公办的乡镇中心幼儿

---

①　佚名.我国学前教育中长期发展方向应该是加快普及进程——对庞丽娟的深度访谈[J].幼儿教育2010(1－2).

园,如汉中市和杨凌区。笔者在 2011 年调研中发现,目前陕西省的乡镇中心幼儿园体制有三种,即公办体制、民办体制、民办公助体制,并且以民办体制为主,全省的乡镇中心幼儿园正处于建设之中。从表中也可以看出公办乡镇中心幼儿园的比例较低,全省的乡镇中心幼儿园尤其是公办体制的乡镇中心园急需大力发展,这需要政府部门的重视和大力支持。

表 3-1　陕西省各地区乡镇数、乡镇中心幼儿园数量情况表

地区	乡镇 (单位:个)	乡镇中心幼儿园数及覆盖率 (单位:所)	公办乡镇幼儿园 (单位:所)
西安市	—	—	—
榆林市	222	94(42.3%)	94
延安市	163	54(33.1%)	43
铜川市	40	23(57.5%)	13
咸阳市	151	13(8.6%)	13
宝鸡市	129	50(38.8%)	25
渭南市	148	65(43.9%)	29
安康市	196	78(39.8%)	11
汉中市	215	104(48.3%)	0
商洛市	163	71(43.6%)	48
杨凌区	5	0(0%)	0
总计	1432	552(38.5%)	276

6. 陕西省 10 个市(区)幼儿园经费投入

政府在学前教育事业发展中所起到的作用是毋庸置疑的,学前教育经费投入的多少也可以在一定程度上反映出政府对当地学前教育事业的重视程度。从表 3-2 中可看出,各个地区对当地的学前教育都有政府经费投入,但投入的经费差距非常大,如政府经费投入最多的延安市,投入最少的是铜川市,两市的政府投入有五倍之差。当然,这与当地的经济水平有一定相关。另外,从表 3-2 中也可以看出,政府对学前教育的财政投入比较随意,没有明确规定和计划,各个地区经费投入的政府级别不相同,如各个地区的市、县、乡、村各级所投经费的比例不相同,也没有规律可循,如延安和榆林两市的政府投入的比例很大,而渭南市和安康市的幼儿园建设中政府投入比例非常小。各个地区学前教育经费的投入来源亦不相同,有自筹和贷款两种来源,但相同的是,在各个地区学前教育的经费投入中,自筹经费占了很大的比例,安康和渭南两市的幼儿园经

费基本上以园所自筹为主,同时结合贷款解决经费问题(见图3-6)。

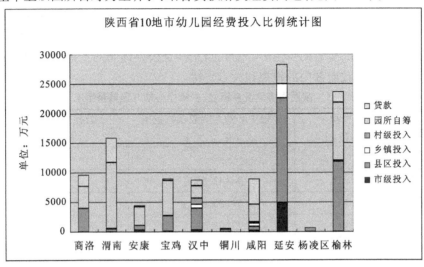

图3-6 陕西省10个市(区)幼儿园经费投入比例统计

表3-2 陕西省各地区政府经费投入情况表

地区	幼儿园政府经费投入(万元)						总投入 (万元)
	市级	县级	乡镇	村级	自筹	贷款	
西安市							
榆林市	0	11859	116	25	9843	1818	23661
延安市	4859	17739	2400	0	3272	0	28270
铜川市	0	348	1.15	0	247.2	0	596.4
咸阳市	230	670	538	161	2971	4390	8960
宝鸡市	99	2547.5	0.8	36.6	5924.68	346.3	8954.88
渭南市	13	450	0.5	77	11157.6	4186.5	15884.6
安康市	250	760	0	0	3195	180	4385
汉中市	300	3600	700	1100	2060	1000	8760
商洛市	30	3887	0	15	3780	1950	9662
杨凌区	0	700	0	0	0	0	700

7. 陕西省10个市(区)幼儿园区域分布、规模和园所等级

幼儿园发展及管理现状以咸阳和汉中为例来看,两市的幼儿园数量很多,绝大部分在广大的农村,数量多但规模很小,城市、县城的幼儿园数量相对比较

集中(见图3-7)。

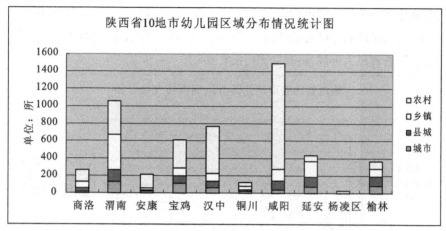

图3-7　陕西省10个市(区)幼儿园区域分布情况统计

达到标准的省级示范园、一级园、二级园比例很小,且这些好的幼儿园几乎都集中在城市或县区内,拥有丰富的教育资源;未注册园多是类似"家庭作坊式"的私人办园,为满足周边群众的教育需求而大量存在(见图3-8)。

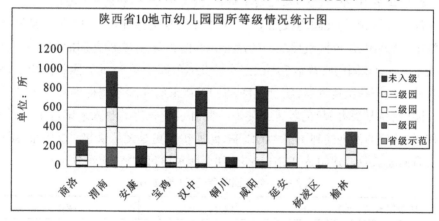

图3-8　陕西省10个市(区)幼儿园园所等级情况统计

在实地考察中了解到,达到两教一保的幼儿园几乎全是公办园或是好的民办园,条件差的民办园或未注册园只能是一教一保,在汉中的一所乡镇幼儿园,竟然是厨房阿姨充当班上的保育员来照顾幼儿(见图3-9)。关于0—3岁早期教育问题,只有极个别高端的幼儿园开展了0—3岁早期教育试点工作,99%的幼儿园招收的幼儿年龄分布在3—5岁。

城市小区配套幼儿园多为民办园,招收的多数为本小区或附近居民区的儿童,教育质量高的幼儿园也招收了较远的儿童入学,目前小区配套幼儿园缺口仍比较大,要满足所有小区群众的需求还需要很长的一段时间。小区配套幼儿园建设与经营、管理最大屏障是:教育部门没有参与。

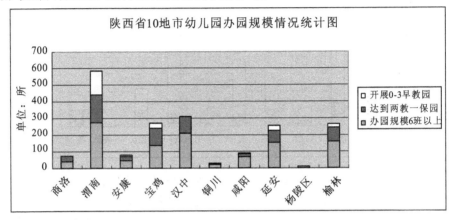

图3-9　陕西省10个市(区)幼儿园办园规模情况统计

8.陕西省10个市(区)幼儿园收费状况(见表3-3和图3-10)

汉中、咸阳的幼儿园均按照1999年核准的收费标准执行,收费普遍偏低。在汉中,公办园、民办园按照统一的标准收取保教费,一类幼儿园的收费标准是90元,二类幼儿园的收费是70元,三类幼儿园的收费是56元。园长们均反映,随着社会经济的快速发展,物价飞涨,但12年来幼儿园收费标准却没上升过,幼儿园(特别是民办)的收入只能靠一些开设特长班的收入来维持基本园所运作,幼儿园的发展受到了很大的限制,园所扩大更是无从谈起。汉中市、咸阳市没有向家长收取建园费,咸阳市部分幼儿园英语班收费30元/月/人。

表3-3　幼儿园收费情况(单位:所)

月缴保教费(元)	汉中	咸阳
1500 以上	0(0%)	0
1000—1500	0	0
800—1000	0	0
500—800	0	0
300 - 500	3	0

续表

月缴保教费(元)	汉中	咸阳
200－300	0	13(0.9%)
200 以下	10	43(2.9%)
100 以下	758	1396(96.2%)

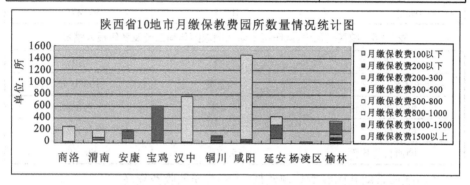

图3－10　陕西省10个市(区)不同月缴保教费的幼儿园比例统计

9.陕西省10个市(区)幼儿园经费支出状况

从下面三个表中,我们可以看出,园所建设所需经费绝大部分来自园所自筹款和贷款。多数民办幼儿园园长表示,因为不受政府财政经费支持,所以全园支出都靠幼儿园自筹款和贷款来解决。市县区政府对学前教育事业的重视程度不够,财政投入比例很小,远远不及义务教育的发展。结合幼儿园园长问卷数据分析,71.4%的园长表示园所经费属自收自支型。

表3－4　陕西省汉中、咸阳两市幼儿园园所建设经费及各级投入情况(单位:万元)

项目	汉中	咸阳
近3年园所建设经费	8760	8960
市级政府投入	300(3.4%)	230(2.5%)
县区政府投入	3600(41%)	670(7.5%)
乡镇投入	700(8%)	538(6%)
村级投入	1100(12.5%)	161(1.8%)
园所自筹	2060(23.5%)	2971(33.2%)
贷款	1000(11.4%)	4390(49%)

表3-5　陕西省汉中、咸阳两市幼儿园在园幼儿年度生均公用经费及各级投入情况

项目	汉中	咸阳
生均公用经费	700 元	720 元
财政投入比例	0	0.13%
部门投入比例	0	0
园所自筹比例(%)	100%	99.87%

表3-6　陕西省汉中、咸阳两市幼儿园教师年均工资及各级投入情况

项目	汉中	咸阳
教师年人均工资(含保险)	10587 元	10980 元
财政投入比例	34.2%	9.8%
部门投入比例	0	1.1%
园所自筹比例	65.8%	89.1%

(1)陕西省幼儿园收费普遍较低,个别优质园收费较高

调研表明,一般来说,陕西省县(区)以下的所有公办幼儿园收费,均按照物价部门核准的收费标准收费,除正常的保教费外,不存在收取额外的赞助费等其他收费项目。如眉县直属示范幼儿园执行"每生每月 90 元的市级一类园收费标准",学校附设学前班,按"每生每学期 100 元标准"收取保教费;陇县的收费更低,全县公办幼儿园保教费每生每月最高 60 元,最低 15 元(见表 3-7)。但是,国有民营优质幼儿园的收费,经过物价部门核准后确定相对高的收费标准,在西安等中心城市的部分优质公办幼儿园有以"××班"冠名抬高收费的现象。

表3-7　陕西省部分市(县、区)不同月缴保教费幼儿园比例统计

月缴保育费	800—1000 元	500—800 元	300—500 元	200—300 元	200 元以下	100 元以下
汉中市	0	0	0.30%	0	1.30%	98.40%
咸阳市	0	0	0	0.90%	2.90%	96.20%
安康市	0	0	3.30%	27%	59.2%	10.4%
商洛市	0	0	0.75%	1.13%	4.52%	93.60%
延安市	0	0	0%	18%	52%	30%
临渭区	0	0	–	2.76	–	63.10%
眉县	0	0	0	0	0	100%

续表

月缴 保育费	800—1000 元	500—800 元	300—500 元	200—300 元	200 元以下	100 元以下
陇县	0	0	0	0	0	100%
杨凌区	0	0	4.17%	0	0	95.83%
西安市	100—1000 元 不等	0				

(2)陕西省幼儿园经费支出大于收入

据调查,陕西省各级各类的公办幼儿园的收支比较规范,但是地方政府投入是有限的。仅幼儿人均公用经费这一项投入来看,榆林市只有 34.68% 的政府投入,而汉中、咸阳和延安三市政府对幼儿人均公用经费这一项几乎没有投入(见表3－8)。汉中、咸阳、延安和榆林四市的教师工资中,政府投入不到50%,其余全部依靠幼儿园自筹经费。其中,咸阳市的教师工资中政府投入的比例不足15%(见表3－9)。

表3－8 陕西省4市幼儿公用经费及各级投入情况一览表

项目	汉中	咸阳	延安	榆林
幼儿人均公用经费	700 元	720 元	337 元	375 元
财政投入比例	0	0.13%	0	34.68%
部门投入比例	0	0	0	0
园所自筹比例	100%	99.87%	100%	65.32%

表3－9 陕西省4市幼儿教师年均工资及各级投入情况一览表

项目	汉中	咸阳	延安	榆林
教师年人均工资(含保险)	10587 元	10980 元	28000 元	19000 元
财政投入比例	34.2%	9.8%	40%	34.68%
部门投入比例	0	1.1%	0	0
园所自筹比例	65.8%	89.1%	60%	65.32%

据陕西省宝鸡市陇县调查资料得知,陇县一年的学前教育经费的投入是236.7 万,其中基础建设占12%,日常办公占16%,教师工资占72%。但对于陇县幼儿园这所县属的公立园来说,在园幼儿一年的保教费用总共是41.6 万,这笔费用,需要为聘用人员工资、日常办公、基础建设、水、电、煤和其他支出等买单(见图3－11和图3－12)。

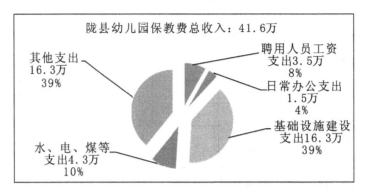

图 3-11 陇县幼儿园保教费收入及其支出情况统计

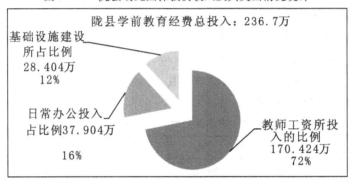

图 3-12 陇县学前教育经费总投入和支出情况统计

（2）民办幼儿园费用自收自支，经费支持情况各不相同

一是相对规范的民办幼儿园的支出占保教费收入的比例比较大，如陇县某镇民办幼儿园的情况就能说明问题（见表10）。

二是不规范的幼儿园，为了多赢利，总是千方百计地节约成本，除了人员工资外，很少进行非固定资产的条件改善，导致办园条件始终很差。

表 3-10 陇县某镇民办幼儿园 2010 年收支情况一览表

总收入(元)	支出类别	支出金额(元)	所占比例
13 万	人员工资	5.3 万	41%
	基础设施投入	2.1 万元	16%
	办公费	5.3 万元	41%
	总支出	12.7 万元	98%

另外，实地调研发现，有少数幼儿园通过克扣幼儿伙食费、收取代办费及紧缩教职工人员编制、降低教职工工资等不规范操作手段，维持幼儿园运转，社会

和家长对其信誉度大打折扣。

（3）国有民营优质园支出远远大于一般公办园和民办园

调研发现，陕西省国有民营幼儿园的投入起点都比较高，具有鲜明的示范性、导向性和引领性，因此，经费支出都能达到甚至超过国家和省上制定的相关标准，特别是能够根据幼儿园的发展需要，通过国有专项财政资金支持，来持续改善幼儿园的软件和硬件设施，确保了幼儿园始终站在发展的制高点上。如2010年，杨凌高新幼儿园仅一次就从杨凌示范区社会事业局获得专项投入30万元用于幼儿园的环境设施改善。

10. 陕西省10个市（区）幼儿师资情况

（1）陕西省10个市（区）幼儿教师数量和任用情况（见图13）

各地教师数量差异较大，其中，公办教师比例平均仅占总体教师比例的23%，聘用的幼儿教师支撑着整个师资队伍的发展。现实中，公办教师数字比例可能更小。

各地在利用转岗的中小学教师充当幼儿师资的情况也各不相同。当然，中小学教师转岗的新型幼儿师资可以暂时缓解目前陕西省大部分地方幼儿师资匮乏的紧张局面，也让这一批从教人员有书可教，但也存在诸多问题：转岗教师是否能够顺利转换自己的教师角色？如何教学才能更适合学前期孩子的理解水平？这些是我们在摸索以中小学转岗教师充当学前师资的道路上所需认真考虑的。

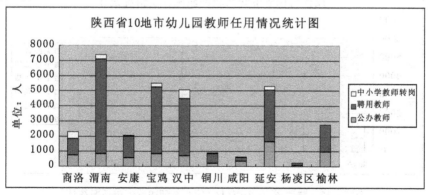

图3-13　陕西省10个市（区）幼儿园教师任用情况统计

（2）陕西省10个市（区）幼儿教师学历水平（见图3-14）

总的来说，幼儿教师队伍的学历水平参差不齐，且呈一种学历低端化现象。持有本科学历的教师达不到10%，70%的教师学历处于大专、中专及高中水平。

在与各地政府官员及幼儿园园长的访谈中了解到,幼儿教师准入的学历水平本身就不高,一般要求高中或是大专学历,且还有很大部分幼儿教师是在入职后继续学习升大专或是升本科。这与国外很多发达国家的幼儿教师准入文凭为本科甚至硕士相比,形成了强烈的反差。大部分人认为幼儿教师能看好孩子,不让孩子生病就行,并未认识到一个好的幼儿教师在开发孩子多元智能的过程中起着十分重要的作用。因此,严格教师准入制度与国家大力培养高水平、高层次的幼儿教师将成为提高学前师资学历水平的一项长期工程。

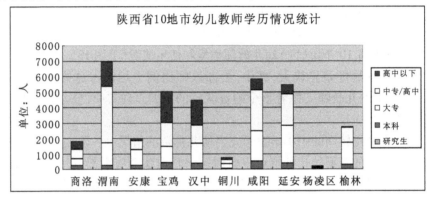

图 3-14　陕西省 10 个市(区)幼儿教师学历情况统计

(3)陕西省 10 个市(区)幼儿教师职称情况(见图 3-15)

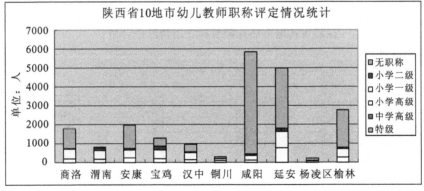

图 3-15　陕西省 10 个市(区)幼儿教师职称评定情况统计

调查数据显示,参与职称评定的幼儿教师非常少,因为各地市学前教育归在基础教育部门进行统一管理,教师职称评定也是沿用基础教育的职称评定模式。从上表可以看到,99% 参与职称评定的教师是与小学教师归入同一个标准考核,这样缺乏一定的科学性和灵活性。由于义务教育的特殊性,幼儿教师根本不能与小学、中学教师相比,所以大大影响了教师评职称的积极性。

调查发现,65%的幼儿教师没有职称。有部分民办幼儿园园长对这一现象的解释是民办幼儿教师不被准许参与职称评定。因此,我们强烈呼吁政府有关部门能完善教师职称制度,制定专门的幼教职称标准,让更多幼儿教师有一种归属感和成就感。

11.陕西省10个市(区)幼儿园保育员和保健人员资质情况

陕西省幼儿园中保育员和保健人员以兼职为主,只有少量比例的专职人员(见图3-16)。宝鸡市和铜川市保育员和保健人员有上岗证的比例不足分别是5.1%和3.1%,商洛市、渭南市、汉中市、延安市的比例不足40%,安康市和杨凌区约60%左右,咸阳越80%,榆林市约95%左右(见表3-11)。

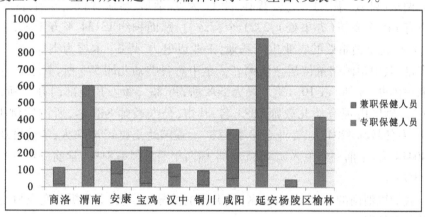

图3-16　陕西省10个市(区)幼儿园保育员和保健人员聘用情况统计

表3-11　陕西省10个市(区)保育员数量和资质统计

地区	保育员总数	有上岗证者	
		人数	比例(%)
商洛	205	64	31.22
渭南	1427	506	35.46
安康	501	315	62.9
宝鸡	1181	60	5.1
汉中	604	200	33.1
铜川	161	5	3.1
咸阳	651	530	81.4

地区	保育员总数	有上岗证者	
		人数	比例（%）
延安	1363	445	32.6
杨陵区	75	47	62
榆林	353	338	95.7

（三）陕西农村学前教育发展的微观情况

渭南市是陕西省一个地级市，地处陕西关中渭河平原东部。现辖一区（临渭）、两市（韩城、华阴）、八县（华县、潼关、大荔、蒲城、澄城、白水、合阳、富平），全市有 148 个乡镇（办事处），3221 个行政村，总面积约 13134 平方千米，人口556 万[①]，是全国重要的农业生产基地，工业以电力、煤矿、木材为支柱，矿产资源丰富，其中钼矿储量位居全国第二。全市有各类幼儿园 575 所，其中教育部门和集体办 58 所，占 10.1%。民办 508 所，占 88.3%。其他部门办 9 所，占1.6%。辖区内现有幼儿教师 7083 名，其中，公办教师 840 名，所占比例 11.86%，专任教师 4204 人，专业合格率 97%。在园幼儿数 129017 人，学前班幼儿数 40414 人；学前一年毛入园率 85%，学前两年毛入园率 81%，学前三年毛入园率 73%[②]。

我们以渭南的 10 个县（市、区）幼儿园的情况为代表，来分析研究农村幼儿园的基本情况。

1. 渭南市 10 个县（市、区）在园幼儿人数情况（见图 3 - 17）

在园幼儿人数 2 万人以上的地区有蒲城县（25069 人）和临渭区（22346）；1—2 万人的地区有富平县（19803 人）、大荔县（19086 人）、合阳县（13300 人）、韩城市（10029 人）；不足 1 万人的地区有澄城县（8824 人）、白水县（7000 人）、华阴市（5878 人）、潼关县（4160 人）。

---

① 渭南市的面积、人口数据根据《中华人民共和国行政区划简册（2011）》，人口截至2010 年底。

② 数据来自：渭南市人民政府网. 渭南市学前教育三年行动计划（2011—2013 年）［EB/OL］. http://www. weinan. gov. cn/structure/zwgk/zfwj/wzbf/content_388733_1. htm. 2012 -06 - 14.

（单位：人）

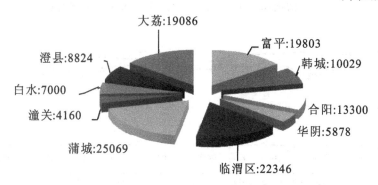

图 3 - 17　渭南市 10 个县（市、区）在园幼儿人数统计

2. 渭南市 10 个县（市、区）幼儿园数量情况（见图 3 - 18）

幼儿园数量 100 所以上的地区有临渭区（157 所）、蒲城县（155 所）、大荔县（121 所）、富平县（119 所）、合阳县（118 所）；100 所以下的地区有韩城市（81 所）、澄城县（76 所）、白水县（63 所）、华阴市（34 所）、潼关县（25 所）。

（单位：所）

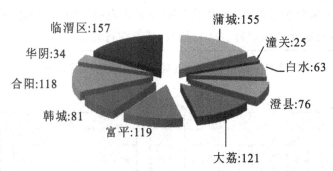

图 3 - 18　渭南市 10 个县（市、区）幼儿园数量统计

3. 渭南市 10 县（市、区）幼儿入园率情况（见图 3 - 19）

渭南市各县（市、区）的入园率基本达到 65% 以上，除了澄城县，其他县（市、区）学前三年入园率都达到了 80% 以上，韩城市已基本达到 100%，华阴市、富平县和白水县接近 100%。

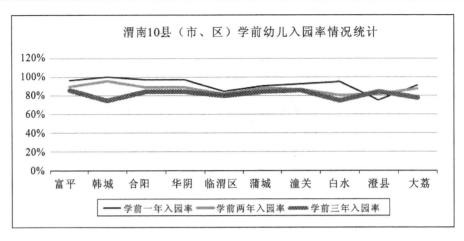

图3-19 渭南市10个县(市、区)幼儿入园率情况统计

4.渭南市10个县(市、区)幼儿园区域分布情况(见图3-20)

渭南市幼儿园区域分布各县(市、区)情况迥异:富平县和华阴市的幼儿园集中在乡镇,少量分布在县城;临渭区幼儿园集中在乡镇和城市两地;合阳县和蒲城县幼儿园在农村地区的比例较大,还有部分在乡镇,少量分布在县城;潼关县幼儿园主要分布在农村和县城,乡镇幼儿园数量较少;白水县幼儿园集中在农村地区,少量分布县城;澄城县幼儿园分布在农村、乡镇和城市三地;而韩城市和大荔县的幼儿园在农村、乡镇、县城、城市均有分布。

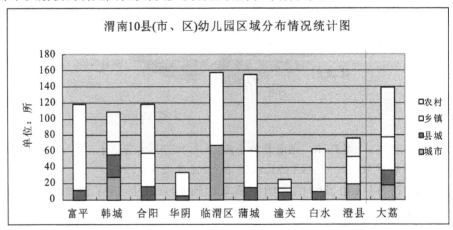

图3-20 渭南市10个县(市、区)幼儿园分布情况统计

5.渭南市10个县(市、区)幼儿园区域分布情况(见图3-21)

渭南市各县(市、区)幼儿园均以民办为主体,在华阴市、潼关县、白水和大

荔县等地,民办幼儿园基本取代了公办幼儿园,成为学前教育阶段学校教育的全部力量。

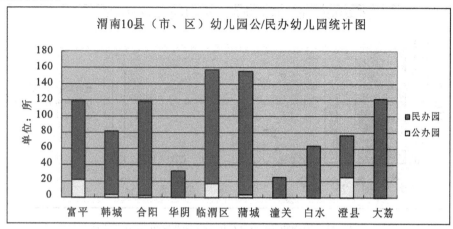

图3-21 渭南市10个县(市、区)幼儿园办园性质统计

6. 渭南市10个县(市、区)幼儿园园所等级情况(见图3-22)

渭南市富平县、韩城市、华阴市、临渭区、蒲城县、澄城县、大荔县等地存在不同比例的未评级的幼儿园。而省级示范幼儿园仅韩城市有少量比例,其他地区没有省级示范园。其他级别幼儿园在各地的比例参差不齐。

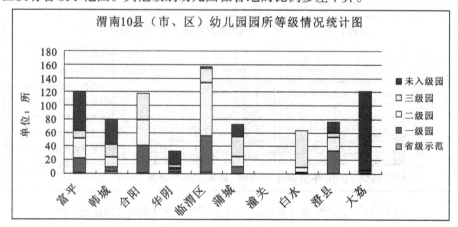

图3-22 渭南市10个县(市、区)幼儿园园所等级统计

7. 渭南市10个县(市、区)幼儿园办园规模情况(见图3-23)

渭南市达到办园规模6个班以上的幼儿园,在蒲城县、临渭区、韩城市和合阳县较多,其他地区比例较少。除大荔县以外,大部分地区幼儿园都没有开展

0—3 岁早教园,澄城县少量幼儿园开展 0—3 岁早教园。潼关县、白水县的幼儿园大部分未达到两教一保的保教模式,其他地区的水平也参差不齐。

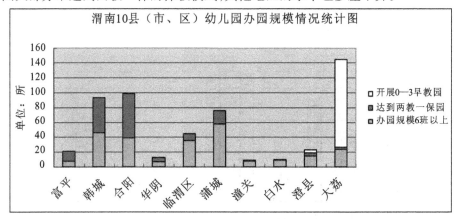

图 3-23　渭南市 10 个县(市、区)幼儿园办园规模统计

8. 渭南市 10 个县(市、区)保教费用情况(见图 3-24)

渭南市保教费用普遍较低,其中,大荔县、白水县、潼关县、华阴市、合阳县等地幼儿园的月缴保教费用均在 200 元以下;临渭区和蒲城县为 300 元以下;澄城和富平县在 500 元以下;韩城市只有少量幼儿园的月缴保教费用在 500—800 元;其他基本都在 500 元以下。

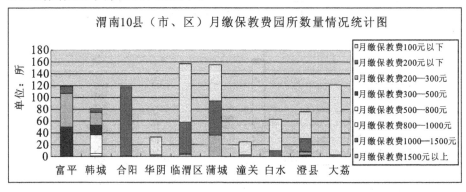

图 3-24　渭南市 10 个县(市、区)不同月缴保教费的幼儿园比例统计

9. 渭南市 10 个县(市、区)幼儿师资情况

(1)渭南市 10 个县(市、区)幼儿师资聘用情况(见图 3-25)

渭南市各地幼儿教师聘用教师占绝大多数,公办教师比例很小。在富平县、临渭区、潼关县和澄城县还有部分教师是由中小学教师转岗而来。

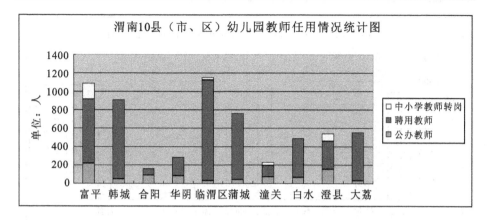

图3-25　渭南市10个县(市、区)幼儿教师任用情况统计

(2)渭南市10个县(市、区)幼儿师资学历情况(见图3-26)

渭南市幼儿教师的学历基本在大专以下,中专/高中学历的教师比例较多。富平县、临渭区、蒲城县、白水县、澄城县有少量本科学历的教师。

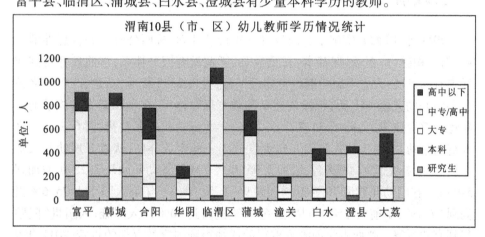

图3-26　渭南市10个县(市、区)幼儿教师学历情况统计

(3)渭南市10个县(市、区)幼儿师资职称情况(见图3-27)

渭南市大部分地区的幼儿教师没有参评职称,部分地区有少量的小学二级、小学一级和小学高级职称的幼儿教师,没有中学高级和特级教师。

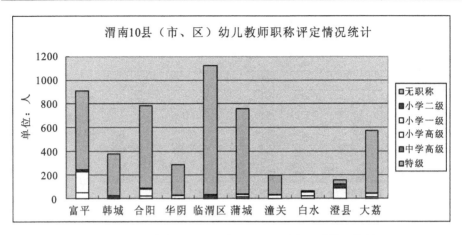

图3－27　渭南市10个县(市、区)幼儿教师职称情况统计

三、政府主导下农村学前教育发展取得的主要成效

2011年,陕西省实施了学前教育三年行动计划,按照公益性和普惠性的原则,努力构建"广覆盖、保基本、有质量"的学前教育服务体系,学前教育得到前所未有的发展:大力实施学前教育建设工程,投入27.2亿元,新建、改扩建乡镇公办中心幼儿园441所;积极构建学前教育保障体系,在全国率先实施学前一年免费教育政策,免除了33.7万名大班、学前班幼儿的保教费,向6.7万家庭经济困难幼儿、残疾幼儿和孤儿每天发放3元的生活补助;认真开展幼儿教师全员培训,补充教师4879名,培训2.95万名。陕西省幼儿园从3928所增加到5499所,在园幼儿数由70.5万增加到95.1万,学前一年毛入园率由75.6%提高到87.4%,学前三年毛入园率由62.2%提高到80%,"入园难、入园贵"问题得到有效缓解。陕西省学前教育取得的成绩得到国家教育部的肯定,2011年9月份,全国学前教育三年行动计划现场推进会在陕西省召开,国务委员刘延东莅临大会并做重要讲话,朱静芝副省长代表陕西省做了经验交流发言;陕西省学前教育管理模式创新荣获第二届全国教育改革创新奖最高奖。

(一)学前教育的投入持续加大

据统计,2011年全省学前教育支出33.25亿元,占全省教育经费总支出的4.18%。各市、县安排专项经费23.2亿元。省上对新建的标准化幼儿园每所补助100万元,对利用现有资源改扩建的,每平方米补助500元。部分市如延安市,对新建和改扩建幼儿园分别给予 200 万、100 万和 50 万元的奖励。省上建立生均经费拨款制度,对达到基本办园标准的各类幼儿园,按照平均每生每年 200 元的标准划拨公用经费;对开办附设幼儿园的小学按照生均 1000 元的标准给予奖补资助;对各县建立的特殊儿童随班就读康复资源中心,按每人 1500 元的标准予以奖励性补贴。这些投入极大地推动了学前教育的发展。特别值得一提的是,2011 年秋季,陕西省率先在全国实施学前一年免费教育,惠及幼儿 33.66 万名,对困难家庭幼儿、残疾幼儿、孤儿每天补助生活费 3 元(每年 250 天),惠及幼儿 6.73 万名,省财政下达 1.07 亿元专项免补资金,各市、县共免收学前一年保教费用 9698.33 万元。延安市吴起县从 2010 年开始就实行了学前三年全免费教育,这些惠民政策在全社会引起了广泛关注和高度肯定。

(二)努力扩大农村学前教育资源

2010 年,陕西省出台了《陕西省人民政府关于大力发展学前教育的意见》(陕政发〔2010〕51 号),提出到 2015 年,每个县(区)城至少建成一所符合国家标准的公办幼儿园,每个乡(镇)建成一所公办中心幼儿园,幼儿园(班)覆盖全部行政村,建成学前教育县、乡(镇)两级骨干体系和县、乡(镇)、村三级服务网络。《陕西省学前教育三年行动计划(2011—2013 年)》中明确,每个县(市、区)城至少建成一所标准化幼儿园,建成 1000 所符合国家标准的公办乡镇中心幼儿园的建设任务。在省、市、县各级政府领导和各级教育行政部门以及社会各界共同努力下,截至 2011 年底,全省新建、改扩建公办幼儿园 457 所,已竣工 347 所,公办幼儿园总数达到 1187 所,占陕西省幼儿园总数(5499 所)的 21.6%。陕西省出台了一系列扶持民办幼儿园的政策。在《大力发展学前教育的意见》中,明确规定民办幼儿园在审批登记、分类定级、评估指导、教师培训、职称评定、资格认定、表彰奖励等方面与公办幼儿园具有同等地位。在《关于加快发展学前教育的若干规定》《陕西省财政厅 陕西省教育厅关于加大财政投入支持学前教育发展的通知》(陕财办〔2011〕93 号)等多个文件中,也明确提出要积极扶持民办幼儿园的发展,要求各级政府结合自身实际积极制定和完善财政、税收、金融以及土地等方面的扶持政策,通过以奖代补、购买服务、减免租金、公用经费补助、派驻公办教师、配备设施设备等形式促进民办幼儿园健康发展,努力体现学前教育的普惠性、公益性。目前各地市在确保民办幼儿园享受学前一年免费教育政策和生均公用经费拨款制度的同时,积极制定各自的扶持政策。西安市政府从 2011 年以来拿出 3 个亿,专门用于扶持奖励企事业办园和民办幼儿园发展。这些政策和管理方法,极大地促进了陕西省民办幼儿园的快速发展。

《陕西省人民政府关于大力发展学前教育的意见》(陕政发〔2010〕51号)明确指出,各级政府要大力发展学前教育,重点发展农村学前教育。《关于加快发展学前教育的若干规定》指出各级政府要因地制宜扩大农村学前教育资源,积极支持乡镇中心园建设,鼓励乡镇中心园设立村分园。重点支持利用农村闲置校舍和其他富余公共资源改建幼儿园,确保必要的玩教具和生活设施设备配备到位,实现"建一所,成一所,用一所"。有条件的农村小学,经过批准可附设幼儿园,但学校与幼儿园在空间上要相对区隔,管理上相对独立。通过多种途径扩大农村学前教育资源,截至2011年底,新增乡镇农村园967所,达到3405所,比2010年增长39.7%。新增农村幼儿24.6万人,比2010年增长35%。

同时,陕西省积极采取举措、制定政策做好城镇小区配套幼儿园建设工作,在《陕西省人民政府关于大力发展学前教育的意见》(陕政发〔2010〕51号)以及陕西省教育厅、编办、发改委、财政厅等八部门联合发布的《关于加快发展学前教育的若干规定》中都对城镇小区配套幼儿园建设做出了明确的规定。要求城镇小区没有配套幼儿园的,应根据居住区规划和居住人口规模,按照国家有关规定配套建设幼儿园。新建小区配套幼儿园要与小区同步规划、同步建设、同步交付使用。《城市新建居住区配套规划建设幼儿园、小学的指导意见》中更是明确规定居住区户数在1500户及以上的,应规划建设幼儿园,并对幼儿园的选址、建设做了具体的要求。

(三)学前教师队伍建设进一步加强

陕西省通过招聘、转岗、培训、核编定岗等多种途径加强幼儿教师队伍建设,严格执行幼儿教师专业标准,健全幼儿教师资格准入制度,严把入口关。省编办出台了《陕西省幼儿园编制标准(暂行)》,对全省范围内由政府举办的幼儿园在机构设置、幼儿园规模、人员编制等方面做了详细的规定。为提升教师素质、严把准入关,2011年底陕西省教育厅会同省编办、省人社厅共同起草出台了《2012年陕西省中小学、幼儿园新任教师统一公开招聘实施方案》,对报考人员的条件、招聘的程序和办法做了详细的规定。2011年3月3日陕西省教育厅会同省编办、省人社厅又发布了《2012年陕西省中小学、幼儿园统一公开招聘新任教师公告》,正式开启了陕西省幼儿园教师招聘工作,发布了招聘新任教师的名额、具体招聘单位和岗位以及招聘方法步骤。进一步加强高等师范院校、高等职业技术学院的学前教育专业建设,完善初中毕业起点五年制学前教育专科学历教师培养模式,注重提高学生的综合素质,为普及学前三年教育培养足够数量的合格教师。2011年全省共补充幼儿教师4800多名,学前教育教师总数达到64600多人,其中,国家财政供养16607人,占师资总数的25.7%。充分利用省、市、县三级教师培训网络,创新培训模式,加大幼儿教师培训力度。建立幼儿园园长、教师培训体系,实施全员培训。从2011年起,每年培训5000名,每五年对所有幼儿园园长及教师完成一轮培训,集中培训时间不低于240课时。通过三年行动计划,完成1.5万名教师和1800名园长的培训任务,2011年共培训教师29615人,已超额完成2011年度计划培训5000名教师的任务,其中,省级培训1646名教师,占全省幼儿教师的2.5%,市级培训7419名教师,占11.5%,县级培训20550名教师,占31.8%。依法落实幼儿教师地位和待遇,切实维护幼儿教师权益。把公办园、机关事业幼儿园教师纳入义务教育阶段教师管理体系,在工资、职称、评优等方面幼儿教师享受同等待遇,为教职员工缴纳养老、失业、医疗及住房公积金等"三险一金",并将其纳入保障性住房范围。要求社会力量办园的教职工工资要高于当地城镇职工平均工资标准,并按规定缴纳各项社会保险。针对基层民办幼儿园工资偏低的问题,各级财政要在研究算账后对有资质的教师给予适当补贴,尽可能使其待遇达到当地的平均工资水平。

(四)幼儿园管理进一步加强

健全教育部门主管、有关部门分工负责的工作机制,省上建立由教育厅牵头、有关部门参加的学前教育联席会议制度,及时通报、协调、解决学前教育改革发展中的重大问题。省教育厅成立了推进学前教育工作领导小组,统筹实施学前教育三年行动计划,并且与各市签订了学前教育三年行动计划责任书,及时设立基础教育三处,具体负责学前教育的日常管理工作。西安、汉中、延安等市也相继成立了专门的学前教育管理机构,初步形成了全省上下联动、促进发展的学前教育工作格局。建立"省定标准、以奖代补,市级统筹、布局规划,以县为主、分工负责"的学前教育管理体制。省、市政府负责统筹规划,制定相关政策;省级政府制定幼儿园建设的配置标准,并以以奖代补的形式支持重点乡镇幼儿园建设;市级政府统筹规划幼儿园的布局,并制定支持政策,监督各县(区)幼儿园建设和管理;县(区)政府负责制定辖区内学前教育事业发展规划和学前教育三年行动计划并组织实施,建设公办幼儿园,健全覆盖县域的学前教育服务网络,审批和管理各类学前教育机构;乡(镇)政府要将幼儿园的建设纳入新农村建设规划,负责协调幼儿园土地征用及村办幼儿园建设,做好幼儿园安全及周边环境治理工作。

为规范办园行为,加强对无证办园行为的监督管理,首先下发了《关于核查无证办园情况的通知》(陕教民办〔2012〕1号),要求各市(区)重点对当地未经教育部门审批和民政部门登记,擅自进行活动的幼儿园进行检查,摸清底子,全面掌握辖区内未取得民办学校办学许可证幼儿园的详细情况。在《关于进一步清理民办幼儿园中无证办园行为的通知》(陕教民〔2012〕6号)中规定对规模、办园条件与基本办园标准差距较小的无证园,要加大指导和扶持力度,指导举办者通过合法融资渠道筹集办学资金,增加办学投入,尽快提升硬件水平,达到基本办园标准;指导规模、条件适中,有较好办学声誉和规范管理行为的无证园,通过互相整合、联合等可行方式,整合利用现有资源,并按照标准建好园舍、配齐教玩具等;对规模小、条件差的无证园,经努力整改后仍无法达到基本办园标准的,要坚决限制其办园行为,按照《民办非企业单位登记管理暂行条例》等有关要求,移交民政部门予以取缔。加强幼儿园收费管理监管,规范收费行为,省物价局下发了《陕西省物价局关于认真做好学前教育收费管理工作的通知》,要求各市(区)认真贯彻落实学前一年免费教育,加强幼儿园收费管理,规范幼儿园收费行为,做好收费公示工作。积极推进幼儿园教育改革,全面实施素质教育。要求幼儿园更新教育理念,创设丰富多彩的生活学习环境,坚持以游戏为基本活动,保教结合,寓教于乐,全面提高保教质量,防止和纠正幼儿园教育"小学化"倾向。建立幼儿园保教质量评估监管体系、幼儿园教师指导用书审定制度。加强对幼儿园玩教具、幼儿图书的配备与指导。各市、县(区)要在教研机构配备专职学前教育研究人员,加强对学前教育教学实验和科研的管理和指导。陕西省教育厅下发了《转发教育部关于规范幼儿园保育教育工作防止和纠正"小学化"现象的通知》(陕教基三〔2012〕2号),要求各级教育行政部门要严格按照《通知》要求,积极组织人员进行专项检查与调研,掌握区域内幼儿园教育"小学化"现象和小学违规举行入学考试现象的现状,认真分析原因,限期整改。

省委、省政府把推进学前教育发展作为考核各级党委、政府和有关部门政绩的重要内容,纳入"双高双普"、"教育强县"评估指标体系。各级教育督导部门把学前教育作为督导重点,加大对政府责任落实、教师队伍建设、经费投入、安全管理等方面的督导检查,并将结果向社会公布。2011年,陕西省先后多次组织力量,深入市、县级幼儿园,积极开展学前教育工作调研和督查活动。2011年2月底,组织专家和有关处室负责人分赴11市区对陕西省学前教育发展现状、管理状况、幼儿园收费、经费投入使用状况、体制状况、师资队伍建设状况、保教质量状况以及三年行动计划编制状况等进行全面调研,并形成近10万字的调研报告集。5月中下旬教育厅组织督查组对全省学前教育工作整体推进情况进行督查。10月下旬,省政府组织相关厅局40人组成督查组分赴11个市区对学前教育三年行动计划实施情况进行全面督查,并形成专项督查报告上报省政府。2012年4月份,省教育组织11个督查组,对2011年新建、改扩建的441所省定幼儿园建设情况以及2012年计划建设325所幼儿园的立项实施情况进行专项督查。

(五)国家学前教育重大项目实施进展顺利

2010年,陕西省进入国家中西部地区农村学前教育推进工程试点省份,并启动实施了首批试点项目。2010年10月18日,省发改委下达陕西省2010年度试点项目投资5130万元,其中中央预算内投资4500万元,用于陕西省7个县52所乡、村两级幼儿园建设。2011年9月7日,省发改委下达陕西省2011年度试点项目中央预算内投资6000万元,用于陕西省9个县(区)60所乡、村两级幼儿园建设。据统计,截至2012年3月底,2010、2011年度总共112所幼儿园,已开工项目106个,占总项目数的95%。其中:已完工项目50个,占总项目数的45%;已交付使用项目41个,占总项目数的37%。完成投资额8546万元。2011年底,会同省发改委申报陕西省2012年度中西部农村学前教育试点项目。2012年6月11日,省发改委下达2012年度总投资计划16965万元,其中中央预算内投资13500万元,用于9市89所乡、村两级幼儿园建设。根据财政部、教育部《关于加大财政投入支持学前教育发展的通知》有关要求,2012年3月底前,会同省财政厅审核下达2011年利用农村闲置校舍改造幼儿园的农村小学增设附属幼儿园项目1066个(其中,改建项目664个,增设项目402个),涉及10市1区103个县区,共下达资金76431万元(其中:中央59000万元,省级4260万元,市级3729万元,县级9442万元)。同时,完成了陕西省2012年相关学前教育项目的编审和申报工作。

四、政府主导下农村学前教育发展存在的问题

调研发现,政府主导实施以来,陕西农村学前教育发展取得了显著成效,但

目前还存在着突出矛盾和问题,根据笔者的调研分析,这些矛盾和问题主要有以下几点。

(一)农村幼儿园发展不均衡

我国自新中国成立后,学前教育都是在坚持公办和民办"两条腿"走路的方针,民办学前教育的发展更是在改革开放后蓬勃发展。随着国家经济体制和幼儿教育体制改革的开展和深化,为解决学前儿童教育需求的增长与公办学前教育资源不足的矛盾,2004 年国家出台了《中华人民共和国民办教育促进法》,催生了我国民办幼儿教育事业的发展①。2007 年我国民办园所占比例已经超过总量的 3/5,可见民办幼儿园已经成为我国学前教育的主要力量。从公办园情况看,陕西省的公办幼儿园严重缺乏。调研显示,陕西省共有公办幼儿园(包括教育行政部门办园和其他部门办园)1390 所,仅占全省幼儿园总数的23.6%,其中完全由市区(县)财政投入的教育部门办幼儿园屈指可数 。

随着社会的发展、人们观念的变化以及农村税费体制的改革,很多青壮年都进城务工,而孩子和老人却留在农村,造成了大批"留守儿童"的出现,老人为了图省心,照顾孩子方便,会选择把孩子送进幼儿园;当然很多家长意识到了早期教育的重要性,也要把孩子送去幼儿园接受早期教育,但是当地没有公办的幼儿园,只能选择去民办幼儿园;即使有公办的乡镇中心幼儿园,因为家不在乡镇,地处偏僻,像山区等,家庭的经济条件不足以去镇上租房子,为了接送孩子方便,所以也只得把孩子就近送去幼儿园。因此民办幼儿园在农村如雨后春笋般迅速出现了,但这些民办幼儿园办园质量参差不齐,固然有些农村的民办幼儿园办园条件和师资质量等差强人意,还有很多"庭院式"幼儿园(一大人,数十个孩子,一个院子即可)完全不达标,这在农村是很常见的。在办园层次上,民办幼儿园有高中低档之分,不同程度地满足了不同经济状况的需求。在农村的民办幼儿园基本都属于低档,基本每个月收取几十块学杂费。

1. 优质幼儿园偏少

从学前教育骨干体系建设情况来看,农村示范园和一级园数量偏少。以宝鸡市和杨陵区为例,截至 2010 年底,宝鸡全市的省级示范园和市级一类幼儿园仅占现有幼儿园总量的 15% 左右,眉县 47 所学前教育机构中,只有 1 所市级一类幼儿园,没有省级示范幼儿园;陇县全县只有 1 所县级二类幼儿园,没有一类

---

① 崔美兰.民办幼儿园安全现状、问题与对策研究,河北师范大学硕士论文,2010.

或省级示范幼儿园。而且这些都集中在县城,农村基本上没有公办园。各县
(区)农村幼儿园和大部分民办幼儿园办园质量都非常低。这类幼儿园大部分
园所面积和常规保育教育设施不足,存在教师素质低、卫生条件差、安全隐患多
等问题。另外,有些乡镇、村级幼儿园设置数量不足,覆盖范围过大,服务半径
过长,家长接送孩子入园困难,导致入园率较低。

2. 优质公办园"入园难",优质民办园"入园贵"

在优质幼儿园数量偏少的状况下,接受优质学前教育就成了"香饽饽"。调
研发现,目前公办园的师资配置和办园条件普遍较好,但收费政策多年未变。
目前,陕西省公办幼儿园实行的是省物价部门按照"分类评估,按质定价"原则
制定的收费标准,其中最高为省级示范园,全日制每人每月 130 元,寄宿制每人
每月 180 元,其他各类标准逐步降低,最低为一般幼儿园,各为 35 元和 55 元,分
别只是省级示范园的 26.9% 和 30.56%。公办园偏低的收费标准和较为优质
的教育资源,使得公办幼儿园成为家长竞相追逐的对象,入"公办园"难成了农
村的普遍现象。

近年来,在一些农村地区成立了一批优质民办幼儿园。根据《民办教育促
进法》的相关规定,各地物价部门对民办幼儿园的收费标准依据办园成本进行
了核定。调研显示,民办园收费大多数在 100—1500 元之间,其中,收费在
800—1500 元的约占 60%。公办幼儿园由于财政拨款,教师队伍稳定,教育质
量高,收费比民办低;民办园实行自收自支,硬件条件和教师稳定性都不及公办
幼儿园,收费却要高于公办幼儿园,从而导致优质公办幼儿园"入园难"和优质
民办幼儿园"入园贵"等诸多社会反映强烈问题的出现。

3. 民办园办园质量令人担忧

多年来,陕西省公办幼儿园发展几乎处于停滞状态,民办幼儿园如雨后春
笋发展迅速。截至 2010 年底,全省共有幼儿园 5873 所,公办 1390 所,占
23.6%,民办园数量 4483 所,占比 76.4%,其中不具规模的农村民办园 2898
所,占 51%。民办园的发展,在一定程度上缓解了城乡幼儿入园难的问题,但存
在问题也很多。具体表现为以下几点:

一是办园规模以中小型幼儿园居多,设施设备条件差。考虑幼儿园的布点
情况,各县(市、区)正式审批的幼儿园中也存在部分家庭作坊式幼儿园,所以,
幼儿园普遍缺乏室外活动场所和活动设备,室内的空间结构和设施也很难满足
儿童发展的需要。园舍空间结构不合理,防震、采光和通风条件差,严重影响儿
童身体的健康发展。

二是管理不规范。首先,由于民办幼儿园规模层次多(从投入万元到投入千万不等),致使收费档次多(从每月几十元到每月千余元不等),也导致了部分幼儿园只能通过克扣幼儿伙食费、代办费及紧缩教职工人员编制、降低教职工工资等不规范操作手段,维持幼儿园运转。其次,保教质量较低,"小学化"严重。有的民办幼儿园既无符合幼儿身心发展的教材,也没有专业合格的教师,更无符合儿童心智发展的各类游戏与活动内容,只是简单地按照小学模式进行写字和认数算题,严重影响了学前教育的整体水平和质量。

三是非法无证园难以取缔。由于现有注册幼儿园数量不能完全满足3—6岁适龄儿童的入园需求,再加之部分民办幼儿园收费昂贵等多种因素,因此,非法无证幼儿园在一定程度上满足了低收入家庭子女的入园需求,如果全部取缔,将造成大量适龄儿童无法入园。

4. 小区配套建设缺口较大,项目审批不够规范

按照陕西省教育发展规划纲要实施意见精神和《陕西省人民政府关于大力发展学前教育的意见》,在城市小区开发建设中,必须做到项目审批与小区幼儿园建设同步审批、同步建设、同步交付使用。但是,调研发现,实际情况并非如此简单。如安康、商洛、汉中、咸阳等市城市配套小区幼儿园缺口比重分别达66%、71.5%、95.5%和61.8%。城市小区配套幼儿园缺少科学规划,呈现多头管理,经营权由小区管理者掌握,幼儿园被挤占、挪用现象严重。

(二)政府主导发展职责不明确,管理体制改革严重滞后

1. 政府统筹主导责任不够明晰

尽管我国相关政策已明确学前教育属于基础教育的重要组成部分,是社会公益事业的重要组成部分,但是由于长期以来一些政府部门及其领导对学前教育事业的教育性和公益性认识不够,对学前教育在教育体系和社会公益事业中的重要地位缺乏正确的深刻认识,加之发展观、政绩观的局限,在我国社会转型和体制改革过程中未能充分考虑学前教育管理体制改革,使其远远滞后于义务教育阶段管理体制改革,并由此导致政府各职能部门间职责不清、职权交叉、多头管理,以及管理层级过低等问题突出。

在广大农村,幼儿园主要以民办为主,从行政上又归各个举办单位或个人管理,内部行政管理分散,各地区的幼儿园有的是教育行政部门直管,有的属管,还有归妇联所管的,总之,管理体系比较繁杂且无定制,没有稳定的幼教管理部门和人员,都是划归在基础教育部门,没有单独的学前教育管理人员或是

部门管理。这样造成的结局是出了问题找不到负责人，大家相互推卸责任，没有办法做到"谁管理谁负责"。

2. 盘活资源愿望良好，实际操作困难重重

调研表明，陕西省各市、县（区）一致认为，布局调整是针对生源锐减、教育资源分散、办学层次低、不均衡现象的应对策略，但撤点并校后闲置的校舍，是由于没有生源才富余出来的，如果在乡镇中心区没有合适的改建校舍，把其他比较偏僻的闲置校舍改建成幼儿园，除了交通不便、服务半径受限之外，生源仍是一个突出问题。同时，幼儿园校车的配备也无法解决，租用、雇佣私人车辆，安全隐患令人担忧。

3. 民办园招生恶意竞争，影响学前教育健康发展

由于公办幼儿园建成后，在设施配备、园务管理、师资力量、收费等方面，有较大优势，吸引了大批生源，对民办幼儿园造成一定冲击。本来正当竞争可以督促民办幼儿园改善条件，提高办园水平，但有的民办幼儿园创办人既不愿意增加投入成本，又不愿意自动退出，于是在招生中相互诋毁，采取一些不正当手段拉拢家长，形成恶意竞争，对学前教育事业的发展带来不利影响。

4. 供求关系因素复杂，非法办园取缔困难

调研表明，虽然各市（区）、县都按照国家和省市等方面的有关要求，加大对民办无证幼儿园的整顿和查处、取缔的力度，但由于客观条件所限，无证园无法得到根本取缔。其主要原因有二：一是由于现有公办幼儿园数量太少，尤其是农村公办和有证民办幼儿园覆盖范围太大，服务半径太长，导致学龄前幼儿入园困难很多，因此，家长便自然将孩子送到附近或身边开办的无证幼儿园或托管班，虽也觉得这些幼儿园质量不高，但同时又认为这些无证幼儿园的开办解决了他们的后顾之忧。二是大多数无证幼儿园为了扩大办园效益，吸引更多的幼儿入园，都在收费、服务等方面都给予很多优惠，尤其是收费低廉、作息时间灵活、小学化授课等行为，迎合了部分幼儿家长的功利化心态，导致无证幼儿园无法得到完全取缔。

（三）生均国家财政性学前教育经费极低

从投入上来说，我国到目前为止，还没有立法将幼儿教育经费专门列项，国家对学前教育投入的经费比例在 1.3% 左右，这是远远不够的。由于长期以来省、市、县各级财政都把支持重点放在"两基"上，因此，对学前教育几乎没有稳定的经费投入。而各地的教育部门对幼儿教育经费的有无或多少，全凭政府的

意愿以及政府当年的经济和财政情况,如政府的一把手非常看重学前教育的重要性,可能就会加大经费投入,反之,还有可能今年政府的财政有钱了就拨点,明年没有了就不拨了,等等,所以各个地区对幼儿教育的经费投入都带有极大的随意性和不稳定性。我国对于学前教育的管理实行的是"地方负责、分级管理和有关部门分工负责的管理体制和格局",经历了集权到分权和直接管理到间接管理,虽然给了地方管理的很大自由,但中央及省级政府部门却没有意识到地方政府的财力和能力,另外中央及省级部门也忽视了自己的高级领导地位及直接管理的权利,对各个地区的学前教育主要是检查、监督和行政命令,没有制定好详细的学前教育发展计划以及标准体系等,缺乏对地方部门的统筹管理。

从我国学前教育仅有经费的使用情况来看,这些经费大都用于公办幼儿园,可以说是杯水车薪,远远不够幼儿园的日常开支,很多公办幼儿园还需要贷款以及自筹经费;而民办幼儿园是基本没有经费支持的,全部都是自收自支、自负盈亏。如陕西省76.4%的民办幼儿园政府没有任何资金投入,对办园质量高的优质民办幼儿园也没有奖励与激励政策,没有把教育部规定的对社会力量办园鼓励、扶持、奖励的政策落到实处。据调研统计,全省各个地区,在园幼儿年度生均公用经费不等,基本都在0—500元之间,大部分都是二三百元,并且这些经费全部都是幼儿园自筹来的,有的幼儿园甚至没有公用经费,足见政府部门财政经费对学前教育事业投入的不足。如宝鸡市2009年全市教育经费总支出中,用于幼儿教育的支出仅为1%,公办幼儿园只能靠每月收取不到100元/人的保教费维持运行,无法进一步提升和发展。西安市级财政部门设立了学前教育发展的专项资金,但每年仅有30万元,公办园校舍环境的改善、硬件的维修、教师的科研经费无法得到保障,长此下去会影响幼儿园持续、健康的发展。

从建设上来说,为促进幼儿园发展,陕西省出台了"以奖代补"的政策,规定"新建一所幼儿园100万(省、市各50万)",这样的投入,按照建筑目前的价位"1350元/平方米"的框架结构预算标准计算,要新建一所容纳300多名幼儿的幼儿园,需要资金约400万元,目前的资金投入显然是不够的;这样的投入还不算幼儿园辅助设施和内设投入,如果将其计算在内,资金缺口会更大;如果要按省级示范园的标准来建设的话,资金缺口将会更大,100万的投入必然是捉襟见肘。对于目前县级财政收入普遍有限的县(区),要配套补齐如此大的缺口,相当困难。

(四)学前教育收费不规范

长期以来,学前教育经费投入一直较低。从全国的整体状况来看,教育经费的总量中,学前教育经费投入约占1.3%左右,投入总体水平十分低下。从经费的投入和使用来看,国家并未单独预算列支学前教育事业。学前教育一直包含在中小学教育预算中,这种经费使用体制使得学前教育事业发展缺乏基本的经费保障。从经费使用状况来看,仅有的经费主要投向了公立幼儿园,这就导致了幼儿园发展的不均衡。因为有政府的资金投入,收费低,公立幼儿园的师资好,设施设备好,这就导致公办幼儿园吸引率较高,城市学生上公办园的积极性较高。但在农村地区,由于公立幼儿园的数量少,加之国家对农村的投入有限,公办园的数量和条件整体水平较低,仅有的幼儿园远远不能满足农村家长和幼儿入园的需要,很多家长为了孩子能够接受早期教育,选择把孩子就近送进当地的民办幼儿园。民办幼儿园相对于公办幼儿园来说,政府的经费投入非常低,甚至没有经费投入,幼儿园只能自负盈亏,国家教育部门是允许民办幼儿园在不以营利为目的的情况下收取一定费用的,所以很多民办园会有针对性的面向家长和幼儿收取各种费用,当然有的收费项目是合理的,如保教费、书本费等,但很多幼儿园却为了营利,也不乏有巧立名目的变相收费项目,而在落后的农村地区,家长的权利意识不强,为了孩子能够接受好的教育,只能自掏腰包。

因为各个地区的经济水平不同,各个幼儿园的办园层次、办园条件不同,幼儿园的开支繁杂等原因,所以很难计算出民办幼儿园的具体收费标准,幼儿园营利也是不争的事实。很多地区的政府部门对民办幼儿园没有办法制定收费项目和标准,结果收费的权利和自由自然就落到了办园者的手中,家长无法判断自己的缴费是否公平合理,为了孩子只能不明不白地缴费。我们在调研中发现,幼儿园的收费与当地的经济水平基本挂钩,从每个月一百元到一两千元不等。

(五)师资队伍不适应学前教育发展

1. 公办教师数量偏少,整体队伍素质不高

从数量上来说,当前,国家对学前教育的发展越来越重视,公办幼儿园建设力度逐年加大。特别是省、市(区)、县各级相继启动《学前教育三年行动计划》。近三年,一批乡镇公办幼儿园陆续建成后将产生较大的师资缺口。以陇县为例,目前,该县教育局直属幼儿园只有40名幼儿教师编制,其他7所公办幼儿园全部占用着中小学教师编制。根据《全日制、寄宿制幼儿园编制标准》规定,全日制幼儿园教职工与幼儿的比例为 1:6—1:7,而陇县幼儿园平均师生比为 1:17,农村幼儿园师生比为 1:31。这个缺口完全靠招聘来解决困难较大。宝鸡市属各县(区)的现状也难以承担突然增加的这么多人员的经费支出。如眉县在未来 3 年内,每年只能招录 30 名幼儿教师,陇县每年只能招录 20 名幼儿教师。延安市近十六年来未进一名公办幼儿教师,企事业幼儿园多年不进在编教师,民办幼儿园没按规定配备教师,教师工作负担重,近 85% 的幼儿园不能按照国家两教一保标准进行人员配置。近半数幼儿园无专职卫生保健人员,后勤人员数量和资质均不足。

农村幼儿园师资队伍整体素质普遍偏低,难以适应发展需要。调研显示,各县(市、区)除了少数优质、公办幼儿园外,绝大多数乡镇公办幼儿园的教师都以中小学转岗教师为主,他们虽有积极努力工作、热爱幼教事业的热情,但却缺乏幼教专业知识、正确的教育理念和保教方法,个人角色转变还需要一个过程。加之多数幼儿园保教人员的学历普遍不高,甚至很多教师既没有获得相应的教师资格证书,也没有参加过专门的学前教育岗位培训,整体素质和能力与高质量幼教事业发展的需要之间还有相当大的差距。尤其是公办园中的外聘教师及民办幼儿园教师素质更低 。另外,农村学前教育师资队伍普遍存在年龄偏大、知识老化的现象。笔者在一个农村乡镇公办中心幼儿园看到,大多数老师都是 40 岁以上的甚至 50 岁以上的人员,这些教师是在小学布局调整中被淘汰下来的,他们有的虽经过短期的幼儿教育知识培训,但由于原有认知水平和家庭等因素的影响,其工作动机与活力明显不足,很难适应农村学前教育的发展,导致农村学前教育教学质量难以提高。

民办幼儿园的师资队伍不稳定,流动性较大。很多民办幼儿园因为资金和地区限制,很难为教师提供转档户口、评定职称、安排进修培训等机会,民办幼儿园的教师不享有公办教师的各项福利和待遇,而且也被排除在国家教师政策之外,处于“自生自灭”状态,地位得不到认可,工资待遇普遍偏低,远远低于公办幼儿园水平,教师的生活没有保障,缺乏安全感,如果有好的出路,往往会“另谋高就”,所以农村幼儿园教师得流动性非常大。

民办幼儿园的师资基本都是聘任和合同制,工资低,待遇差,很多在城市接受过大学或者大中专教育的学前教育学生职业定向都是不会以民办幼儿园作为首选。另外,还有一些民办幼儿园为了节省开支,可能聘任一些下岗的中年妇女为教师,这些人员没有学习过早期教育的理论知识,甚至有的只有小学文化,对于孩子的教育是"放羊式"或者"小学化"等方式,科班出身的教师数量非常少,甚至没有专业性的教师。调查发现,目前学历合格教师中的大部分第一学历都不是幼儿教育专业[1],而师资的专业水平是提高幼儿教育质量的关键,也是幼教事业长远发展的保证,民办幼儿园教师的专业素养亟待提高。

2. 结构性矛盾突出,保教质量难以保证

一是职称结构不合理。调研表明,在陕西省各市(区)、县(市、区)的幼儿教师中,中级职称人数极少(全省均占10%),初级职称人数占绝大多数。民办园教师评职称渠道不畅,信息不通,造成无职称教师比例高,全省有约70%左右的幼儿教师没有职称,有大约三分之一的教师属于无证上岗。如此严峻的教师队伍形势,很难想象能够成就高质量的幼教事业。

二是教师性别结构失衡。由于受传统思想和经济收入等方面的影响,陕西省女性幼儿教师占有绝对的比例,男性所占比例极少。研究表明,男性对幼儿的性别意识、性格的和谐发展、社会化有着重要的作用,所以,目前陕西省幼教队伍中的这种性别结构的不合理,必须引起各级教育行政部门的高度重视。

3. 工资待遇较差,影响教师队伍稳定

目前,陕西省所有公办幼儿园在编教师的工资和绩效津贴都是严格按财政统一标准发放,除此以外,基本无其他福利待遇。尤其是公办幼儿园的聘用教师和民办幼儿园的教师工资待遇普遍比公办幼儿园在编教师工资低得多。据统计,城市公办教师人均月收入在2500元左右,城市聘用教师人均月收入1000—2000元;乡镇聘用教师人均月收入都在1000元左右,农村聘用教师人均月收入800元,甚至更低(表3-12)。没有购买任何险金的教师占75%—80%。如此低的收入水平,很难使广大幼儿教师有很强烈的事业心和从事幼儿教育的长远打算,因此,变形成了教师队伍的不稳定,尤其是民办幼儿园和公办幼儿园的聘用教师,辞职、跳槽现象经常发生,严重影响了陕西省学前教育事业的健康稳定发展。

(1)幼儿教师编制严重不足,教师数量缺额极大。

学前教育大发展,公办幼儿园建设力度加大,一批乡镇公办幼儿园陆续建成后将产生极大的师资缺口,带来的一个突出问题就是幼儿教师极其紧缺。由表3-13可以看出,目前全省幼儿教师共46023人,国家财政供养教师11828人,公办教师按

---

[1] 庞丽娟. 中国教育改革30年(学前教育篇)[M]. 北京:北京师范大学出版社,2009:215.

照20世纪80年代中期幼儿园规模和标准配备,仅占25.7%,比例极低。按照师生比1:6的比例,需要教师近16万人,缺口近12万。

表3-12   陕西省幼儿教师编制情况一览表

市(区)	在编幼儿教师	聘用	在编人员所占比例
西安	2755	7883	25.9%
咸阳	1283	4547	22.0%
宝鸡	994	4236	19.0%
渭南	637	6446	9.0%
汉中	794	3666	17.8%
安康	1071	913	54.0%
商洛	1019	782	56.6%
延安	2070	2966	41.1%
榆林	1244	1515	45.1%
铜川	212	612	25.7%
杨凌	132	18	60.1%
总计	11828	34195	25.7%

(数据来源:2011年陕西省教育厅陕西省学前教育发展状况调研数据)

(2)幼儿教师专业化程度较低,幼教教师学历偏低,

由表3-13可以看出,从专业性的角度看,陕西全省幼儿教师具有幼儿教育专业(或学前教育专业)背景的(含获幼教师资格证的教师)所占比例仅为44.3%,有多达55.7%的教师不具备从事学前教育专业的资格。尤其农村地区幼儿教师的专业合格率不到10%,个别县(区)情况更为严峻,只有不到3%。

由表3-14可以看出,陕西省目前绝大多数幼儿教师的学历以中师(中专)和大专为主,少数的研究生、本科幼儿教师都分布在西安、咸阳、榆林、延安等大中城市公办幼儿园或好的民办园。部分转岗教师年龄偏大,因为不能很好胜任小学教师工作而被安排在幼儿园,专业化无从谈起①。

---

① 宛容. 幼儿教师专业成长浅析[J]. 贵州师范学院学报,2007.6:33.

表3-13 陕西省幼儿教师专业合格情况一览表

市（区）	幼儿教师人数	幼教专业教师人数	专业合格率
西安	10638	8896	83.6%
宝鸡	5230	1980	64.4%
咸阳	5830	2410	41.3%
铜川	824	222	27%
渭南	7083	2785	40.95
延安	5036	1127	21.2%
榆林	2759	961	34.8%
汉中	4460	1000	22.4%
安康	1984	520	26.2%
商洛	1801	317	17.60%
杨凌	220	150	68%
合计	46023	20368	44.3%

（数据来源：2011年陕西省教育厅陕西省学前教育发展状况调研数据）

表3-14 陕西省幼儿教师学历现状统计表

市	研究生		本科		专科		中专（高中）		高中以下	
	人数	%	人数	%	人数	%	人数	%	人数	%
西安	56	0.53	2009	18.89	5849	54.98	2547	23.94	177	1.66
延安	6	0.12	380	7.6	2435	48.4	2041	41	599	11.1
安康	0	0	218	11	1023	51.6	565	28.5	166	8.4
商洛	0	0	225	12.49	454	25.21	613	34.04	509	28.26
汉中	0	0	374	8.4	1280	28.7	1195	26.8	1611	35.9
咸阳	2	0.03	493	4.2	1972	33.8	2652	45.5	711	12.2
榆林	1	0.04	258	9.4	1442	52.3	966	35	92	3.3
杨凌	3	1.3	52	23.6	80	36.3	59	26.8	26	11.8
宝鸡	4	0.1	390	7.8	1073	21.4	1563	31.1	1993	39.7
渭南	3	0.36	246	3.47	1449	20.46	3671	51.83	1583	22.35

（数据来源：2011年陕西省教育厅陕西省学前教育发展状况调研数据）

（3）教师平均年龄适中,性别结构不平衡

由表3-15可以看出,全省各市及所属县(区)幼儿园教师的平均年龄普遍在35岁以下,部分县(区)的平均年龄还低到30岁以下(表3-15),这个年龄应该说比较符合学前教育需要教师年轻化的特点。由于受传统思想和经济收入等方面的影响,陕西省女性幼儿教师占有绝对的比例,男性所占比例极少,西安市仅有极少数幼儿园有个别男性教师,总数才23名,仅占全市教师的0.22%。但是从科学角度讲,男性偏向于抽象思维,容易产生激情,宽容性和自制力都比较强,对于培养孩子勇敢、坚强、独立的阳刚性格具有更为积极的作用,男性教师对幼儿的性别意识、性格的和谐发展、社会化有着重要的作用,这些优势与女性性格优势相结合,更有利于孩子完整人格的培养①,日本就要求男性幼儿教师的比重要占到10%。

表3-15　陕西省部分市(区)、县(区)幼儿教师平均年龄一览表

地级市	平均年龄(岁)	县(区)	平均年龄(岁)
西安	38		
咸阳	32	临渭区	31
延安	32	碑林区	28
榆林	32.5	陇县	34
安康	35	富平	29.8
汉中	32		
商洛	38		
平均年龄(岁)	34.5	平均年龄(岁)	30.2

（数据来源:2011年陕西省教育厅陕西省学前教育发展状况调研数据）

4.幼儿教师激励机制不健全

（1）薪酬体系

目前陕西的幼儿教育仍以民办为主,公办幼儿园很少,而且幼儿教师的编制很少,仅占教师总数的25.7%。陕西省各市、县(区)幼儿教师和保教人员的工资待遇都比较低。所有公办幼儿园在编教师的工资和绩效津贴都是严格按财政统一标准发放,大约为每月2000—3000元之间。其余74.3%幼儿教师,城市聘用教师人均月收入1000—1500元;乡镇聘用教师人均月收入都在1000元

---

① 丁海东. 关于幼儿教师职业倦怠现状的调查研究[J]. 中华女子学院学报,2006,6:35.

左右,农村聘用教师人均月收入800元,甚至更低。除此之外,所有幼儿教师基本没有任何福利待遇、奖金之类。而且民办幼儿园一般都不为保教人员缴纳"三金",只有极少数城市民办幼儿园才严格按照国家有关规定为保教人员缴纳"三金"。没有购买任何保险和"三金"的教师占75%—80%。

由表3-16可以看出,除西安市外,其他五市的公办和民办幼儿园特别是农村幼儿园聘用教师待遇很更低,一般月工资都在500—1000元左右,其中汉中市超过84%,咸阳市超过73%。

表3-16　陕西省6市1区幼儿教师月平均工资一览表

	西安市		延安市		安康市		商洛市		汉中市		咸阳市		渭南临渭区	
	人数	%	人数	%	人数	%	人数	%	人数	%	人数	%	人数	%
3000至4000元	2580	24.3	569	11.3	417	21	198	11	96	2.2	78	1.3	0	0
2000至3000元	2550	24.1	1127	22.4	204	10.3	504	28	600	13.5	166	2.8	0	0
1500至2000元	2839	26.7	411	8.2	381	19.2	14	8	0	0	231	4	179	19.6
1000至1500元	1559	14.7	606	12.0	210	10.6	13	7	0	0	1091	18.7	102	11.1
500至1000元	1110	10.4	2341	46.5	770	38.8	810	45	3764	84.3	4264	73.1	642	70.3
500元以下	0	0	0	0	0	0	18	1	0	0	0	0	3	0.3

(数据来源:2011年陕西省教育厅陕西省学前教育发展状况调研数据)

(2)职称评定体系

目前陕西省实行的幼儿教师评定办法,是参照小学执行的,和小学教师一起评定,没有独立的职称序列。所以,评定职称时,给幼儿教育分配的名额就很少,这很少的名额又基本上分配给了公办幼儿园有编制的教师,导致幼儿教师低职称和无职称的人占绝大多数,民办无编制的幼儿教师更是评职称渠道不畅,信息不通,造成职称评定无门。调研表明,陕西省各市(区)、县(市、区)有职称的幼儿教师中,高级职称凤毛麟角,中级职称人数极少(全省均占10%),初级职称人数占绝大多数(表3-17)。全省有约70%左右的幼儿教师没有职

称,有大约三分之一的教师属于无证上岗。具体情况如下:

一是对公办幼儿园在编教师按照省市职称评定序列,对辖区内的公办教师按小学教师职称评审对待,形成常态机制,表3－17中所显示的小教二级以上职称人员,均为公办教师。

二是公办园聘用教师和民办园教师职称评定十分困难,民办幼儿园教师的职称评定更是艰难,基本上没有参评资格,有职称者甚少。表3－17中所显示的各市60%以上未评职称的教师,大多数均为聘用教师和民办园教师,形成幼儿教师职称评审中的"真空地带"。榆林市神木县85%以上的幼儿园教师未评职称,榆阳区96.5%的幼儿园教师未评职称。另有少数企办园,没有将幼儿园教师纳入教师序列,只认定其企业职工身份,因此,对幼儿教师职称与工资不挂钩,导致幼儿教师对职称评审的积极性不高。

三是在职称结构方面,青年教师晋升比较困难。一般小学高级职称教师绝大多数都由转任的中小学校教师占用,年轻教师一般都在小教二、三级以下,中教一级和小教一级的教师比例很少。如眉县齐镇公办"三星幼儿园"的18名教师中的6名小教高级教师和12名小教一级教师全部是小学转任教师。访谈基层一线幼儿教师结果表明,绝大多数年轻教师都认为没有希望晋升中级以上职称。

表3－17 陕西省幼儿教师(保教人员)职称现状统计表

职称 市	特级		中学高级		小教高级		小教一级		小教二级		未评	
	人数	%	人数	%	人数	%	人数	%	人数	%	人数	%
西安市	6	0.06	58	0.55	1225	11.52	1596	15	926	8.7	6833	64.23
宝鸡市	1	0	14	0.3	168	3.3	476	9.5	192	3.8	4172	83.1
咸阳市	0	0	5	0.09	114	2	228	3.9	85	1.5	5398	92.51
铜川市	0	0	0	0	87	10.6	90	10.9	541	65.7	106	12.7
渭南市	0	0	2	0.24	170	2.4	466	6.58	118	1.67	5864	82.79
延安市	0	0	13	0.26	750	15	849	17	172	4	3202	64
榆林市	0	0	1	0.001	252	9.1	442	16	80	2.9	1984	71.9
汉中市	0	0	1	0	137	3	375	8.4	54	1.2	3893	87.4
安康市	0	0	13	0.7	214	10.8	424	21.4	83	4.2	1230	62
商洛市	0	0	2	0.11	188	10.44	502	27.87	38	2.11	1071	59.47
杨凌	0	0	1	0.4	23	10	45	20	10	5	141	64

(数据来源:2011年陕西省教育厅陕西省学前教育发展状况调研数据)

（3）培训、教研体系

目前,陕西省的幼儿教师在职培训和继续教育尚未步入制度化轨道,近几年中等师范撤并或升格为高职院校后,缺乏幼儿师范毕业生,而职业中专和职业高中的学前教育专业毕业生由于学习年限过短,造成专业素养起点较低,业务水平发展较慢。幼儿教育此前并未引起社会的足够重视,幼儿教师培养基地少,规模滞后,所以省级培训太少,各县(区)只好开展自主培训,部分市(区)、县邀请幼教专家对幼儿教师进行集中培训,这在一定程度上弥补了国家和省市级计划培训的不足,但是开展自主培训的时间和质量难以保证,与教师总数和教师培训的要求相差很远,造成幼儿教师"求知无门"的现象(表3-18)。陕西有50%左右的教师从未接受过培训,大多数非幼教专业教师或转岗教师只接受过一个月左右时间的短期幼教培训,无法很好地掌握专业知识和技能,对幼儿教育的理念缺乏正确的认识。

陕西幼儿教育教研工作一直没有正常开展,省教科所只有一名专职幼儿教育教研员,根本无法保证对市县的教研指导,市县基本没有配备专门的幼教教研员,幼儿教育教研工作基本属于停滞和空白状态。

表3-18　陕西省各地市幼儿师资培训状况统计表

	合计（人）	省级		市级		县级	
		人数	%	人数	%	人数	%
西安市	7155	1192	16.66	1789	25	4174	58.34
延安市	3462	370	7.3	694	13.8	2398	47.6
安康市	1108	200	10.1	148	7.5	760	38.3
商洛市	1246	81	4.50	148	8.22	1017	56.52
汉中市	1500	150	3.4	350	7.8	1000	22.4
咸阳市	538	71	1.2	141	2.4	326	5.6
榆林市	1044	176	6.4	140	5.1	728	26.4
渭南市（临渭区）	379	10	0.9	36	3.2	333	29.6
宝鸡市（陇县）	162	5	1.6	70	22.7	87	28.3

（数据来源:2011年陕西省教育厅陕西省学前教育发展状况调研数据）

（4）录用考核和退出机制

陕西公办幼儿教师的来源渠道比较明确,就是由各县(区)教育行政部门根据需要统一招录。目前在职幼儿教师有三种来源,一是撤点并校后的富余中小学教师转任,部分乡镇幼儿园几乎全属转任。二是公开招聘幼教专业毕业的编制内教师,这部分所占比例很小,而且由于没有编制,各县(区)几乎没有这方面的安排,从 2011 年开始,每年只是按计划招聘少量的专业教师。三是公开招聘幼教专业毕业的非编制内教师(聘用教师),这部分教师所占比例比较大,各地市公办与民办幼儿园的聘用教师平均超过 60%,部分县(区)的公办幼儿园聘用教师的比例也比较高,由于没有较为严格的幼儿教师准入制度,全省各县(区)的民办幼儿园教师的来源则完全是幼儿园的举办者根据自身需要自行招录,教师的能力与素质状况普遍较低。公办正式招录的教师数量太少,远远不能适应和满足我省学前教育事业发展的需要。

另外,幼儿教师的考核机制和退出机制还没有建立,对幼儿教师的工作绩效无从考证。工作好的,没有奖励,工作差的,没有惩罚办法,不适应幼儿教育工作的,也没有退出机制。无法充分调动幼儿教师的积极性,容易造成倦怠情绪①。

表 3－19　陕西省部分地市幼儿园教师来源情况一览表

市	教师总数	聘用教师总数	公办教师总数	中小学教师转任
西安	10638	6888	3750	0
延安	5036	3392 (其中公办园聘 78 人)	1644 (其中公办园 1566 人)	282
安康	3094	1400	584	54
汉中	4460	3764 (其中公办园聘 176 人)	696 (其中公办园 520 人)	600
咸阳	5830	5494 (其中公办园聘 261 人)	336 (其中公办园 75 人)	27
商洛	1801	1064(公办园聘 144 人)	737	476
榆林	2759	1773	986	0

(数据来源:2011 年陕西省教育厅陕西省学前教育发展状况调研数据)

---

① 胡永新. 教师激励机制的偏失与匡正[J]. 江苏教育展望,2009,10:25.

（六）违背幼儿教育规律，"小学化"现象严重

受师资队伍水平影响，农村学前教育"小学化"更是十分严重。具体体现在：

1. 迎合"功利化"心态需求，普遍存在"小学化"倾向

调研发现，由于家长受文化水平和传统观念的影响，对孩子在幼儿园的学习总希望和小学生一样要看到是否学会了写字、计算和相关书本知识。按照《幼儿园工作规程》《幼儿园教育指导纲要（试行）》《3—6岁儿童学习与发展指南》，幼儿教育应该以游戏为基本活动，以开发智力、培养兴趣和良好习惯为主。但多数县镇以下幼儿园及部分民办园为了多招生，迎合部分家长需求，教育活动违背幼儿身心发展规律和教育规律，存在严重的"小学化"问题。

2. 学前班教育问题突出，完全小学化教育错位

由于陕西省农村学前教育资源有限，所以在各市（区）、县90%的乡（镇）村小学都附设有学前班。目前陕西省学前一年在学前班幼儿40104人，约占学前一年幼儿人数的55%以上，多于幼儿园的在园幼儿人数。小学学前班的举办是缓解当前农村地区学前教育的一条重要途径，从一定程度上弥补了当前农村学前教育的不足，但是，客观地说，学前班存在很多不容忽视的问题，如建设不符合国家标准，无独立园舍，无室外活动设施，无盥洗、生活设备，无任何玩教具；超大班额（有的多达70—80人），幼儿年龄跨度大（4—6岁）；由小学附属管理，缺乏符合幼儿健康成长的科学化、专业化的学前教育管理理念和措施；课程设置不符合幼儿身心发展规律，无学前教育专任教师，教育形式单一，教育内容完全小学化。

总之，调研结果说明，在当前，国家和省上并没有把学前教育纳入义务教育范畴，学前教育的发展过多地依靠社会力量，政府、社会、家庭的责任没有明确和落实，政府对学前教育缺少科学规划和资金投入，从而造成目前学前教育无法满足广大群众需求的矛盾局面。

第四章　政府主导农村学前教育
发展问题的成因探析

政府主导下农村学前教育问题的存在严重地影响着农村学前教育的发展,使得农村地区经济社会发展受到一定程度的损害,也使得学前教育公平受到了极大的损害。要摆脱这种困境,使十八大提出的"办好学前教育"的目标得以顺利实现,就必须对问题及背后的原因有一个全面的认识和了解。这是因为,掌握问题形成的原因是有效解决问题的前提。形成政府主导农村学前教育发展诸多问题,既有历史的根源,也有现实的原因;既有客观因素的羁绊,也有主观人为因素的影响。从理念和抽象的层面来讲,影响政府主导下农村学前教育发展的因素包括人类价值、政治、经济、道德、法律、文化传统等多个方面,具体到本研究中,则主要是由于农村经济社会发展水平落后的制约、政府和社会对农村学前教育认识的偏差、投入的低下、农村学前教育制度的匮乏和师资队伍制度的不足等因素。

一、政府和民众对学前教育的认识存在偏差

政府和民众对学前教育认识的偏差是造成农村学前教育发展步履维艰的第一个因素。从当前社会对农村学前教育认识的因素来分析,这一偏差集中体现在对学前教育重要性的认识不足、对学前教育性质的错误认识、家长的急功近利的心态等方面。

(一)教育主管部门对学前教育的性质判断存在失误

美国经济学家、诺贝尔奖获得者弗里德曼教授曾经说过,政府的职能主要有四:建立国防和外交,维护司法公正,提供公共产品,扶助社会弱势群体。提供公共产品是政府的基本职能之一,是政府应该做的也是可以做得到的。学前教育作为公共产品,受益者虽然主要是个人,但直接关系民族的素质和国家的命运,关系社会公平的实现,关系和谐社会的建设。政府是提供教育这个公共产品、实现教育公平的"第一责任人"。不管政府是否愿意,它都必须履行提供

公共产品这个基本职能。否则,政府就是失职,就是"缺位",就是该做的事情没有做,该做好的事情没有做好。由于政府对于学前教育这种公共产品属性认识不够到位,导致了目前政府对于这方面的认识存在偏差,即认为学前教育政府不应该主办或者政府没有义务主办。

教育主管部门、企事业单位对学前教育的性质的判断存在一定失误。往往只看到学前教育的"非义务教育""非公共产品"性质就武断地判断可以将学前教育推向市场,弱化甚至否认政府对学前教育所承担的责任和义务。20 世纪80 年代各地兴起的对学前教育机构的"关、停、并、转、卖"运动就是这一错误认识的直接产物。这一运动严重阻碍了我国学前教育发展的步伐,为学前教育领域出现的"入园难""入园贵""质量差"等问题埋下了伏笔。

虽然 2010 年末以来,国内教育界的目光前所未有地聚焦到了学前教育,学前教育回归公益化已成共识,但对于政府主导,仍存在一些认识误区。

一是将政府主导理解为要"大干快上"建园。笔者在调研中了解到,近年来幼儿园的建设速度确实惊人。以陕西为例,截至 2012 年 10 月底,陕西各类幼儿园已达到 6177 所,比 2010 年年底的 3928 所增加了 2249 所,其中公办园由2010 年的 711 所增加到了 1708 所,增加了近千所。从数字上看,学前教育的春天似乎要到来了,但由于以前的欠账太多,学前教育尤其是农村学前教育春天的真正到来还得假以时日。调研中,我们明显地感觉到无论是政府官员还是学前教育主管机构的人员,谈起学前教育发展重点都是近年来幼儿园的建设情况,在潜意识中存在一种将政府主导等同于大建快建公办园的意识。事实上,政府主导说起来容易,真正实现是非常难的。政府主导绝非是政府大干快上地建园,搞政绩工程和形象工程。

还有,政府官员在投入上也存在一些误区,认为只要给投入资金了,农村学前教育的发展问题就可以迎刃而解了。事实上,无数教训告诉我们,很多事情不是政府拿钱一补了之的,政府不仅要拿钱,还要重点看钱怎么用,怎么监管,更好地发挥钱的作用。美国的学前教育投入就给了我们更多的启示。他们将学前教育经费主要投给低收入群体,让中产阶级选择民办园,而国内以往的锦上添花式投入,则只能使一些条件差的幼儿园永远得不到经费。只有多条腿走路,才可以满足不同的教育需求。

二是注重给农村孩子教育机会,但忽视幼儿教育的质量。对于学前教育来说,一直存在着农村儿童学前教育短缺,城市户籍儿童学前教育"入优质园难",城市流动儿童学前教育"无园可入"的问题。在解决农村学前教育发展上,农村乡镇地区发展幼儿园存在一定误区,即力图通过建设乡镇中心公办园来解决一切问题。事实上,建设乡镇公办中心园并不能解决所有农村学前教育问题。一方面,公办中心园成了重点园,导致入园难。目前很多中心园都号称办成示范园,有点像义务教育的示范校,实际上等同于重点园。这样,不仅不会起到对农村孩子普惠的作用,相反可能会使供求矛盾更加突出。另一方面,这类公办园的覆盖面有限。对于地广人稀的西部山区农村的幼儿来讲,上公办园仍然是一种奢望。我们在陕南一个山区镇看到,该镇离镇中心最远的村寨有30公里,在这样的乡镇,公办中心幼儿园很难顾及到这个村子的孩子。

同时,目前在农村幼儿园建设中,存在忽视农村自身特点,盲目仿照城市办园的条件来建设农村幼儿园,使得原生态的东西越来越少,孩子和自然接触越来越远离,农村纯朴的乡土民俗资源越来越看不到。虽然中央政府重视学前教育是好事,是学前教育弥补欠账的好时机,但一定得遵循规律和科学,切勿搞"运动式"的发展。这种办园理念的一个潜意识就是,先把农村的幼儿看管起来再说,根本没有顾及或者很少顾及学前教育质量。而没有质量的教育对儿童可能是会起到相反的作用,对于农村学前教育发展来看,质量和机会是同等重要的。

三是政府主导方式存在偏差。政府在利益多元化和需求多样化的市场环境中,大多数社会服务问题,都应当主要通过政府—市场—消费者合作的模式解决。而政府在这个过程中,由于缺乏最有效的决策和学习,没有按照建设服务型政府的理念,创新政府办园理念,忽视了公共服务职能的强化,导致公共产品的提供方式单一化,没有构建政府和市场、社会共同参与的新型的治理方式,因而导致了其在办园过程中盲目地办起了一批公办园。

四是有些乡镇政府和教育主管领导对学前教育重要性认识存在误区。他们认为学前教育是非义务教育,因而对学前教育的关注度不够,甚至放弃了对学前教育的统筹和管理责任,也不把其纳入当地经济社会发展规划,而是把幼儿园完全推向市场。因此,学前教育失去了政府的宏观调控,呈现混乱不堪的局面,教师的合法权益和幼儿受教育权利得不到很好的保障,学前教育发展受到严重阻碍。

五是政府组织尤其是教育主管部门长期存在着重义务教育、高等教育,轻学前教育的思想。尽管近年来政府逐步加强学前教育管理工作,对学前教育的重要性的认识也在不断深化,但通过对比政府对不同教育阶段的投资力度我们可以发现,学前教育目前仍处于教育系统的边缘地带,其作用仍在一定程度上被忽视。

（二）传统农业文化的影响

在我国,传统农业文化的影响根深蒂固,这在一定程度上束缚了农民的观念,使得农民的观念相对传统和保守,制约了农村学前教育事业的发展。我们的传统文化与"农"字紧密相连,它以中原文化为中轴,以农民为主体,是中国两千年来农业经济发展的必然结果,在这种自给自足的经济系统背景下产生的文化,具有一种自我调节机制,能有效地调节其文化与社会的相对一致性,也正因为这种大的背景,使其发展具有相对的独立性。在这种环境下,农民自给自足,自己完全可以在家照看孩子,没有必要让别人来照看孩子,幼儿教育对他们来说是可有可无的。同时,他们在观念上也很难意识到儿童早期教育对其一生的价值。

伴随现代工业、商业的发展,城市相比农村接受外来思想、观念较多,受传统农业文化的影响相对要小一些。在城市里,伴随越来越多核心家庭的出现,因为很多家庭的父母都要工作,孩子由谁来看就成了问题,幼儿园的出现正好帮他们很好地解决了这个问题。

随着社会的发展,越来越多的科学研究成果证实了早期教育的重要性,而这些成果是最早在城市传播普及的,相比农村,在城市人们更容易接受这些新的观念和科学成果,人们逐渐认识到早期教育对孩子一生发展的价值,越来越重视幼儿教育,在客观上推动了城市幼教的发展。

农民自身由于各种原因,不能或者没有能力来重视这个问题,而各级政府应该对农村幼教问题给予重视。但现实是农村幼教管理力量薄弱,管理机构不健全,人员缺乏,管理不到位,指导监督不力,缺乏相关的政策和管理措施,事业没有政策保障。

（三）家长对学前教育的认识存在误区

家长是影响农村学前教育发展的重要因素,从当前农村家长对学前教育的认识来看,主要存在以下几方面的误区。

一是家长受教育意识淡薄,使许多幼儿不能接受正规的学前教育。我国农村地区,尤其是贫困地区,由于经济落后和思想观念陈旧,许多家长没有认识到学前教育对儿童身心发展的重要作用,认为学前教育可有可无。他们觉得幼儿园就是看管孩子的地方,既然家里爷爷、奶奶闲着没事做,又何必把孩子送幼儿园呢？他们对当地没有学前教育机构不介意，也不寻求帮助。

二是农村学前教育指导思想的误区。在应试教育的影响下，有的家长就认为，什么都学，越多越好，部分儿童家长用心良苦，要求孩子在学前教育阶段识字、写字、学习加减运算等。他们只看重儿童在幼儿园学到的数学、语文等与小学课程相关的知识，忽视了对幼儿社会性和情感的培养。他们在为孩子选择幼儿园时，也主要重视的是这些方面。幼儿园的管理者为了迎合家长的心理，也为了自己在竞争中生存下来，教学方式、方法出现小学化倾向，不能充分地激发、诱导幼儿的积极性、主动性和创造性，妨碍了幼儿自身发展，限制了幼儿智力的发展和个性品质的形成。

三是重幼儿园教育，轻视家庭教育和社会教育。有的家长对幼儿园期望值和要求很高，自己却热衷于打牌赌博，时常撒谎、骂人，甚至当着孩子的面也毫无顾忌。殊不知，家庭的耳濡目染对孩子身心的潜移默化作用最大，家长必须以身作则，注重品德示范，并营造探求知识的氛围，才能做到"润物细无声"。

二、农村学前教育事业发展缺乏法律制度保障

制度是一项工作顺利开展的重要保障，是规范政府行为和其他利益相关者群体行为的重要依据。从立法角度而言，近几年来，我国学前教育的立法工作取得了较大的进步。国家出台了诸如《关于幼儿教育改革与发展的指导意见》《国家中长期教育改革和发展规划纲要》《国务院关于当前发展学前教育的若干意见》等保障学前教育发展的规范及制度。但总体而言，当前我国学前教育的立法层次较低，缺乏全国性的专门的学前教育法律来引导与规范学前教育的发展，这对在全国范围内对学前教育进行统筹管理造成了一定的障碍。

（一）城乡二元经济制度的藩篱制约农村学前教育

我国的城市化和大多数发展中国家的城市化一样，不符合城市化模式的一般理论，是一种非正常的发展。城市的发展受殖民主义的强烈影响，相当一部分是为了殖民主义的投资需要而发展起来的，因此，这些城市在文化上与周围地区相对疏远，在经济上则被当成出口产品的中转站，而不是促进国内商品经济发展的市场。尽管在国家独立后进行了城市再分布、调整，由于经济只有增长而无发展，大城市根本不可能把它的发展推移到贫穷的农村地区，城市起不了扩散辐射作用。因此城乡之间不是互惠互利关系，反而形成了越来越大的差

距,从而形成了发展中国家的一个基本特征——城乡二元结构。

城乡二元结构是发展中国家共有的现象,但在我国还具有其形成、发展和影响的特殊性,其在本质上就是传统与现代并存与一个社会所产生的结构上的分裂。这种二元结构是以经济的二元模式为基础的,经济的二元性导致社会结构的二元性,如同多米诺骨牌一样,经济结构的二元化加剧了社会结构的二元化,进而引发二元文化结构,这种文化二元结构的形成又反作用于经济结构,在这样的循环中强化了社会的二元性状态。

我国城乡二元结构是在计划经济体制下形成的,由户籍、就业、社会保障等一系列政策维持着,它的形成有其特殊的历史原因,并在当时的历史条件下产生过积极的作用。但由于长期的这种城乡二元对立,造成了我国城乡教育的严重差别。在这种对立结构下,城市和农村被人为地分割为两部分,确立了明确的分界线,产生了"城市人"和"农村人"的巨大差异,国家奉行优先发展城市的发展方略,城市的进步在一定程度上是以牺牲农业、农村和农民的利益为代价的。

教育既对这种城乡关系产生影响,同时其自身又是这种城乡关系的一个重要方面。城乡二元经济结构作为一种不平衡的结构,是一种城市明显优于农村的、有差别的结构,在这种背景下,农民的身份成了落后、愚昧的代名词,农村的孩子要么选择沉默,不情愿而又无奈地做农民,要么就通过各种途径跳农门,在现有的体制下,上学对他们来说是唯一的出路,是这种转化的首要条件。农村教育逐步演变为"离农"教育。现行的教育制度的设置与安排突出的"城市取向"为他们离农提供了可能同时又阻断了这种可能。教育内容、方式等的城市取向使他们有基础进入城市,但在二元结构下,教育资源配置、就业等的城市取向又使他们的希望很难实现。

现在,我们的这种二元性的体制正在逐步改变,明显的就是城乡户籍差别制度的逐步松动淡化。这种体制虽然会最终取消,但人们在很长时间内形成的观念和意识作为一种思维定式将会在很长的时间产生影响,难以在短时期消除。城乡二元结构体制使我国教育资源的"体制性短缺"更加突出,教育资源分配存在明显的城市倾向,很多农村幼儿因此失去接受学前教育的机会。我们在重视农村教育发展的同时在实际上却又在轻视农村教育。

就现有规章制度的实施情况而言,学前教育的相关规章制度落实不到位,没有产生预期的效果。以学前教育教师的待遇问题为例,尽管在 1995 年修订的《教育法》中早已明确规定了幼儿园教师享受与中小学教师同样的政治和经济待遇,但在实际实施过程中,由于受到多种因素的影响,我国学前教育机构中的教师的待遇仍然普遍低于同地区的中小学教师的待遇水平,学前教师的工作条件缺乏相应的保障,缺少向上流动的机会和其他培训、提升机会。这也是导致学前教育领域教师素质参差不齐、流动性大等现象的重要原因。

学前教育的公共物品属性决定了其具有正外部效应。而政府作为公共物品的提供者和保障者的职能,决定了政府理应为每一个适龄儿童提供符合基本要求的公平接受学前教育的机会,最大限度地保障大多数幼儿能够接受到有质量的学前教育,对于提高全体公民的整体素质,保障学前教育产品正外部效应的发挥具有十分重要的作用。换言之,政府在学前教育发展方面最为重要的角色是提供最基本的、最普通的学前教育,保障所有幼儿都能上幼儿园,都能接受到最低限度的学前教育[①]。但从我国农村学前教育的发展历程来看,目前政府在学前教育管理方面存在着一些管理上的矛盾和问题。

(二)农村学前教育多头管理现象的影响

管理体制是影响事业发展的关键因素。我国学前教育的管理体制经历了由中央集中管理、教育部门与其他部门齐抓共管到地方负责、分级管理的发展历程。目前各级政府及教育部门的领导与主管责权的分配与落实,主管部门与其他相关部门的协调与合作,成为制约学前教育事业发展和质量提高的关键所在。

虽然我国目前实施"坚持实行地方负责、分级管理和有关部门分工负责的幼儿教育管理体制",但中央及省级政府的统筹管理作用发挥不足无疑使"分级管理"的原则落实不力。导致出现各地方对学前教育地位与价值的认识不足,加剧了事业发展的不平衡,无法承担"积极扶持农村及老少边穷地区的幼儿教育工作,促进幼儿教育事业均衡发展"的责任;对某些地方在强调经济发展的背景下违背学前教育基本性质的策略与行动,中央及省级管理层面难以及时有效的控制;区县一级的学前教育发展规划较欠缺整体性与长远性的战略高度。另外,乡镇人民政府在落实负责举办乡镇中心园这一职责上存在着重大缺失。这些将制约学前教育事业的科学与可持续发展。[②]

---

① 丁安睿.试论学前教育领域内的政府职能——以公共产品属性分析为角度[J].当代学前教育,2009,(1):44.

② 中国学前教育发展战略研究课题组著.中国学前教育发展战略研究[M].北京:教育科学出版社2010:20

从我国目前学前教育管理制度的现状来看,学前教育尤其是农村学前教育受多个部门和组织的管理,这些部门主要有教育行政与业务部门、卫生部门、妇联、民政部门、街道社区、县镇政府和农村村委会等。这种管理体制导致最为重要的特点就是学前教育管理的婆婆太多,往往政出多门,管理部门职责交叉现象比较严重。最为直接的一个结果就是,在整个机构调整中,学前教育没有地位,没有专门的管理学前教育机构。教育部在2010年《教育规划纲要》正式实施后,才在各基础教育处出现学前教育的专职管理人员。教育行政部门学前教育管理人员设置最多,占全部学前教育管理人员总数的37%,但这个数量并没有形成主导的优势①。

从我们了解的情况来看,目前各地对农村学前教育机构的审批部门主要为教育行政部门的普教科和成/职教科,其中教育部门办园全部由区教委/教育局普教科审批注册,民办幼儿园由教育部门成/职教科审批注册。企事业单位和部队办幼儿园由其举办单位审批。由于幼儿园的审批遵循的是"谁审批、谁管理、谁负责"的原则,教育部门的成/职教育科和其他非教育部门审批的幼儿园大多为民营组织或公民个人办幼儿园,实际上处于无人管理的状态,一些未审批注册的幼儿园更是无人管理。教育主管部门和有关部门对幼儿园的审批、行政和业务管理不到位,在民办园管理上归口太多,导致管理力量相互削弱和管理成效递减;在建立学前教育督导和评估制度,建立园长、教师考核和资格审定制度上的管理作用发挥不充分。学前教育事业发展失去了有力的领导与基本的管理制度保障。访谈中,一个县的教育局长向我们坦言:"当地农村私立不合格幼儿园泛滥,教育部门没有办法进行监管。因为好多民办幼儿园的审批权在工商部门,教育局只是负责业务管理,根本就没有办法对其进行监管。况且,这些幼儿园的举办者均能想方设法弄到正规的办园手续,一旦出了安全问题,教育局则有逃脱不了的责任。比如对于幼儿园校车问题,虽然三令五申下文要求农村幼儿园要配备合格的校车,但是由于教育局缺乏必要的监管手段,我们的文件到了他们那里往往就没有了下文。他们依然我行我素。"

从这位局长的访谈内容中,我们可以明显地看出目前在农村幼儿园审批上的多头管理现状,这种状况导致了政出多门、政策打架的状况,导致对于农村幼儿园谁都管、谁都不管的状况。

---

① 中国学前教育发展战略研究课题组著.中国学前教育发展战略研究[M].北京:教育科学出版社 2010:138

（三）学前教育专设管理机构不足

近些年，各级教育行政部门的幼教管理力量严重不足，不仅没有加强，反而整体比以往严重削弱。自1998年以来，国家层面负责领导全国学前教育的教育部幼儿教育处编制只有2人，实际在编专职人员仅有1人①。由于大部分管理机构被撤销或合并，教育行政部门中，专职的幼教干部少，绝大部分身兼多职，如"普九"、特教、扫盲、成教、校外教育等，于是有相当数量的专职学前教育管理人员"专职不专干"，甚至对于有些专职学前教育管理人员来说，学前教育管理工作可能只占他们工作总量的1/3或1/4，这造成幼教工作只能停留在文件层面的上传下达和应付差事状况，缺乏调查研究和具体指导监督，工作无法做深、做细、做实，问题得不到及时、有效的解决。学前教育行政管理机构与职能的薄弱，根本无法适应当前我国学前教育事业发展的复杂形势与新要求，使幼教领导与监管失去基本保障。

首先，学前教育的行政管理权责不清，体制残缺，缺乏相应的领导机构。20世纪推进的行政体制改革将精简政府机构作为改革的其中一项重要内容，在此背景下，许多省市纷纷裁减了专门的学前教育管理机构，改由其他机构人员兼职管理，这使得学前教育的管理缺乏专门的领导机构进行统一协调指挥。在学前教育的基层管理体制中，存在着权责不清、多头管理的现象。比如就现行管理体系而言，幼儿园课程管理、幼儿园餐饮安全管理、幼儿园基础设施建设、幼儿园招生与招聘等分属政府不同职能部门管理，从而导致幼儿园行政管理体系内多头管理、管理滞后的现象时有发生。

其次，我国目前缺乏一套完备的对学前教育整体运行过程进行有效监督的机制。这也是造成目前学前教育"市场"鱼龙混杂，各类学前教育机构教学质量参差不齐，乱收费现象严重等问题的重要原因。

三、学前教育事业发展缺乏基本的经费制度保障

学前教育事业的发展是学前教育财政政策效益的最好检验。由于我国长期奉行重点投入的学前教育财政性经费分配政策，造成我国学前教育供给的数量和质量存在天壤之别。

---

① 庞丽娟主编.中国教育改革30年[M].北京:北京师范大学出版集团2009:47.

(一)农村经济制约发展

农村尤其是西部农村地区受特殊地理环境的限制,自然条件恶劣,生态破坏严重,基础设施薄弱,交通闭塞,居民居住分散且集中困难,人口密度较小,学龄前儿童数量少难以独立成班。很多儿童要走几里路去上学,路上的危险必将造成家长的担心,这也给孩子上学带来不便,有的儿童只有住校,这给家庭增加了子女住校的费用,给家长带来更大的负担。因此,一些贫困家庭不得不放弃让孩子上幼儿园机会,许多学龄前儿童因此失去接受学前教育的机会。

1.经济条件

经济是教育发展的后盾。西部地区经济发展状况普遍滞后,西部农村学前教育深受其落后的经济水平的影响,长期处于停滞状态。在经济落后地区,农村经济凋敝,建设停滞,农民负担沉重,生活艰难,很难支付孩子的义务教育支出,更不用说非义务教育的学前教育。经济落后导致教育落后是一个循环的过程,经济落后制约着教育的发展,从而形成较为落后的教育水平,教育水平的薄弱反过来又影响经济的发展,经济与教育相互影响是一个交替的、反复循环的过程。

2.思想认识

西部地区交通闭塞,信息不灵,人口素质偏低,文盲半文盲比重大,教育事业落后。西部贫困县贫困农户劳动力文盲、半文盲率高达29.5%,是全国非贫困人口文盲率的3倍。文化素质低的贫困农民,思想保守,观念陈旧,对学前教育认识和了解不足,在一定程度上制约着学前教育的普及与发展。

(二)学前教育投入总体水平十分低下

首先,我国学前教育的发展面临着经费严重不足的困境,尽管近年来政府不断加大教育投资。例如,财政部的相关数据显示,"从2004年到2008年,我国公共财政教育支出从4000多亿元增加到9700多亿元。财政教育支出占总支出的比重从14.9%提高到16.30%。从2004年到2008年,我国财政性教育经费年均增长23.70%,占GDP的比重从2.790%提高到3.48%,年平均提高0.17个百分点。"[①] 与世界其他国家和地区的教育经费水平(即教育经费占GDP

---

① 2012年我国教育经费支出将占GDP4%〔EB/OL〕.四川在线—华西都市报,2010-3-1.

的比重)相比,我国的教育经费水平仍低于世界平均标准。资料显示:教育经费占 GDP 的比重,世界平均水平为 4.9%,发达国家为 5.1%,欠发达国家为4.1%,而我国要实现教育经费占 GDP4%的目标尚需一段时日。

单就学前教育经费而言,其总量更是少之又少,而且尚未纳入政府的财政预算。根据有关专家的统计,我国学前教育投入经费,"只占教育总经费的1.3%左右,而国际平均水平是 3.8%,在有的发达国家,这一比例达到 7%—8%,有的甚至高达 11%"①。学前教育经费总量的不足严重制约了学前教育的发展,也是造成政府推卸学前教育监管责任,学前教育机构被迫"自谋生路"胡乱收费现象的重要原因。

其次,有限的学前教育经费在使用上存在着"歧视性"投入的现象,即将有限的经费用于少数的公办幼儿园和示范幼儿园的建设和发展,而对广大的民办学前教育机构与农村学前教育机构给予较少的扶持或者"视而不见"。学前教育经费的倾斜性、"歧视性"投入是造成我国各地区之间以及城乡之间学前教育发展不均衡的原因之一。在全国教育经费的总量之中,我国各类学前教育经费投入的相对水平十分低下,其经费所占的比例仅为 1.2%—1.3%,总投入在GDP 中所占的比重基本维持在 0.05%—0.07%这一非常低的水平之内。政府和社会对学前教育的低经费投入水平,导致学前教育的经济基础最薄弱,难以有效支撑我国学前教育事业的健康持续发展。

在我国中央财政预算中,各类教育都有专项经费,唯独没有单项列支学前教育事业经费,一直放在小学教育预算中,这也容易被误解为学前教育侵占义务教育的经费。在义务教育作为各级教育的重中之重的情况之下,许多地方的学前教育经费面临被削减甚至完全砍掉的危险。由于对投入的总量、比例没有明确的规定,因此政府对学前教育财政投入的稳定性较差、随意性较大,使我国学前教育事业发展缺乏基本的经费保障。

在新旧体制交替过程中,很多地方政府没有顺应经济体制的变化,建立适应新体制的学前教育投入体制,却以财政减负为由,取消原来对学前教育的微薄投入。一些省甚至照搬企业改制的做法,强行对公办幼儿园"断奶"、改制,甚至作价变卖。虽然国家文件明确提出:"地方各级人民政府要加强公办幼儿园建设,保证幼儿教育经费投入,全面提高保育、教育质量。不得借转制之名停止

---

① 学前教育占教育经费的比例应该明确[EB/OL]. 中国新闻网,2010-12-3.

或减少对公办幼儿园的投入,不得出售或变相出售公办幼儿园和乡镇中心幼儿园,已出售的要限期收回。公办幼儿园转制必须经省级教育部门审核批准。城乡中小学布局调整后,空余校舍要优先用于举办幼儿园。"(2003年国务院发13号文件)但这些文件在一定程度上法律意义大于实践操作的意义,表现出政府对财政性经费缺乏系统而有力的规划和法律约束。

1.经费短缺

教育投入不足一直是制约农村学前教育发展的关键因素。长期以来,我国幼儿教育总投入在GDP中所占的比重极其微小,我国财政性学前教育经费占GDP的比重十年间一直维持在0.03%至0.05%之间,我国幼儿教育始终处于政府财政结构的边缘。幼儿教育从社会和政府部门所获得的教育资源最少,其经济基础最薄弱,地位最低下。特别是处在经济落后的西部农村地区,学前教育在经费短缺的情况下,生存与发展极其艰难。

2.筹资渠道受限

由于农村各种条件的限制,学前教育呈现出规模小、分散化等特点,社会力量对农村学前教育的投资无利可图,投资回报率低,所以投资者不愿投资农村学前教育。依靠少量的经费和社会慈善力量的资助是不足以维持学校的运行与发展的。农村学前教育在资金的运用上捉襟见肘、竭泽而渔,学前教育经费得不到保障。

(三)国家对农村学前教育经费投入存在结构性缺失

农村社会经济发展状况决定了农民对学前教育经费的支付能力极其有限,不可能像城镇那样依靠民办或其他社会力量来办好农村学前教育。公办幼儿园是发展农村学前教育可能的主要方式,而现实中的农村幼儿园面临着既无投入又无法提高收费(家长缴不起)和扩招(生源受地域限制)的双重困境。

我国学前教育经费投入水平低下,而且主要用于城镇学前教育,70%用于极少数的示范幼儿园,甚至用于超标准豪华装修。国家投入的财政性学前教育经费向少数公办园以及城镇地区的倾斜,也将会进一步导致不同类型的公办园之间、城市和农村之间学前教育发展的不平衡。农村及普通幼儿园长期享受不到政府经费资助,学前教育两极分化严重。

由于政府没有很好履行对贫困地区和贫困幼儿入学方面的财政责任,没有采取弱势补助政策,幼儿园收费已变成部分贫困地区提高幼儿入学率和贫困幼儿入学的最大障碍①。

我国当前的学前教育财政投入遭受了前所未有的来自社会和教育方面的多重冲击：经济领域多种所有制成分的格局重构和市场取向的改革,政治体制的民主化、法制化改革和政府职能的重新定位,社会分层的加剧和文化生活的开放和多元化,其他教育阶段的教育普及和教育公平的推进,学前教育内部供求矛盾等,所有这些学前教育的内外因素构成了一股合力,促使我国学前教育投入要做出重大改革和调整。

四、幼儿园教师队伍建设缺乏强有力的制度保障

(一)幼儿教师地位待遇普遍较低,难以稳定和保障质量

由于目前陕西幼儿园教育民办居多,公办为辅。公办幼儿园的数量仅有18.11%,公办幼儿教师数量很少,仅占25.7%,只有这一少部分的公办教师的工资和其他待遇能够保障,其他74.3%的民办教师由幼儿园自行聘任,工资等待遇标准也是自行制定,陕西省又并未设置幼儿园教师最低工资标准,所以幼儿教师的工资很低,更别提其他福利待遇了。

在现实中我国幼儿教师难以享受《教育法》中规定的教师的基本权利,普遍表现出地位待遇低的状况。虽然幼儿教师和小学教师学历层次差别并不十分明显,但二者在职称方面的差异却很显著,幼儿教师未评职称的人数超过50.43%以上。和职称相比,幼儿园教师编制管理的随意性大,更加严重地影响了幼儿教师队伍的质量②。在许多地区形成幼儿教师没有单独列编和小学教师共用编制的状况,往往幼儿教师编制容易被小学挤占或任意取消。目前民办园幼儿教师几乎没有正式编制,在大多数公办园也是处于自然减编——"只退不进"。幼儿教师的工资收入也是基本属于中低层,甚至达不到规定的月最低工资标准。幼儿教师职业偏低的社会声望严重影响到教师对所从事职业的自我认同感,导致大量正规幼儿园教师流失,队伍极不稳定。

---

① 蔡迎旗.幼儿教育财政投入与政策[M].北京:教育科学出版社,2007:58.
② 庞丽娟.中国教育改革30年[M].北京:北京师范大学出版集团2009:200.

(二)农村幼儿园教师身份不明,来源困难

长期以来,对我国农村幼儿教师的身份一直没有一个明确的说法,他们既不属于民办教师,也不是代课教师,只能称之为农村户口幼儿教师。20 世纪末,我国民办教师通过"关、转、招、辞、退"等多种方式大部分转为公办教师[①]。但在民办转公办的过程中,我国农村幼儿教师却被排除在外,这极大地影响了农村幼儿教师的工作热情和积极性。他们是农民?却十几年甚至几十年担任着幼儿教师工作。她们是幼儿教师?却又难以享受《教师法》中对教师的权利的有关规定。她们可以任意被辞退;工资标准低且不稳定,退休时没有任何补助[②]。一部分优秀的农村幼儿教师或离开长期工作的幼教工作岗位,或自己独立举办民办幼儿园。目前制约农村学前教育发展的主要问题之一就是专业教师的缺乏。据 2002 年统计,我国农村专任幼儿园教师有 12.06 万人,占当年全国专任幼儿园教师人数的 12.1%[③]。农村专任幼儿教师的数量在 2001 年达到低谷,与 1997 年相比,降幅高达 63.6%。将近 80% 的幼儿教师都集中在城市地区。这与我国农村实际人口占 60% 的比例极不协调[④]。

关于教师在职培训,我们调查了教师对在职培训的态度、教师能够得到的培训机会以及培训内容和培训效果等。

调查结果表明,59.4% 的教师会经常关注幼儿教育方面的信息,26.5% 的教师有时会关注幼儿教育方面的信息,说明大部分教师有较强的专业成长意识和提高自己业务能力的愿望。仅有 5.3% 的教师能够获得脱产学习的机会(如通过暑期面授方式攻读学前教育专业的成人教育专科或本科),有 21.3% 的教师每年能获得 1—2 次培训机会,听专家讲座则主要限于幼儿园的个别教师。

教师在职培训机会难得的主要原因有三:一是幼教相关部门如教育行政部门、教研室及幼教学会等每年组织的教师培训活动仅 1—2 次,且能够接受培训的教师人数较少;二是农村幼儿园经费紧张,培训费用难以解决;三是包班制导致"工学矛盾"突出,教师很难脱身外出学习。园本培训是提高幼儿教师水平的

---

① 李红婷,农村学前教育政策审视:期待更多关注[J],中国教育学刊 2009(5):16–18.

② 王化敏,2005 年我国幼儿教育事业发展情况分析[J],早期教育 2003(5):2–5.

③ 庞丽娟.中国教育改革 30 年[M].北京:北京师范大学出版集团 2009:202.

④ 李颖,李敏.农村幼儿教师队伍现状、问题及其发展对策[J].安庆师范学院学报 2010(9):122–126.

重要方式,但由于目前农村民办幼儿园专业教师匮乏,有经验的教师欠缺,园本培训收效不大。教师培训内容主要是幼儿教育理论、教育教学技能及幼教政策法规。调查数据显示:有45.4%的教师接受过教育教学技能的培训,38.6%的教师接受过幼儿教育理论的培训,10.5%的教师接受过政策法规的培训。总体来看,培训内容涉及面较广,但部分教师反映,有些授课内容与实际工作联系不紧密。教师培训方式多采用教师讲、学员听,少有现场观摩、专家点评等活动。单一的培训方式难以满足不同年龄、教龄、学历及水平教师的需要,不能使所有参训教师在不同水平上得到提高。

从以上可以看出,农村幼儿教师师资队伍建设中主要存在着以下几个问题:待遇相对偏低、学历水平不高、工作强度大、接受继续教育的机会少、不能有效地解决教师的退养问题、社会地位不高等。以上问题造成了农村幼儿教育的种种不利,如教师队伍的不稳定、教师素质偏低、教育质量不高等。

(三)幼儿教师供需矛盾突出,在职教师满意度较低

表4-1 陕西省幼儿教师需求和满意度调查表

序号	因素	您认为的重要程度(%)						您对现状的满意程度(%)					
		非常重要	重要	不清楚	不太重要	不重要	平均值	很满意	满意	不清楚	不太满意	不满意	平均值
1	身体健康	87.4	10.8	0	1.8	0	1.162	63.8	24.6	0	9.2	2.4	1.618
2	工资待遇	64.2	22.6	2	8.2	3	1.632	1.8	9.6	2.4	25.4	60.8	4.338
3	福利待遇	56	28.4	2.2	8.2	5.2	1.782	2.8	8.6	3.6	25.2	59.8	4.306
4	缴纳"三金"等保险	52.2	28.2	4.2	9.4	6	1.888	1.8	7.8	3.4	24.6	62.4	4.38
5	住房条件	52.6	32.3	5	8	2.1	1.747	1.2	6.6	5.8	20.2	66.2	4.436
6	心情舒畅	47	38.2	6.6	8.2	0	1.76	42.4	23.6	7.2	17.2	9.6	2.28
7	社会地位及获得的尊重	47.4	28.2	8.8	10.2	5.4	1.98	18	21.3	3.4	27.1	30.2	3.302
8	施展自己才能的工作	38.8	24.2	10.2	14.6	12.2	2.372	29.2	27.1	12.2	23.2	8.3	2.543
9	工作成就感	42.2	31.2	8.2	10	8.4	2.112	43.5	16.1	9.6	20.6	10.2	2.379

续表

序号	因素	您认为的重要程度（%）						您对现状的满意程度（%）					
		非常重要	重要	不清楚	不太重要	不重要	平均值	很满意	满意	不清楚	不太满意	不满意	平均值
10	获得荣誉表彰	33.8	26.6	1.4	35.8	2.4	2.464	5.2	9.2	3.6	36.6	45.4	4.078
11	在职业上获得一定成就	28.6	32.4	6.8	17.6	14.6	2.572	6.2	10.2	10.2	25.6	47.8	3.986
12	领导对个人工作的认可度	38.4	30.2	5.2	16.2	10	2.292	20.6	34.8	7.8	22.6	14.2	2.75
13	稳定的工作	50.4	28.2	2.2	14.2	5	1.952	11.2	16.2	8.6	23.2	40.8	3.662
14	职称评定	41.2	34.6	3.8	13.2	7.2	2.106	4.6	5.6	2.2	23.8	63.8	4.366
15	有机会成为管理者	12.8	15.4	12.2	38.2	21.4	3.4	7	9.6	9.8	41.4	32.2	3.822
16	培训进修的机会	52.6	38.2	3.8	3	2.4	1.644	5.2	11.4	2.8	20.4	62.2	4.27
17	自身学历	30	39.8	5.2	16.8	8.2	2.334	5.2	13.4	4.4	20.4	56.6	4.098
18	公平的竞争环境	48.6	31.4	3.8	9.8	6.4	1.94	5.8	6.6		38	48.4	4.166
19	幼儿园的硬件设施	41.2	37.4	2.2	10.2	9	2.084	6	13.2	3.4	37.4	40	3.922
20	幼儿园的管理水平	35.8	38.5	2.2	18.2	5.3	2.187	5.2	9.4	5.6	27	52.8	4.128
21	教研	31.8	36.8	10.4	12.4	8.6	2.292	2.2	4.2	6.4	16	71.2	4.498
22	好的领导	30.8	34.2	7.6	21.2	6.2	2.378	16.4	33.4	4.1	27.3	18.8	2.987
23	幼儿园的地位和知名度	24.8	37.2	12.4	18	7.6	2.464		14.2	8.6	32.2	35.2	3.688

（数据来源：调查问卷）

　　由表4-1可以看出,幼儿教师认为非常重要的因素,按照重要程度排序为:身体健康、工资待遇、培训进修的机会、住房条件、心情舒畅、福利待遇、缴纳三金等保险、公平的竞争环境、稳定的工作、社会地位及获得的尊重等。从表4-1可以看出,物质需要的5个因素,认为"非常重要"的教师均超过了50%,说明幼儿教师对物质需要最为迫切。对"培训进修"等个人发展方面的需求和对

"心情舒畅"等精神层面的需求也很强烈,所以要求幼儿教师激励机制建立的前提是要满足幼儿教师的物质需求,并同时满足幼儿教师的组织环境与个人发展环境以及个人发展需要和精神需求。

按照需要层次和每种层次的需要程度排序(见表4-2),物质需要的5个因素需要度平均值为1.642,精神需要7个因素需要度平均值为2.222,组织环境与个人发展环境层次十一个因素需要度平均值为2.253,可见幼儿教师对物质需要层次的需求度最高,这三个层次需求度的平均值均在2.5以下,需求度都很高。物质需要层次的前三位为:身体健康、工资待遇、住房条件;精神需要层次与主观感受层次的前三位为:心情舒畅、社会地位及获得的尊重、工作成就感;组织环境与个人发展环境的前五位为:培训进修的机会、公平的竞争环境、稳定的工作、幼儿园的硬件设施、职称评定。在幼儿教师激励机制建立时,要优先考虑这三个需要层次的前几位的需要。

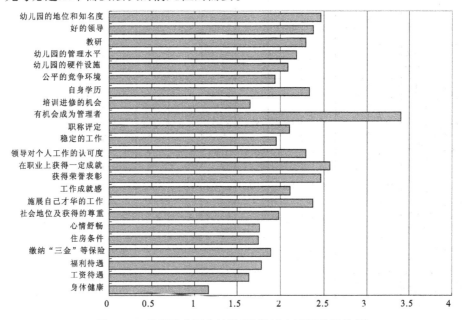

图4-1　教师需求调查结果(数值越小需要程度越高)

表4-2　按需要层次分的需求度分析

需要层次	组成因素数量	需要度平均值
物质需要	5	1.642
精神需要	7	2.222
组织环境与个人发展环境	11	2.253

(数据来源:调查数据分析)

（1）按照调查对象年龄分析

将调查数据按照年龄层次作对比,见表4－3。可以看出,各个年龄层次对物质层面的需求和精神需求都大体相当,45岁以上的教师对精神需求和对组织环境与个人发展环境的需求和其他两个年龄层次比较低。20—35岁和36—45岁的教师,对精神需要和组织环境与个人发展环境的需要较为迫切。在建立激励机制的时候,要充分考虑到不同年龄对象的需求。

表4－3　按年龄划分需求度分析

年龄	物质需要	精神需要	组织环境与个人发展环境
20—35岁	1.677	1.997	2.027
36—45岁	1.603	2.003	2.156
45岁以上	1.646	2.666	2.576

（数据来源:调查数据分析）

（2）按照调查对象性别分析

将调查数据按照性别分类作对比,见表4－4,可以看出,男女教师在精神需要方面大体相当,男教师对物质层面的需求和组织环境与个人发展环境都略大于女教师,原因可能是男教师在家庭中承担着较重的负担,经济压力比较大,而且男性对于事业的追求可能更多于女性。所以,在建立激励机制的时候,要充分考虑到男教师的需要,建立适当的激励机制,才能够吸引优秀男教师加入幼儿教师队伍。

表4－4　按性别划分需求度分析

性别	物质需要	精神需要	组织环境与个人发展环境
男	1.534	2.246	2.107
女	1.75	2.198	2.399

（数据来源:调查数据分析）

由图4－2可以看出,幼儿教师认为最不满意的因素,按照不满程度高低排序是:教研、住房条件、缴纳"三金"等保险、职称评定、工资待遇、福利待遇、培训进修的机会、公平的竞争环境、幼儿园的管理水平、自身学历等。由表4－1还可以看出,各项因素中,只有身体健康、心情舒畅、工作成就感、施展自己才能的工作、领导对个人工作的认可度5项,选择"很满意"和"满意"的人数超过50%,有14项选择"很满意"和"满意"的比例都在20%以下,有17项指标"不太满意"和"不满意"的比例都在50%以上,其中9项都达到80%。可见,教师对大部分列出因素的满意度都不高,尤其是物质需要层次,这些因素都需要改进。以上说明现行的激励机制对于个人发展、物质需要两方面的条款还满足不了幼儿教师的需要,这些保健因素没有满足,会造成教师的不满①。

　　按照需要层次和每种层次的需要程度排序(见表4-5),物质需要的5个因素满意度平均值为3.816,精神需要7个因素满意度平均值为3.045,组织环境与个人发展环境层次11个因素满意度平均值为3.964,均超过了2.5,证明教师对第三个层次的满意度都很低,尤其是组织环境与个人发展环境层次和物质需要层次,接近4,感到不满的很多。按照不满意程度排序,物质需要层次的前三位为:住房条件、缴纳三金、工资待遇;精神需要层次与主观感受层次的前三位为:获得荣誉表彰、在职业上获得一定成就、社会地位及获得的尊重;组织、环境层次与个人发展环境的前五位为:教研、职称评定、培训进修的机会、公平的竞争环境、幼儿园的管理水平。在设置激励机制的时候要首先考虑这三个层次因素的这几个方面。

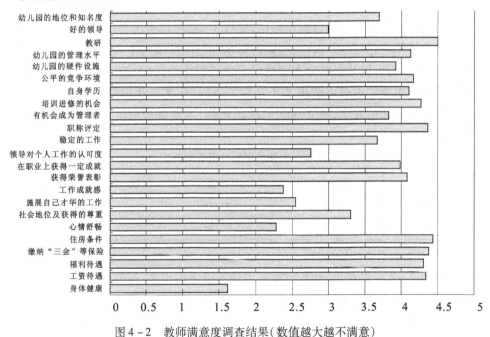

图4-2　教师满意度调查结果(数值越大越不满意)

---

　　① 吴丹. 浅析教师工作满意度的影响因素与教师激励[J]. 黑龙江科技信息,2008.2: 23.

表4-5 按需要层次分的满意度分析

需要层次	组成因素数量	满意度平均值
物质需要	5	3.816
精神需要	7	3.045
组织环境与个人发展环境	11	3.964

（数据来源：调查数据分析）

将调查数据按照年龄层次作对比，见表4-6。可以看出，各个年龄层次对物质层面的需求和精神满意度都大体相当，20—35岁，36—45岁对于精神需要和组织环境与个人发展环境的满意度和45岁以上比较低，是由于这个年龄层次对于精神和个人发展的要求较高。在建立激励机制的时候，要充分考虑到如何消除不同年龄层次的不满。

表4-6 按年龄划分满意度分析

年龄	物质需要	精神需要	组织环境与个人发展环境
20—35岁	3.799	3.097	4.187
36—45岁	3.832	3.292	4.267
45岁以上	3.817	2.746	3.438

（数据来源：调查数据分析）

通过座谈和访谈了解到，幼儿教师对缺少编制、工资待遇差、培训进修的机会少、职称评定难和社会认可度低的反映最为强烈。他们说："幼儿教师的社会地位太低，社会对幼儿教育的重视程度不高，对幼儿教师这个职业的认也可度不高，认为幼儿教师就是看看孩子。""幼儿教师的待遇太差，甚至还不如保姆的工资高，所以都干不长久。""我们没有办法评职称，这个职业好像看不到未来的希望在哪里。""我们感到幼儿教师这个职业是很光荣的，但是都是教师，我们和中小学老师的待遇差得太远，让我们心理很不平衡。""我们培训的机会太少了，基本就没有，想进步都没有办法。"……从幼儿教师反映的情况可以看出，幼儿教师队伍的稳定性很差，源于幼儿教师的社会地位和待遇很低。幼儿教师非常希望和中小学教师一样，以同等的身份和地位受到社会的重视和认可，享受同等的工资待遇，享有平等的培训、评定职称的机会，并希望社会重新认识幼儿教师这个职业的价值。

（四）学前教师激励机制不合理

幼儿教育和中小学教育均属于国民教育的体系，根据亚当斯的公平理论，幼儿教师和中小学教师应该享有同等的社会地位和待遇,幼儿教师的激励机制也需要和中小学教师的大体相当,才能使幼儿教师同社会横向比较,感到公平①。同为教师,陕西中小学教师的激励机制相对幼儿园来说比较健全,各项激励正在有条不紊地实施,并逐步健全。主要如下:

1. 薪酬体系

目前陕西省中小学教师的工资是按照国家《关于义务教育学校实施绩效工资的指导意见》制定的,义务教育学校教师实施绩效工资,确保平均工资水平不低于当地公务员平均工资水平,并逐步提高,中级职称的中小学教师工资大约为每月3000元左右。对长期在农村基层和艰苦边远地区工作的教师,在工资、职务(职称)等方面实行倾斜政策。区县教育、人社部门严格落实中小学教师的医疗、住房、养老等社会保险,建设农村学校教师宿舍,改善教师的工作和生活条件。

2. 职称评定体系

目前陕西省实行的中小学教师职称评定方法,执行《陕西省中学教师专业技术任职资格评审办法(试行)》、《陕西省小学教师专业技术任职资格评审办法(试行)》的规定,有特定的中学和小学教师职称序列。并每年按照标准执行评定。普通初级中学:中学高级教师占专任教师的10%;中学一级教师占专任教师的40%;中学二、三级教师占专任教师的45%左右。乡镇的初级中学中、高级比例可分别提高20%。城区小学:中学高级教师占专任教师的2%;小学高级教师占专任教师的40%;小学一级教师占专任教师的30%;小学二级教师占专任教师的25%左右。农村小学(含中心小学):中学高级教师占专任教师的2%;小学高级教师占专任教师的30%;小学一级教师占专任教师的40%;小学二级教师占专任教师的25%左右。多年来职称评定工作有序进行。

3. 培训、教研体系

目前,陕西省中小学教师在职培训执行五年一个周期的教师培训制度,每个教师每五年应接受不低于360课时的集中培训,将培训经费列入各级政府财政预算,并对农村教师和特殊教育教师培训倾斜。实施"农村教育硕士师资培养计划""中小学教师素质提升工程"等一系列项目,加强中小学教师培训工作,提高中小学教师素质。教研方面,狠抓校本研训,鼓励中小学教师全员参与教研教改。省、市、县都设立了一定数量的专门小教、中教教研员,省、市、县、校

---

① Harrison. The principle of three: fairness [J], A menu approach,2006,6:6-9.

的教研网络已经形成,教研工作有序开展。

4.录用考核和退出机制

陕西中小学教师的编制严格按照小学城市1:19、县镇1:21和农村1:23,初中城市1:13.5、县镇1:13.5和农村1:18的标准配备,录用实行"省考县选"的办法,由省级教育行政部门负责并会同省级人力资源和社会保障部门按照编制配备情况实行全省统一公开招聘考试。中小学教师实行绩效考核制度,考核合格发放绩效工资,绩效考核结果不合格者不仅影响收入,还必须参加教育部门组织的离岗培训,经培训仍不能胜任教育教学工作的,调离教师岗位。

表4-7 幼儿教师和中小学教师激励机制对比

	幼儿教师	中小学教师
薪酬体系	工资500—1500居多,无工资最低限制; 多数未缴纳各项社会保险。	工资不少于当地公务员工资; 实施绩效工资; 严格缴纳各项社会保险。
职称评定体系	无职称序列,与中小学一起评定; 70%以上无职称。	有职称序列; 职称评定有序进行。
培训、教研体系	培训无特殊要求; 一半以上从未接受过培训; 省市几乎没有专门的幼教教研员,教研工作无法开展。	每五年不少于360课时的轮训; 省市专门的小教、中教教研员,教研活动有序开展。
录用考核和退出机制	编制很少,无准入制度,各县自行招录; 无绩效考核制度; 无退出机制。	按编制配备职位,省考县选,统一公开招聘; 实行绩效考核,发放绩效工资; 考核不合格需要培训,培训不合格调离岗位。

结合调查结果,将幼儿教师与中小学教师对比分析(见表4-7),可以看出,幼儿教师的激励机制存在以下问题:

(1)物质激励远远不够。基本情况调研和问卷调查均显示,现行制度对幼儿教师的物质层面的激励远远满足不了需要。陕西的法定最低工资标准是790/月,农村幼儿教师的工资人均月收入800元,竟然只比最低工资标准高一点点,有的地方竟然还低于最低工资标准,更别提福利、住房条件了。甚至连《劳动法》规定的缴纳"三金"等社会保险都不能得到很好保证,幼儿教师的收入,甚至不如保姆和家政等职业,收入水平可以说处于社会的底层。根据赫茨伯格的双因素理论,物质激励属于保健因素,保健因素不满足,幼儿教师最重要和最基本的需求没有得到满足,会导致不满甚至挫伤积极性,其他激励也起不到效果①。

(2)不注重幼儿教师的主观感受,不注重精神激励。从调查问卷可以看出,精神需要层次与主观感受层次中心情舒畅、社会地位及获得的尊重、施展自己才能的工作、工作成就感、获得荣誉表彰、在职业上获得一定的成就、领导对个人工作的认可度等,回答"很满意"的均不超过50%,甚至有3项都不超过20%。而且,从访谈和实际情况了解到,幼儿教师反应较多的问题就是社会的重视程度太低,有被教育界"边缘化"的感觉,有强烈的不受重视的感觉。现有的激励机制,没有从幼儿教师主观的感受出发,将制度和幼儿教师的需要完全剥离,忽视了人的价值、人的潜能、人的精神需要,没有体现教师的职业成就、社会地位、尊重、荣誉等,无法使教师产生职业的自豪感,无法将个人目标和组织目标结合起来②。根据双因素理论,这些激励因素的不满足,不会达到真正的满意。

(3)未考虑幼儿教师的个人发展。调查显示,全省70%以上的幼儿教师未评定职称,幼儿教师的职称评定,尤其是民办幼儿教师的职称评定无门。调查问卷显示,幼儿教师对职称评定、有机会成为管理者、培训进修的机会、自身学历提升等、公平的竞争环境、好的领导、幼儿园的管理水平、幼儿园的地位和知名度、幼儿园的硬件设施、教学研究等个人发展方面指标"很满意"的人数,都不足15%。现在的幼儿教师激励机制,几乎未考虑幼儿教师个人的发展,职称评定无门,很少岗前和在职培训,教研几乎空白。这些情况造成幼儿教师感到自己的职业前景黯淡,更别提能实现宏伟的职业目标了。根据双因素理论,这些保健因素的不满足,不会使幼儿教师得到真正的满意。

(4)激励手段没有建立在公平的基础上。根据亚当斯的公平理论,只有公平的报酬,才能使教师感到满意和起到激励作用。而报酬是否公平,员工们不是只看绝对值,他们会进行横向社会比较和纵向历史比较。通过对比,很明显可以看出,如果进行横向社会比较,同为教师,幼儿教师的激励机制跟中小学比相去甚远,要将幼儿教育真正纳入国民教育序列,必须将幼儿教师和中小学教

---

① 朱扬寿,曾福生,陈蜀江.农村幼儿教师队伍现状及其发展对策[J].学前教育研究,2007.6:42-44.

② 刘雯、程秀英.浅议幼儿教师积极性的激励[J].辽宁师范大学学报(社会科学版),2006.8:5-8.

师的待遇相等同;从纵向历史比较,幼儿教师待遇甚至和十几年前相差无几。2010 年,中国青年报社曾经报道了一个陕西幼儿教师的来信,28 年的教龄,当时的工资仍是 300 元,引起了社会的广泛关注。不以公平作为基础,不会使幼儿教师得到真正的满意。

(5)没有将激励的正强化和负强化结合起来。根据强化型激励理论,正强化是从正方向予以鼓励,负强化是从反方向予以刺激,它们是激励中不可缺少的两个方面。现行的幼儿教师激励机制,没有绩效工资,没有目标责任考核机制,干得好的没有奖励。也没有退出机制,干得不好的,或者根本不适合幼儿教育岗位的,也没有任何惩罚和退出的办法。奖惩不明,做多做少一个样,容易滋长幼儿教师的消极情绪。

2010 年以前,国家和省上对幼儿教育的重视不够,幼儿教育并未真正纳入国民教育的体系,幼儿教育的社会地位很低[①]。新中国成立初的几十年,幼儿教育的发展基本都处于"少人问津"的状况。近 30 年来,社会才逐渐加深对幼儿教育的认识,人民群众越来越能够认识到幼儿教育的重要性,但是从未真正从政策层面提出幼儿教育的政府职能,并未将幼儿教育真正纳入国民教育的体系,幼儿教育一直处于游击队的状态,民办为主,公办为辅。社会对幼儿教师并未纳入公办教师的范畴,大多数幼儿教师是民办学校自行聘任,仅仅属于"临时工"的性质,与其他教师从各方面比,都相差太远,更是少有政策考虑到幼儿教师的个人感受和自身发展。

由于我国幼儿教育起步较晚,大家对幼儿教育的认识存在偏差,很多人认为幼儿教育只是"看看孩子"而已,幼儿教师只要会"蹦蹦跳跳"就行,并没有真正地认识到,幼儿教育是和中小学教育、大学教育并列的一个独立的教育体系,幼儿教师具有其特定的专业性和特殊的要求,并不是谁都能做好的,并不是说教不了小学的就一定能教幼儿园。幼儿教师的职称评定等待遇都是同小学在一起进行,本身幼儿教育分到的职称名额就很少,而这些有限的名额又基本都给了公办教师,造成幼儿教师职称评定无门的不公平现象。幼儿教师的公平待遇和自身发展都无法保证。

目前陕西幼儿园教育民办居多,公办为辅。公办幼儿园的数量仅有 18.11%,公办幼儿教师数量很少,仅占 25.7%,只有这一少部分的公办教师的工资

---

① 谭日辉. 当前幼儿教师职业认同存在的问题、原因分析及其提高策略[J]. 学前教育研究,2009.12;49-52.

和其他待遇能够保障,其他74.3%的民办教师由幼儿园自行聘任,工资等待遇标准也是自行制定,陕西省又并未设置幼儿园教师最低工资标准,所以幼儿教师的工资很低,更别提其他福利待遇了。目前陕西提出要将幼儿教育纳入政府办为主的国民教育体系,但公办园的建设、公办幼儿教师的编制增加,都还需要一定的时间。

五、农村学前教育办园体制机制不健全

体制机制是一项事业发展的重要保障。任何一项事业的有序健康发展,需要有一套良好的体制机制作为保障。伴随着我国经济的高速发展和社会的深刻变革,我国社会发展经历了从计划经济向社会主义市场经济体制的重大变革,在这一变革过程中,幼儿教育发展体制经历了从计划经济体制的福利式幼儿教育体制向社会化办园体制的转型,多元化的幼儿教育发展体制逐渐确立。这一新的幼儿教育体制的确立,一定程度上激活了民间团体、社会组织和个人参与幼儿教育的积极性,但是这种体制在运行的过程中缺乏较为系统严格的机制作保障,尤其是在农村幼儿教育事业发展方面,由于体制机制制约,导致了农村幼儿教育发展出现了政府职能的逐步淡化和民众办园质量不高的"真空"地带。从我国农村学前教育发展的历史和现状来看,其在体制机制上目前仍存在一些难以克服的障碍,这些影响和制约着学前教育的发展。

(一)学前教育公共属性削弱,事业发展方向迷失

随着经济体制的改革,机关企事业单位逐步剥离后勤服务,曾经是城市学前教育主力军的企事业单位办园逐步与单位分离或停办。企事业单位办园与原主办单位分离后,性质归属不清,靠自收自支维持生存,质量缺乏保障①。在市场化思潮影响下,2001年江苏宿迁将全市337家幼儿园全部改制为民营,2006年深圳市政府将22家市属公办幼儿园专企,2008年昆明也出台改制政策,计划"到2010年全市民办学前教育在园(班)人数所占比重达到90%以上"。此外,江苏省徐州市、安徽省蚌埠市也将所属6个县的公办园强行"断

---

① 洪秀敏,庞丽娟.学前教育事业发展的制度保障和政府责任[J].学前教育研究,2009(1):3-6.

奶"。这些强行改制的做法不是促进了学前教育的发展,而是使学前教育遭受重创,优质幼儿教师大量流失,现职教师素质明显下降,造成了越来越严重的入园问题。

(二)民办幼儿园异军突起,农村幼儿园急剧减少

1983 年,教育部《关于发展农村幼儿教育的几点意见》的文件,对我国农村学前教育的意义有了明确的表述:"农村幼儿教育的发展,有利于小学教育的普及与提高,有利于促进农业生产的发展,有利于实行计划生育这一基本国策,是广大农民群众的迫切要求。各地教育行政部门要充分认识幼儿教育在农村社会主义现代化建设中的作用,主动同妇联、卫生、农业等部门配合,认真抓好这项工作。"在此文件中,提出要发展农村幼儿教育,应通过多种渠道筹集资金。可采取社(乡)统筹、生产队(村)自筹、群众集资、家长交纳少量保育费等多种办法。各级教育行政部门在地方教育事业经费中列幼儿教育专项。教育基建投资也应包括幼儿教育项目,以保证教育部门办园有计划地发展。在有条件的地方,地方财政还应对农村幼教事业给予适当补助。

2003 年初,《中华人民共和国民办教育促进法》出台,根据学前教育 13 号文件中强调学前教育"以社会力量办园为主体"的政策要求,2004 年,我国学前教育出现了以民办园为主体的多元格局,民办幼儿园以约每年 3% 的速度迅速增长。2007 年以后,民办园数量在全国幼儿园总数的 60% 以上,有些地区甚至高达 90% 以上[①]。这种社会力量为主的办园格局在我国农村地区同样出现,从 2002 年起,无论是县镇还是乡村,民办幼儿园的数量逐渐增加,教育部门办、集体办以及其他部门所举办的幼儿园都在逐渐减少。在乡村中,仅 2004 年这一年,民办幼儿园数从 2001 年的 15055 所增加到 24129 所,增长率是 60%,到了 2006 年,民办园又增加到 32648,2001 年到 2006 年间的增长率是 116%。2007 年,乡村民办幼儿园开始逐渐下降(见表 4 - 8)。

---

① 中国学前教育发展战略研究课题组. 中国学前发展战略研究[M]. 北京:教育科学出版社. 2010;25.

表4-8 2001—2007年全国县镇、农村不同类型幼儿园数目[①]

年度	县镇幼儿园数				农村幼儿园数			
	教育部门办	集体办	民办	其他部门办	教育部门办	集体办	民办	其他部门办
2001	11646		17321	1897	35568		15055	2380
2002	12777		18926	1611	32368		15514	1251
2003	12518		20140	1519	30774		18580	1207
2004	10424		19033	1244	28950		24129	1181
2005	7142	3344	19412	984	14146	16139	29269	667
2006	7520	3348	22128	952	15547	15872	32648	652
2007	7670	3218	23127	782	14961	13742	32098	542

　　市场化改革引发深层的学前教育的信仰危机、制度危机,使学前教育内部,学前教育与社会的政治、经济、文化之间的关系发生了一系列重大变化,从而使学前教育的经济属性、政治属性、文化属性、教育属性变得面目全非。

　　教育市场化是指利用市场机制配置教育资源,从而改善政府治理方式、调整结构,提高教育效益的一种方式[②]。与基础教育领域内的市场化思潮与市场化实践不同,学前教育与政府之间一直是"弱联结",学前教育在其诞生之始就与社会、市场、民间有着更为紧密的联系。我国自新中国成立以来,在学前教育政策上实行的一直是"两条腿走路"的方式,政府提供一部分,社会提供一部分。政府提供的恰恰是质优价廉,只为特殊社会群体尤其是党政机关、企事业单位服务的公立学前教育,而社会力量提供的学前教育大多是为普通百姓服务,因此社会力量一直是发展幼儿教育的重要力量,甚至是主体力量。

　　我国的学前教育市场化尝试始于1992年改革深化期。当时主要是在公办幼儿园内部引进市场的调控机制,进行管理体制的改革。而后来,学前教育在外力的作用下完全遵循市场逻辑,各地政府在制定发展学前教育政策时,减少或停止公共资金的投入,将学前教育完全推向市场,以市场规律来配置资源,进行竞争与运作的方式。从1993年起,我国公办幼儿园数量逐步减少,到2007

---

　　① 中国学前教育发展战略研究课题:中国学前发展战略研究[M].北京:教育科学出版社2010:130.

　　② 王海英.常识的颠覆——学前教育市场化改革的社会学研究[M].南宁:广西师范大学出版社,2010:2.

年包括企事业单位所属的公办幼儿园已从 10.2 万所减少到 5063 所,而民办园却以每年 25% 的速度增长①。自 20 世纪 80 年代后期开始,我国经济体制改革将企业办幼儿园推向市场。1999 年 9 月通过的《中共中央关于国有企业改革和发展若干重大问题的决定》为企业办学指出了三条出路,一是逐步移交给地方政府统筹管理,经费采取由企业与政府分摊的办法逐步过渡到由政府完全负担;二是部分学校可以转化为企业化经营;三是独立的工矿区采取学校与主体逐步分离的办法。但事实是,国有企业要减轻自身负担而将幼儿园推向社会,而当地政府由于经费无法落实等原因又无力接收。最终,第一条路几乎行不通②。也正是《关于企业办幼儿园的若干意见》和《全国幼儿教育事业"九五"发展目标实施意见》这两个文件拉开了学前教育社会化的序幕,使得学前教育向市场化方向迅速发展,同时也使我国幼儿园办园体制和格局发生重大变化。

学前教育市场化运作方式其根基在于对学前教育社会属性的不同理解,即学前教育的性质是公共产品、准公共产品还是私人产品。如果政府将学前教育的属性定位公共产品,那么就会采用政府提供的方式;如果政府将学前教育的属性定为准公共产品,就会在学前教育的投资与管理上采取政府、社会与市场相结合的运作方式;如果政府将学前教育的属性界定为私人产品,则会采用完全市场化的方式,将学前教育从政府的公共事务中排除出去③。我国学前教育市场化的运作是一步一步进行的,从 20 世纪 90 年代后期,各个地方政府开始了不同程度的公立幼儿园的市场化行动。在这场市场化运动中,公立园最明显的制度变化就是财政投入体制的变化,逐步将原来的全额拨款改为差额拨款、定额拨款,即政府把学前教育从公共领域、公共事务、公共产品中慢慢地、一点一点地排除出去,使学前教育最终成为准公共产品。这样,政府投入所占的比重越来越小,家长买单的比例则越来越大。因此,学前教育制度设计就具有巨大的偏向性,表现为极端的不公平。当下的学前教育市场化涉及政府责任定位、投资方式、学前教育社会属性的变化,而这些变化实际上重在把握"市场契

---

①　王海英. 常识的颠覆——学前教育市场化改革的社会学研究[M]. 南宁:广西师范大学出版社,2010:20.

②　朱家雄. 中国视野下的学前教育[M]. 上海:华东师范大学出版社,2007:293.

③　王海英. 常识的颠覆——学前教育市场化改革的社会学研究[M]. 南宁:广西师范大学出版社,2010:4.

约""社会供给"与"政府干预"之间的平衡[①]。

2003 年,国务院颁布了《关于幼儿教育改革与发展的指导意见》,其中明确了"积极扶持和发展农村及老少边穷地区的幼儿教育事业,促进幼儿教育均衡发展"的政府职能。而现实的状况是,2005 年全国在园幼儿总数为 2179 万人,全国 3—5 岁幼儿入园率为 41%,意味着近 60% 的 3—5 岁幼儿未能接受公共幼儿教育,学前一年幼儿入园率为 72.7%[②]。这一群体集中体现在农村地区。农村社会经济发展状况决定了农民对学前教育经费的支付能力极其有限,不可能像城镇那样依靠民办或其他社会力量来办好农村学前教育。公办幼儿园是发展农村学前教育的主要方式,而现实中的农村幼儿园面临着既无投入又无法提高收费和生源受地域限制的多重困境。

(三)尚未形成适合农村学前教育的管理体制

1. 管理体制

我国学前教育的管理体制经历了由中央集中管理、教育部门与其他部门齐抓共管到地方负责、分级管理的发展历程(见表 4 – 9)。

表 4 – 9　不同时期学前教育管理体制的状况[③]

历史阶段	国家管理机构及管理职责
1956—1966	中央教育部幼教处全面负责
1966—1978	中央教育部幼教处撤销
1978—1982	国务院托幼工作领导小组全面负责,各地政府有相应常设机构;地方负责,分级管理
1982—1987	国务院托幼工作领导小组撤销,各部门齐抓共管,分工不清,职责不明
1987—1999	教育部幼教处全面负责
1999—2008	教育部幼教处负责事业规划与公立教育体系业务管理,许多地方没有专设机构,兼职管理;地方负责,分级管理

学前教育的管理权责问题始终没有其他各级各类教育那么明确,管理职责

---

① 王海英.常识的颠覆——学前教育市场化改革的社会学研究[M].南宁:广西师范大学出版社,2010:4.

② 储朝晖.中国幼儿教育忧思与行动[M].南京:南京师范大学出版社,2008:114.

③ 中国学前教育发展战略研究课题组.中国学前教育发展战略研究[M].北京:教育科学出版社 2010:18.

混乱,中央及省级的统筹管理作用发挥不够,缺乏学前教育专设管理人员。农村的学前教育紧紧依靠行政命令来发展,缺乏相应的管理体制的支撑,表现出学前教育管理体制基础不牢。

2. 办园体制机制

改革开放30多年来,学前教育事业经历了几个不同的发展时期,在不同的时期,学前教育在办园方针、幼儿园类型与格局、办园体制与发展思路等方面,呈现出明显的阶段性[①]。

从20世纪在70年代末期到90年代初,这一时期主要呈现出以公办园为主体的多元办园格局,由教育部门和其他部门包括机关、事业单位、部队、厂矿和学校等国家单位举办的幼儿园,具有较强的教育性和福利性。而从90年代初期之后到21世纪初开始出现了大量集体办园的景象,大量的国有企业改制步入市场化,这些企业下属的占我国学前教育机构总数较大比例的园所随之出现了体制的改变。1997年出台的《社会力量办学条例》和同年印发的《全国幼儿教育事业"九五"发展目标实施意见》提出了学前教育办学体制新格局。

(三)社会力量办园缺乏规范的制度保障

"社会力量办园"是与"国家(政府)办学"相对应的一个概念。国务院1997年颁布的《社会力量办学条例》对"社会力量"解释为:"企事业组织、社会团体及其他社会组织和公民个人,利用非国家财政性教育经费,面向社会举办学校及其他教育机构的活动。"在国家政策的鼓励和引导下,社会力量办学有了明确的界定和政策保证,社会力量举办的学前教育机构比例逐渐增大,其中包括原企业、事业单位园所转制园、承办园和新增的社团、街道、公民个人或合资合作等多种非国家财政性教育经费办的幼儿园。

由于国家宏观政策的引导和因各种法规文件中界定不清或缺乏相互协调所形成的政策空间,民办学前教育在近十几年中迅猛发展。从2007年全国教育事业发展统计数据看,民办学前教育占60.1%,为各类学段中最高。社会力量办园在一定程度上补充了学前教育事业发展的不足,起到了普及学前教育的作用。

由于我国政府目前尚未对社会力量办园承办者资格、办园条件、教师资质、

---

① 中国学前教育发展战略研究课题组. 中国学前教育发展战略研究[M]. 北京:教育科学出版社 2010:22.

登记注册、办园质量、督导评估等进行有效的规范和管理,在教师培训、职称评定、分类定级、表彰奖励等方面也未将民办园纳入其中,这些不仅不利于很好地保障其权益,而且也严重影响了其办园积极性与教育质量。

在社会力量办园中也存在一些未经审批的非法办园或临时托管点,一些园所受经济利益驱动,为降低成本、增加盈利,或减少成本、扩大班额,购置低质甚至劣质的玩具或器械设施,低薪聘用未经专业训练的不合格教师和工作人员,这些问题造成了学前教育质量整体下降,安全隐患大量存在,严重威胁了幼儿身心健康。

第五章　国内外学前教育发展中的政府作用的借鉴及启示

"他山之石,可以攻玉"。研究我国政府主导农村学前教育发展,放眼全球,尤其是梳理和学习国外发达国家政府发展学前教育的相关经验及教训,对我们研究农村学前教育发展具有重要的借鉴和启示意义。本章我们将从国际比较的视角出发,置身于学前教育事业发展的大背景来思考与定位我国农村学前教育的发展,从各国发展学前教育特别是农村地区和薄弱地区发展的政策视野,分析我国政府主导农村学前教育的走向和政策措施,为本研究最后政策的提供有参考价值的建议。

一、国外政府干预学前教育发展的经验

从世界各国学前教育发展状况来看,由于不同国家间经济社会发展水平的差异,各国在学前教育发展面临的问题也必然大相径庭,而且其解决的路径与策略也不尽相同。即便是面临的处于相同境遇的弱势群体或农村的学前教育,其由于受不同的社会价值观念、政治体系和文化背景的影响和制约,各国的政策措施也存在着显著差异。因此,要全面地梳理各国关于学前教育的发展政策比较困难。为了研究的方便和起到较好的借鉴作用,我们选取了部分发达国家、"金砖国家"和部分亚洲国家,分析和了解他们在学前教育发展(特别是弱势地区或农村地区)方面的政策和举措,从学前教育公共经费投入、学前教育管理体制与政策、学前教育教师政策、国家发展学前教育的特殊计划与社会效应等方面整理与分析其中的政府行为因素,进而提出对我国政府主导农村学前教育发展的几点启示。

(一)学前教育公共经费投入

学前教育的公共经费投入是指由国家财政预算内的教育拨款中,给予对学

前教育投入的专项基金①。学前教育公共经费投入是世界各国政府干预学前教育发展的重要手段。从世界范围来看,各国在精英教育转向大众普及教育的趋势中,均表现出了对学前教育公共投入的加大,学前教育经费占教育总经费预算的比例在逐年扩展②。衡量这一成效的主要指标有包括学前教育公共投入经费占 GDP 的比例、学前教育公共投入经费占总教育经费的比例以及生均经费状况三个方面的指标。

1. 学前教育公共投入经费占 GDP 及教育经费的比例

2004 年 OECD 提供的数据表明,丹麦在 0—6 岁早期教育机构上的经费投入占本国 GDP 的 2%,瑞典占 GDP 的 1.7%,芬兰还给 6—7 岁儿童的学前班另外增加占 GDP0.3% 的拨款。以上欧洲发达国家的投入使原先处于领先状态的美国(0.4% GDP)、英国(0.47% GDP)、加拿大(0.2% GDP)都感到了极大的威胁③。该数据还表明,由发达国家组成的经合组织国家学前教育经费投入占0.4% GDP,占教育总投入的 8%。2004 年,受金融危机巨大冲击之后,欧洲各国削减了学前教育公共财政投入,其经费占国家 GDP 比重在逐步下降,但学前教育占教育总经费预算的比重仍然处于上升态势。OECD 的报告显示,近年来各国学前教育公共投入占教育经费总预算的比例均有不断增加趋势。

"金砖国家"虽然在学前教育经费的投入上都没有达到占本国 GDP1% 的标准,但各国的重视程度均得到了非常明显的提高。近年来,俄罗斯出台了一系列促进学前教育发展的新政策,逐步地改善和恢复了因私有化造成的学前教育体系的破坏,政府对学前教育的公共经费投入的规模大幅度加大,已经成为"金砖国家"中占 GDP 比例最高的国家;近年来,巴西教育经费总额占 GDP 的比例达到了 5.6%,其中学前教育占教育总经费的比例达到了 8.4%,在投入的持续加大下,巴西学前教育事业发展取得了举世瞩目的成效,学前教育无论是从规模还是质量上均有了显著的提升;印度 2007—2008 年度,对儿童的投入占全国总财政预算的 5.08%,儿童教育预算占整个儿童预算的 72%,财政投入、教育财政预算、教育预算占儿童财政预算的比例均比上一年度增长,分别为0.45%、0.22%、1.86%。其中最主要的是用于学前教育。

在亚洲,日本、泰国、韩国、老挝和马来西亚等国相比较,泰国学前教育公共

① 周兢.国际学前教育政策比较研究[M].上海:华东师范大学出版社,2012:22.
② 周兢.国际学前教育政策比较研究[M].上海:华东师范大学出版社,2012:13.
③ 周兢.国际学前教育政策比较研究[M].上海:华东师范大学出版社,2012:24.

投入经费占本国 GDP 的比例最高,其次是韩国、日本、老挝和马来西亚①。在学前教育公共投入占教育经费的比例中,泰国也是上述国家中最高的。近年来,韩国则在学前教育公共投入上增长了三倍。

2. 学前教育生均经费与公共投入比例

学前教育生均经费的比较,主要是从其与公共教育投入的比例来判断。一般是依照某一国家的富裕程度来判断学前教育生均经费和公共投入的意义。从学前教育生均经费来看,投入最高的是瑞典为 12097 美元,美国是 8626 美元,其次为英国、芬兰、丹麦、葡萄牙、韩国等②。

3. 学前教育费用减免与公共投入方式

从学前教育免费教育的情况来看,目前,对 0—6 岁儿童所进行的学前教育国别中,不提供任何免费形式教育的国家有丹麦、德国和芬兰;提供免费一年教育的国家有澳大利亚、奥地利、韩国和美国;提供两年免费教育的有爱尔兰和荷兰;提供三年以上免费教育的国家有比利时,从 2.5 岁开始;法国、卢森堡、葡萄牙都从 3 岁开始。另据资料,"金砖国家"中目前都没有一个国家提供免费的学前教育③。

(二)学前教育管理体制与政策

1. 学前教育管理体制

纵观各国现行的学前教育管理体制,大致可以分为两种模式:一是中央政府集权式管理模式,二是地方政府分权管理模式。

中央政府集权式管理模式,一般采用自上而下的运作形式,中央政府将一切权力都集中在自己手中,通过政府对学前教育政策的制定、机构的监管等途径,实现其在保育和教育上的由政府全面程度的管理体制。法国是典型的中央集权制国家。法国《教育法典》明确规定了中央政府在学前教育发展方面的权利:一是拥有学前教育的创建权;二是对教师和行政人员的管理权,即负责所有公立幼儿园的教师与行政人员的管理、培训与工资;三是教学管理权,中央政府负责确定教学管理规则等。瑞典、比利时也是中央政府集权制学前教育管理模式的典型代表。瑞典有关学前教育的法律规定,国家教育部负责在中央和地区

---

① 周兢. 国际学前教育政策比较研究[M]. 上海:华东师范大学出版社,2012:25.
② 周兢. 国际学前教育政策比较研究[M]. 上海:华东师范大学出版社,2012:29.
③ 周兢. 国际学前教育政策比较研究[M]. 上海:华东师范大学出版社,2012:33.

对学前教育进行整体评估、数据收集和督导,保障学前教育质量的不断提高。比利时国家成立有儿童教育部,由其统整全国的学前教育事业。

地方政府分权管理模式,是指一国的公立学前教育机构的运作和管理主要由地方政府决定,地方政府一般都会给予公立保教机构较大的自主权利;而在运作、管理模式等方面,私立学前教育机构与地方政府没有直接的联系,具有较大的自由度①。这类管理模式的典型代表是英国。英国有关学前教育的法律规定:中央政府负责制定学前教育的政策、制度,实施督导管理学前教育机构的责任,履行公立学前教育经费包括"确保开端"等项目的财政投入。同时,法律规定,地方当局主要负责分配中央政府对于学前教育的拨款,协调和支持地方学前教育机构,协调人员培训、实施制定当地保育计划等。奥地利也是地方分权管理模式的典型代表,其学前教育管理体制是一个高度复杂和分权的系统。教育、科学和文化部制定有关幼儿园的法律,进行整合和资源分配,学前教育管理则由各省负责,各省政府制定规程、负责管理和投入服务等。

"金砖国家"中,巴西是地方分权的典型代表。在巴西,学前教育是国家发展战略的重要组成部分,巴西教育部全面负责儿童早期教育与保育系统,联邦政府负责制定政策,保证质量和机会的平等,提供技术和经济支持给地方政府。州一级政府负责自治市无法涉及的学前教育部分,每个州和自治市均设有下属的分支机构,独立负责学前教育发展。这一体制的执行,使得十年间巴西学前教育事业发展取得了令各国瞩目的成就。俄罗斯在学前教育管理体制方面,曾经是中央集权程度很高的国家,但在近年的改革过程中,俄罗斯赋予了地方很大的自主权,一改过去的行政命令方式,改由依靠经济、政策、法律和市场信息手段调控。印度是一个典型的联邦分治国家,涉及早期儿童发展与教育的部门有教育部、妇女儿童发展部等,各个部门在各自的不同职权范围内行使着发展学前教育的责任②。

2. 学前教育管理体制的改革趋势

系统梳理和考察当今各国学前教育的管理体制发展趋势,主要体现出了中央政府整合、地方分权管理和国家干预行为三种新的发展动态。

(1)中央政府整合学前教育发展趋势

从发展趋势来看,无论一个国家的学前教育由几个部门主管,但都在运作

① 周兢. 国际学前教育政策比较研究[M]. 上海:华东师范大学出版社,2012:63.
② 周兢. 国际学前教育政策比较研究[M]. 上海:华东师范大学出版社,2012:69.

中呈现出了加强中央系统的整合的趋势。这种趋势大致可以分为两大类型,一是以教育部门作为主体的教育型整合,这种整合更多的基于学前教育对于儿童发展和终身教育的考虑;二是以社会福利部门作为主体的福利型整合,这种整合将学前教育和保育作为社会公民的基本权利,将提供学前教育作为鼓励女性就业、获得社会平等地位的重要手段①。第一种整合类型典型的国家代表包括瑞典、比利时、意大利、美国等;第二种整合类型的代表有芬兰、挪威、英国、澳大利亚等国家。

（2）地方分权管理趋势

与中央政府系统整合趋势相对应,近年来,一些国家学前教育服务体系也出现了比较明显的中央政府和地方政府分权管理、共同承担责任的趋势。这种趋势的出现,主要源于学前教育服务体系的日益庞大和复杂,中央政府原有的管理体制已经不能满足现代学前教育发展的需求,于是中央政府就通过分权给予地方政府,这种变化不仅有利于调动地方政府参与所属地区学前教育发展的积极性,而且有利于有关学前教育的决策和财政支持更贴近被服务者的需求,同时还有利于地方政府层面集中经费,形成跨部门整合的学前教育发展服务构架②。

（3）国家干预调控趋势

从各国近年来学前教育管理体制机制来看,不管是学前教育管理体制整合程度高的国家,还是整合程度低的国家,都有意识地通过国家干预的调控手段来加强对学前教育事业发展的干预。换言之,国家干预调控已成为目前国外学前教育管理体制改革的主流趋势。这种干预一般通过提出和制定国家发展学前教育的整体规划、设计国家发展优质学前教育机构的建设标准、设立国家重大研究项目解决学前教育瓶颈问题、提出国家层面的学前教育行动、弥补地方学前教育事业发展计划的不足等。

（三）学前教育教师政策

教师是教育事业发展的第一和最重要的资源。学前教育的发展必须有赖于高素质的师资队伍,而高素质的师资队伍首先在于政策的保障。这里我们对世界各国学前教育师资队伍政策作以梳理。

---

① 周兢. 国际学前教育政策比较研究[M]. 上海:华东师范大学出版社,2012:72.
② 周兢. 国际学前教育政策比较研究[M]. 上海:华东师范大学出版社,2012:73.

1.学前教师身份问题

从身份上来看,虽然各国对教师的福利待遇有自己国家政府的特点,但与中小学教师身份一样,存在着学前教育教师公务员与非公务员两种身份的区别。日本的相关法律规定,公立幼儿园教师的编制都是公务员,政府保障其工资待遇,幼儿教师社会地位和收入都相当高;韩国的幼儿教师同样享受的是公务员待遇,学前教师被看作是神圣的职业,教师的合法权益及地位得到保障和承认。美国等国虽然没有规定学前教师的公务员身份,但均通过立法对学前教师资质、教师来源、专业发展及培训、职责权利和福利待遇等方面做了规定。

2.学前教师资格准入

研究发现,目前大多数国家均建立了严格的学前教师资格准入制度。比如全美教师评估与支持协会的标准体现的是初始教师应该知道什么和能做什么。教师职业准入标准的一个特色是,十分注重对实践性指标的设置,特别是注重未来幼儿教师必须具备的解决问题能力、实践教育能力,以及综合学科知识的运用能力。但各国在学前教师培养方面存在如下问题:一是对教师实践能力缺乏足够关注,培训者往往关注学科知识、理论知识而忽视培训方法所制约实践培训内容的掌握;二是对教师成长的实践场所缺乏重视,导致教师不能真正具备实践能力和解决问题的能力。由此带来对教师职业准入的研究与关注,各国的学前教师职业标准和资格准入制度相继建立。

3.教师教育政策的保障

构建政策保障体系是学前教师教育政策的重要内容。在构建这一体系中,首先是通过立法的形式保障学前教师的进修权。在一些国家,国家强制规定学前教师必须参加国家组织的各类培训,很多地区和国家还确立配套政策来具体规范和保证幼儿教师的在职培训,比如日本、法国等;有的国家没有强制规定教师必须参加培训,但要求也将进修与教师资格证书、待遇等联系。其次,通过激励措施促进学前教师参加培训,具体包括:取消终身制,定期认证教师资格证书,比如美国和日本;实行教师进修和晋级加薪相联系的制度,比如英国、日本;实行带薪休假进修制度,比如澳大利亚、美国、英国和瑞典等[①]。再次,政府提供充足的经费为学前教师的培训保驾护航,近年来,美国、日本、英国等国家投入了大量资金以保证学前教师培训。澳大利亚在 2001 年政府专项拨款 8000 万澳元,其中师资培训的经费占到 90% 以上。最后,还有一些国家和地区出台特

---

① 周兢.国际学前教育政策比较研究[M].上海:华东师范大学出版社,2012:127.

殊保障措施,对农村和贫困地区学前教师的培训给予特别倾斜,以提高和保证农村学前教育发展质量。

(四)国家发展学前教育的特殊计划与社会效应

从对国外学前教育发展状况资料研究中发现,一些国家采用特殊的国家推进计划,以项目的方式推动本国学前教育的有效发展,并且有目的、有重点地投入,解决本国学前教育事业发展的特殊需求,满足社会及民众对学前教育公平、公益性的需要,这些项目的实施,对普遍意义上的学前儿童发展产生了重大的影响,为他们参与社会竞争提供了一个公平的平台。这方面比较成功的案例主要有印度的儿童综合发展服务(ICDS)项目、美国的提前开端(HEAD START)项目和英国的确保开端(SURE START)项目。下面我们对这几个项目进行简单的介绍。

1. 印度的 ICDS 项目

ICDS 项目是 Integrated Child Development Services 的简称,是一个由印度政府主导的儿童综合发展服务项目。

(1)项目介绍

ICDS 项目经历了一个逐步壮大和不断累积的过程,经过了近 40 年的发展,目前已发展成为世界上最大的早期儿童教育和保育项目之一。1974 年,印度议会通过了第一个建议为儿童设置系统政策和项目的国家决策文件——《全国儿童政策》,该文本在对印度儿童发展的整体情况分析的基础上,提出了印度儿童发展政策的决策导向,强调了多种社会力量支持学前教育发展的重要性和可行性的对策建议,这一政策文本的出台,最终促成了“儿童综合发展服务”项目的立项。该项目主要由中央政府与各种国际捐赠机构如世界粮食组织、美国减灾合作组织、联合国儿童基金会、欧盟、美国国际开发署和世界银行等共同资助。该项目主要针对的是 0—6 岁儿童,其宗旨是为其全面发展服务的综合项目,重点是关注儿童的营养和健康发展[①]。1974 年,印度政府开始该项目试验,1975—1976 年间,在试验的基础上启动了 33 个街区试点。截至目前,已经发展到了 7000 多个儿童综合发展服务项目以及上百万个儿童综合发展中心,成为政府主导下世界上最有影响力的学前儿童综合发展服务项目。

---

① Early childhood programs in other nations:Goals and outcomes. http://www.futureofchildren.org.

（2）项目定位

ICDS 项目是印度政府为履行其在宪法中对所有儿童出的竭尽全力提供学前教育的承诺而实施的大型学前教育项目。该项目设立的初衷是通过政府的支持行为，能让更多弱势儿童获得基本公平的教育起点，因此，其基本属性与功能定位也就必然凸显了教育公平的价值取向。这种价值取向具体体现在：首先，政府向所有 0—6 岁儿童提供免费的综合服务，主要包括提供免费的早期教育、健康和营养，以确保全体儿童特别是处境不利儿童获得享受学前教育的机会，为他们人生成长奠定良好开端。其次，该项目特别突出地强调了重视弱势儿童的发展。1986 年，印度政府颁行的《国家政策及其行动计划》中，明确提出了要消除不平等。该项目就是在学前教育领域落实政府这一决定的重要措施。最后，该项目的长远目标是通过政府持续不断的努力，通过综合服务项目的持续推进，打破贫困代际传递，惠及更多儿童，提高全印度国民素质。

（3）管理体制及服务内容

在管理体制上，ICDS 项目继承了印度行政管理体制的特点。从办学体制上来讲，印度的学前教育举办者由国家、私人和第三部门机构共同组成。ICDS项目是由国家主持，举办主体是中央和各级地方政府，提供各项服务的机构是由政府直接举办并经营的儿童综合发展服务中心。该机构的所有权、经营权、控制权等产权权能都集中于政府一身。换言之，ICDS 项目是由中央主管、多级政府和部门合作的管理体制。妇女儿童发展部是该项目主管部门，其最重要的职责就是使妇女儿童得到全面发展，具体负责制定实施计划、政策和法案，负责各种项目的审批。其他部门的作用主要是协同合作，比如学校教育与扫盲部具体主要负责小学和幼儿园的教学时间、内容、课程和师资人员培训的协调工作；法律和公正部具体负责建立适宜儿童的法律程序，开展有效的法律实施；社会公正与授权部为综合儿童发展中心工作者的培训设计课程、协调治疗和康复服务等；健康与家庭福利部负责设立专门服务台接诊儿童发展中心工作人员、确定做家访时间等；农村发展部负责为农村建设规划出适当发展经费，提供公共用水等设施；村务委员部负责社区基层的工作。由此可知，ICDS 项目在管理模式上呈现出了妇女儿童发展部领导下的地域分权和功能分权相结合的方式。

ICDS 项目集学前儿童教育、女童教育以及对母亲的教育于一体，服务内容广泛，具体包括营养补充、非正规学前教育、免疫接种、健康检查、转院就诊服务、营养与健康教育等①。服务内容特别注重营养健康,重视学前教育的综合发展和整体质量的提升;服务对象涵盖所有妇女儿童特别是弱势群体,体现在注重将儿童综合发展服务机构集中分布在贫困地区。

(4)财政投入模式

印度政府学前教育财政投入实行的是以中央为主、地方配合的模式,即由中央政府负担主要财政投入。ICDS 项目采取的是中央财政直接拨付模式。在印度儿童财政预算中,ICDS 项目的预算占主要部分②。而且,ICDS 项目的财政预算不断增加。实践充分证明,印度政府学前教育财政投入模式是印度学前教育近年来创新式快速发展和普及的重要经验之一。

(5)师资队伍建设

为了保证 ICDS 项目的顺利实施,印度中央政府专门设置了国家培训行动计划。该计划规定,所有的邦/联邦属地都要向中央交"邦培训行动计划",详细规定当年 ICDS 项目工作人员培训计划。全国公共合作和儿童发展协会作为 ICDS 项目提供员工培训的最高机构,主要负责计划、组织、协调以及监督员工培训;建设培训机构培训学员的能力;为各个类别的计划工作者设计、修改教学进度,并使之标准化;为培训单位做准备,获取并分配包括视听教具在内的培训材料;向妇女儿童发展部就计划工作者培训提供技术支持和反馈。除了官方培训项目外,非政府组织提供的各类员工培训也在快速发展,还有世界银行向儿童综合发展项目培训项目的实施提供资金支持。

2.美国的 HEAD START 项目

从学前教育发展模式上来讲,美国采取的是地方自主模式。提前开端项目的提出,与美国的政治经济根源和深刻的思想文化渊源休戚相关。20 世纪中后期,国际竞争的加剧和美国国内政局的变化客观上为提前开端项目的诞生提供了政治上的环境与准备,美国经济的发展对人才提出的新渴求与国内贫富差距的拉大之间存在的矛盾为项目的实施提供了经济上的保障和需求。来自低收入家庭的儿童通常缺乏认知、社会性和身体等方面的刺激与经验。在儿童进入正式学校学习之前,通过学前教育的补偿和干预,使他们获得相关经验,那么可以缓解或补偿由贫困造成的许多问题。约翰逊总统在 1964 年发出了"向贫困

①　Integrated Child Development Service[EB/OL]. http://icds.gov.in.
②　中国学前教育发展战略研究课题组.中国学前教育发展战略研究[M].北京:教育科学出版社 2010:210.

宣战"的口号,声明要无条件地开展对抗贫困的战争,提出对贫困线下的儿童进行教育。

（1）项目介绍

1965 年秋,美国联邦教育总署根据《经济机会法》制定提前开端项目,要求对经济处境不利家庭的儿童进行教育补偿。同年,联邦政府开始实施旨在为处境不利儿童服务的"提前开端计划",成为美国"向贫困宣战"的有效举措之一。

项目的开展以经济机会办公室作为主管部门,成立专门的项目管理部门,项目的目标是:提高低收入家庭儿童的社会能力,服务内容集教育、健康、社会与家长参与服务于一身。虽然提前开端的定位是"完整儿童发展",既促进儿童的全面发展,但由于当时美国面临苏联卫星发射成功的压力,国家更多将儿童发展重点放在智力的早期开发上,显示的报告中只有儿童认知能力和智力发展的评估和变化,因此为项目的推进埋下隐患。进入 80 年代后,为满足社会发展的需要,提前开端项目完善了以前的法案,同时颁布了新的法案,立法明确发展目标:促进入学准备,拓展了服务项目和服务对象,将 3—4 岁延伸至 3 岁前的婴幼儿和孕妇,同时家长也参与自发组织实施亲子计划,父亲的角色逐渐在提前开端计划中被重视起来。21 世纪至今,《提前开端入学准备法案》《提前开端项目实施标准》和《提前开端项目检测草案》等重要法规的颁布,提升了符合参与提前开端项目资格的家庭贫困标准,提高了提前开端教师的资格标准①。2009 年 2 月,奥巴马总统签署《美国复苏与再投资法案》,提供 50 亿美元用于早期教育项目,包括提前开端计划、早期提前开端计划、儿童保育以及针对有特殊需要的儿童的项目②。

（2）项目基本定位

作为美国规模最大的,针对处境不利儿童的第一个为儿童及其家庭提供综合性服务的儿童发展项目③,提前开端项目体现出追求教育公平的取向,其基本定位表现出:重视学前教育的公共性和公益性,由美国政府负责经费投入,向 3—5 岁儿童提供免费服务,涵盖教育与社会福利等方面的内容;其次,强化教育的起点公平,在实施与发展中体现出其保障处境不利儿童基本的学前教育权

---

① Anonymous. Teachers take Head Start case to Congress. American Teacher, 2008; Vol. 92, No. 5, p. 13.

② Http://WWW. whitehouse. gov/issues/education. 2011.

③ Wainryb, C. Smetanan, J. G. and Turiel, E. (2008). Social development, Social inequalities, and social justice, New York, NY. Lawrence Erlbaum Associates. p. 57.

利、为处境不利儿童及其家庭提供必要的资助和扶持的价值取向,提前开端计划的诞生就是国家为实现社会公平所做的努力尝试的一部分,也通过此项目让那些深陷贫困的美国公民开始新的生活,回到主流之中①。再次,提前开端项目致力于通过综合服务改善儿童的环境并为其做好入学准备。美国国内认为导致美国教育面临危机的原因之一,正是学前教育阶段未能为所有儿童的入学做好准备。1994 年克林顿签署的《提前开端法案》、2005 年出台的《入学准备法》等都明确指出其立法宗旨是为了提高入学准备。为了实现这一目标,提前开端项目为处境不利儿童提供教育服务、健康服务、社会服务和家长服务等综合性服务,以此为儿童提供适宜的学习环境和各种学习经验,为所有儿童提供安全的、营养的、有吸引力的、快乐的学习环境,帮助他们获得在当下环境中取得成功必备的意识、技能和自信②。最后提前开端项目强调家长的知识储备和精力对抚养儿童的不可或缺性,在项目实施中注重家长素质的提升和家长的参与。

(3)管理体制及服务内容

美国学前教育中公立学前教育系统为 5—6 岁幼儿提供幼儿园教育,同时也为一些学龄儿童提供校外服务,其主要机构包括幼儿园和托儿所,并接受教育部门管辖;私立学前教育系统服务于 0 岁至义务教育前的幼儿,以市场需求为导向,主要包括全日制托儿中心、部分时间的保育学校和学前班等,由社会福利部门和教育部门分别管理;提前开端项目旨在帮助 0—5 岁贫困家庭的幼儿,主要由健康与人类服务部门负责。这三类教育机构并非完全对立,而是互有交叉。就办学主体而言,美国学前教育机构大多由民间团体、福利机构、基金会以及私人组织和个人创办,而提前开端中心可以说是穿插于多种机构中的公立性质的学前教育机构,通过授权的方式充分利用地方现有资源,以地方实体机构为中介和基础为处境不利儿童及其家庭提供综合性服务,所以他们的机构类型主要是:授权公、私立机构,整合地方资源;以促进儿童全面发展、提高入学准备的健康、家庭、社会、教育等综合服务为其服务内容,主要服务对象为低收入家庭的弱势群体的儿童③。

---

① Ziglert, E. , Styfco, S. J. (2004). America's Head Start program: An effort for social justice. In Social development, social inequalities, and social justice. (ed.). (2008). New York, NY: Lawrence Erlbaum Associates. p. 53.

② http://www. acf. hhs. gov/programs/ohs/programs/index. html

③ CLASP: Center for Law and Social Policy(2009). United States Head Start by the numbers 2008 PIR Profile, p. 2.

提前开端项目的管理模式是：由联邦政府直接负责，注重与各州的合作。尽管教育部是负责统一处理联邦教育政策和经费的部门，但提前开端项目隶属于联邦健康与人类服务部。提前开端办公室是直接主管部门，主要职责是为项目相关问题制定计划、提供建议并部署实施，比如提出立法提议和预算提议；确立项目运营计划目标和项目开展；监管活动进程等。任务主要是为地方公立与私立非营利性和营利性机构提供补助金，为经济条件不利儿童及家庭提供综合性发展服务等。提前开端项目办公室在各州设立州合作办公室以促进项目与州幼儿园之间的合作，加强以多种方式与各州的合作，通过连锁、合作、政策与服务的整合建立早期教育系统。

（4）财政投入模式

美国的政府财政投入、家长缴费和其他资源共同承担了学前教育的开支。近年来，随着美国政府日益关注对学前教育的财政投入及其保障，政府投入逐渐成为整个学前教育经费的主要来源。2008 年公共资源占美国 3 岁及 3 岁以上儿童学前教育机构总开支的 77.6% 。提前开端项目主要由政府买单，其经费主要来源是联邦政府拨款（占总额的 80%），以及地方政府的资金补充支持（约占 20%）。首先由各州根据实际需要做出预算，然后向联邦政府提出申请，经过联邦政府审核后会直接给各州提供财政拨款，也就是学前教育各级财政分担的中央与地方联合模式。美国"提前开端项目"的预算也在稳步增长，在 1965 年项目只有 9640 万美元的拨款和 2000 个活动中心，之后拨款明显增长，到 2003 年达到约 666753.3 万美元[①]。

美国学前教育项目的财政预算一般以法律形式颁布，如著名的《提前开端法》中对"提前开端"项目的预算、《不让一个儿童落后法》中对"早期阅读第一"项目的预算。联邦政府正在更大程度上通过这些成文法所规定的预算拨款来加强其对各州在学前教育包括保育在内的教育、福利事务的控制和干预。

（5）师资队伍建设

提前开端项目有一个传统就是向各地提供教职员培训和技术支援，利用不同途径促进教师的专业成长和发展。他们从 1971 年设立了自己的专业学位和证书——儿童发展助理证书（CDA）。CDA 学位和证书计划在美国受到了广泛的认同，而且现在也已经被写入了所有的提前项目认证要求当中。CDA 既是培

---

① 中国学前教育发展战略研究课题组.中国学前教育发展战略研究[M].北京：教育科学出版社 2010:213.

训教师又是培训职工的途径之一,此外,工作坊、会议、专题研讨等也是定期培训教师的多种形式。近年来,提前开端项目加大了投资力度,在 2002 年布什总统提出一项针对提前开端教师的全国性培训计划项目,培训 5 万名教师,帮助他们获得早期阅读、词汇、语言技能等方面的教学策略。提前开端项目教师的培养是入职培训和过程性的在职培训相结合进行的,该项目的补充培训项目是使提前开端项目的教职员接受本科培训成为拥有学位的、有资格的教师,该项目的儿童发展项目是培养专业助理人员,尤其是从事早期教育的资格人员。这两个项目相辅相成,形成了教师专业发展的基础项目。

3. 英国的 SURE START 项目

(1)项目简介

英国在发展学前教育方面采取的措施与当年的美国相类似。20 世纪 90 年代中后期,英国社会发展也面临着严重的贫富分化、社会排斥、儿童教育缺失等社会困境与教育问题。英国政府在考察了美国的开端项目之后,制定并出台了具有英国特色的发展学前教育项目——“确保开端”项目,寄望于推动学前教育公平,提高学前教育质量,同时促进一系列社会问题的解决。

英国当时国内政治方面的改革为确保开端项目的产生提供了政策机遇,经济的发展是确保开端项目成为提高人才数量和质量的途径之一,文化方面的兴起是确保开端项目成为政府干预和支持学前教育的新手段。

确保开端项目的发展分为两个阶段。1998—2004 年确保开端项目启动于布莱尔政府,由教育与技能部、工作和养老金部共同实施。为了更好地管理和推进该项目,专门成立了项目管理部门——“确保开端”部(Sure Start Unit)。该项目的目标是将学前教育、儿童保育与家庭援助及支持融为一身,为教育条件落后地区的儿童提供一个良好的开端。旨在通过提供全面、整合式的服务,全面提高儿童生活质量,促进儿童、家庭和社区的共同发展,并以此消除儿童贫困和社会隔离。在此目标的引领下,确保开端项目成为由政府发起、社区和儿童家长共同参与,主要针对 4 岁以下婴幼儿,特别是弱势儿童群体及其家庭,促进婴幼儿身体、智力与社会性等多方面发展的大型学前教育项目。2005—2015 年确保开端项目进入最新发展期。新的发展提出:提出惠及更多儿童的、最好的人生开端的目标。该项目进一步强化地方政府的作用,从 2006 年到 2008 年之间,教育和技术部门向地方当局拨款 18 亿用来建设儿童中心。2009 年 5 月,英国已经有超过 3000 所确保开端儿童中心,为 200 万家庭提供保育以及健康和养育意见。预计到 2010 年将达到 3500 所①。2009 年,该国儿童、学校和家庭部大臣鲍尔斯表示,政府将会一如既往地继续支持"确保开端"。

(2)项目定位

确保开端项目的基本定位反映了英国学前教育事业的公平取向:首先,强化学前教育的公共价值,向 3 - 4 岁儿童提供免费服务。近年来,英国政府通过一系列政策明确学前教育对社会、家庭及其个人的发展潜在价值,同时明确政府在学前教育发展中的责任。其次,将服务对象定位于贫困地区儿童和处境不利儿童,通过提供全面、整合式优质服务促进儿童和家庭的共同发展。2003 年英国首先将保育和教育的管理职责统一于教育部门,改善了过去保育和教育分属福利部门和教育部门的局面,学前教育服务开始逐步同健康服务、家长支持等相关服务结合在一起,共同纳入到整个儿童早期服务的框架中,凸显了学前教育的整合性和综合性,通过跨部门合作战略来实现儿童身体、社会性、情感和认知的全面发展,并为家长提供就业、培训等相关服务,促进家长和儿童的共同发展。基于对儿童学前阶段基础价值的认识,确保每个儿童获得最好的开端已成为当前英国学前教育的核心价值诉求。第三,确保开端项目强调家庭的作用,关注家长的需要,积极倡导家长及家庭的全面参与。确保开端项目关注社会和谐的需要,将减少儿童贫困和社会融合作为重要目标,减少社会贫困,促进社会的健康发展。

表 5 - 1 三个国家学前教育的性质比较

学前教育的性质		国别	学前教育免费年龄段	学前教育免费具体方式
准公共产品性质,不完全免费	部分年龄段免费	美国	5—6 岁(学前一年)	附设在小学的幼儿园和"提前开端"项目中心
		英国	5—7 岁	附设在小学里的属于学制系统的幼儿学校或幼儿班、保育学校或保育班
			3—4 岁	各类有资格的非学制系统的保育和教育机构
	特定群体免费	印度	弱势群体儿童	儿童综合发展服务项目

————————————

① Over 3000 Sure Start's Centers now open. http://www. direct. gov. uk/en/ N11/Newsroom/DG_1781.

（3）管理体制与服务内容

英国学前教育机构按照机构举办者的不同主要有四种类型：由国家或地方政府、独立学校、私人和志愿团体举办，总的来讲，私立机构和志愿团体占的比例较大。确保开端项目的主要实施机构是：确保开端儿童中心①和扩展学校。尽管私立机构在英国学前教育机构供应中占有较大比例，但确保开端儿童中心作为获得政府经费支持的确保开端项目的主要实施机构，其总数量的一半左右仍由地方当局负责举办和管理。扩展学校是确保开端项目的另一个重要实施机构，扩展学校的举办者依然是地方当局。

确保开端项目的管理实施，实行以地方当局为管理核心的跨部门管理模式。主管部门为：儿童、学校和家庭事务部与工作和养老金部，前者负责确保开端项目的计划、管理及其提供专项拨款，后者负责配合确保开端项目的实施。确保开端项目的管理模式主要是地域分权，地方当局是确保开端项目管理结构中最重要的一环，接受中央政府领导同时负责项目具体实施。地方当局需要提供足够数量的儿童中心，开展连贯服务模式，需要保持和提高服务的多样性，实现可负担性和可持续性，提升服务质量。

确保开端儿童中心主要以保育、教育、健康凸显对家庭支持的整合性服务内容，中心的目的是通过高质量的综合的早期教育、健康和家庭支持来缩小处境不利地区和其他同龄儿童之间的差距。扩展学校通过提供学习支持和校外活动为学龄儿童提供儿童保育，大多数学校会向家长提供支持，希望家长参与影响儿童的学习，同时提供包括儿童和青少年精神健康服务、言语和语言质量及其他服务，还能用于社区的活动或在上学之外的时间向社区开放运动和艺术设施②。确保开端项目服务的对象逐步惠及全体儿童，并扩展至家长和社区相关人员。

---

① 确保开端官方网站［EB/OL］. http://www. surestart. gov. uk/surestartservices/settings/surestartchildrenscentres.

② 确保开端官方网站［EB/OL］. http://www. surestart. gov. uk/surestartservices/settings/surestartchildrenscentres.

表 5 - 2　三个国家的学前教育管理制度比较①

学前教育管理体制模式	国别	国家行政体制	中央教育行政职责	地方教育行政职责	发展趋势
中央主导	印度	联邦制	制定学前教育发展国家计划；主导公共学前教育发展；直接主管学前教育项目。	联邦政府及其他地方政府组织管理学前教育项目。	中央政府加强主导作用，继续致力于普及学前教育与扶持弱势幼儿群体。
地方自主	美国	联邦制	辅助地方管理学前教育；为各州学前教育发展提供补助金支持；直接管理全国性学前教育项目。	州政府主管学前教育；州政府制定教育财政、教师资格、教育课程等标准规则。	学前教育行政权力向联邦政府和州政府集中。
中央与地方均权	英国	联邦制	制定教育政策与教育制度；统一教育课程标准；通过督导机构监察地方教育当局和教育机构，领导和管理地方教育当局和教育机构；负责公立教育经费的拨付；负责批准地方当局的教育预算、机构设置与教育计划；设专职督学对学前教育进行独立督导。	负责分配中央政府对于保育和早期教育供应者的拨款；协调和支持当地的保育和早期教育供应者；同相关部门合作，评估当地的儿童保育市场，以确保为工作的父母提供充足的保育和早期教育服务；确保为3—4岁儿童（家长有意愿获得这一服务）提供法律规定的最少数量的免费早期教育；提供学前教育方面的信息。	中央政府在加强对学前教育发展统一管理的同时，为了更好满足当地的需要，也开始逐步扩大地方当局的权利，赋予地方当局战略领导者的角色。

　① 中国学前教育发展战略研究课题组著.中国学前教育发展战略研究［M］.北京:教育科学出版社 2010;195

（4）财政投入模式

英国的学前教育的经费主要以政府投入为主。以 2007 年为例,英国 3 岁及 3 岁以上儿童学前教育机构总开支的 86.1% 来自于公共资源①,地方政府的财政支出主要依靠中央财政的转移支付。就确保项目来说,政府投入占有相当大的比重,确保开端、早期教育和保育拨款是学前教育预算的专列预算。拨款法案对这一部分预算拨款的主要用途进行了说明,主要用于支持婴幼儿的身体、智力和社会性发展。财政专项预算为英国"确保开端"项目及整个英国学前教育与保育质量的提高提供了有法可依的财政保障。近年来,英国政府"确保开端项目"的财政预算也在成倍增长,2007—2008 年度预算拨款的数额比 2003 —2004 年度增加了 3 倍多,已达 17.6 亿英镑。

（5）师资队伍建设

作为基层确保开端项目的负责部门,地方当局对于教职员工的专业培训和发展承担着重大的责任。地方当局制定地方工作人员战略,来培养满足儿童需要的教师。课程管理局出台了《基础阶段课程指导》作为儿童早期工作者培训的重要内容,除了确保课程方针的顺利实施,提高儿童早期工作人员的资格证书等级也是员工培训的一个重要方面。政府的文件明确,希望保育机构中的保育指导员具备等级三或以上的资格证书。英国政府还设立了专项拨款,为儿童早期工作者培训和专业发展提供经费支持。2006 年以来政府通过设立转换基金这一专项拨款方式,投入 2.5 亿英镑来加强儿童早期工作者团队建设,而目前被称为高学历领导者基金取代了转换基金,计划投入超过 3.05 亿英镑的财政支持,帮助提升儿童早期工作者团队的专业素养。为了确保经费投入的可持续性,政府的这一经费投入将一直持续到 2015 年,以达到所有全天保育机构都具备一名儿童早期保教专业人员的目标。

二、国内政府主导学前教育发展典型案例介绍

近年来,我国一些地方在推进学前教育发展方面,不断进行体制机制创新,取得了一系列的成效,涌现出了一批政府主导学前教育发展的典型,这些鲜活的案例可以为本研究提供丰富的营养。

---

① OECD. (2010). Education at a Glance 2010；OECD Indicators, p. 234.

（一）上海模式

上海市在推进学前教育发展方面，主要是通过颁布一系列相关政策来不断强化政府公共服务职能。他们提出了"灵活的政府统筹管理＋多样化的办园体制"的政府主导发展学前教育模式，带动和促进了学前教育的快速健康发展。多年来，上海市3—6岁儿童的入园率一直保持在95％以上。

1. 灵活的政府统筹管理方式

上海模式，一个突出的特点是构建了鲜明的政府主导与社会参与办园格局。长期以来，上海市在学前教育发展问题上表现出了两个极端：一个是受"教育产业化"的影响，政府将学前教育完全推到市场，放弃了政府应该承担的责任。另外一个极端是，政府对学前教育大包大揽，这是传统的思维和管理方式，但政府往往因为财力的限制，又无力完全实现包揽到底。针对以上问题，上海市委市政府认为必须推进学前教育体制机制创新，没有体制机制的创新就不可能根本改变学前教育发展面临的困境。他们提出了"灵活的政府统筹管理＋多样化的办园体制"新的管理体制，十几年来的实践表明，这一模式取得了显著的成效。

（1）政府的职能得到了强化

上海市在其管理体制上，强化了政府的公共服务职能，特别注重统筹协调和依法科学管理。1999年，上海市人民政府办公厅转发了市教委等九部门《关于0—6岁学前教育管理体制改革的若干意见》，提出了0－6岁学前教育整体、系统、科学的一体化发展目标，各级政府加强了托幼一体化的统筹规划和协调发展，推进了托幼资源的优化配置。2010年，在学前教育《国十条》的政策性指导下，上海市开始规划推进"学前教育三年行动计划（2011—2013年）"，旨在进一步强化政府职能，构建和完善学前教育公共服务体系。

上海市各级政府均将学前教育作为公共服务的内容，不断采取措施完善学前教育。比如，实施目标责任制，优化学前教育管理体制，发展以公办园为主体，社会共同参与的学前教育办园体制。学前教育一体化的最终目标是促进幼儿的发展，为此，上海市积极推进学前教育业务管理的系统化，整体化和科学化，使之与管理体制改革同步进行。

（2）学前教育政府财政投入比例极高

2009年上海学前教育的财政总投入为30.32亿，比2004年的11.09亿增加了近19亿。上海市学前教育财政投入占其财政经费总投入的比例是

7.93%,而全国平均投入比例只有 1.6%。学前教育财政投入占上海教育总投入的比例,2009 年比 2004 年提高了 2.44 个百分点。同时,公办幼儿园生均总支出 2009 年比 2004 年差不多翻了一番,年均增长 14.5%。生均支出中财政拨款数额占 18%,家庭支付数额占 32%。从 2007 年开始,上海市政府就把幼儿园建设列入重点工作,2007 年建 60 所,2008—2010 年每年增加 50—60 所。据统计,2009 年上海市幼儿园占地面积 590 万平方米,比 2004 年增长 67%,这个增长比例在历史上是没有的。建筑面积 2009 年比 2004 年增长 73%。这样高投入的财政支出比例当然与上海市的经济发展分不开。

（3）公民办幼儿园结构比例合理

2009 年,上海市公办幼儿园占 70.57%,公办园教师占幼儿教师总数 75.62%,公办园在园儿童占在园儿童总体的 79.1%,2010 年在园幼儿数为 40.03万人,常住人口适龄儿童儿童入园率达 98% 以上。已形成以政府为主导,公办园为主体、公办、民办、股份制、中外合作办园并存的多元办园体制。

2. 办园体制的多样化

在办园体制方面,上海市实现了多元化的办园理念以及完善的入园制度。各级政府将学前教育机构的配套建设纳入城市居住区公共服务设施的设置范畴,使配套学前教育机构的规模与居住区人口规模相对应,有效地保证了学前教育机构办学基本条件的需要。开展了以公办园为主体、以示范园为骨干的优质学前教育建设工作,形成了办学体制多元化、服务形式多样化的发展格局,满足了市民对学前教育的不同需求。并不断拓宽服务渠道,推进农民工子女学前教育看护需求的全覆盖。在公办学前教育资源比较紧张的形势下,采用积分制,设立民办三级幼儿园,允许建立看护点。看护点就是以镇为单位的农民工集聚的村镇,设立农民工子女的看护点以缓解入园难问题。

当然,上海的模式并非完美,但值得借鉴的是政府在统筹管理中的灵活性。其通过政府购买服务的实施在解决入园难问题方面取得了较好的成绩,值得我们思考与借鉴。

（二）浙江模式

浙江省是我国教育大省和强省,改革开放以来,学前教育取得了长足发展。特别是近年来,形成了各具特色的政府主导学前教育发展模式。

1. 绍兴模式

绍兴近几年来大力发展学前教育,政府在发展学前教育方面制定的一系列有力措施取得了良好的成效,使得绍兴的学前教育发展与绍兴经济和社会发展的水平相适应,与各类教育的发展相协调。

(1)明确的目标导向

在高标准普及学前教育的总体目标指导之下,政府还制定了四个目标导向:幼教事业的发展以城乡均衡化发展为目标导向;办园条件的改善是以标准化发展为目标导向;教师队伍的建设是以素质的普遍提高、骨干教师队伍的脱颖而出为目标导向;幼儿教育的发展理念是以培养人格健全、心智健康、体质健壮的幼儿为目标导向。并不断努力遏制学前教育的小学化倾向。与此同时,政府还推进了三大工程:即学前教育的规划建设工程、标准化幼儿园的创建工程以及学前教育先进县的评比工程。

(2)城乡差别对待

所谓两条路线,即指在政府主导学前教育的过程中,对于政策的制定并没有遵循传统的一种政策走到底的模式,而是分别制定了城乡两种发展战略模式。

第一,建园机制的城乡差别化。要办幼儿园,需要解决的第一个问题,就是幼儿园的园所由谁来建设。绍兴市政府根据当地城市和乡村经济及文化发展的不平衡性,制定了城乡两种截然不同模式的建园机制。

城市的建园机制,是以实施小区配套建设移交的模式来实施的。比如:一个新的小区开发,或者说旧的小区在重新准备进行改造的时候,就开始规划设置这个小区需要配置多大规模的幼儿园,然后作为允许开发这块土地土壤的条件。假如说这块土地500亩要出让,在其中要建一个多大规模的幼儿园。教育部门按照浙江省教育厅提供的幼儿园标准,按照这个标准去设计好幼儿园,与此同时,这个幼儿园的设计也要随之做到同步规划、同步建设和同步竣工。

在开发商拍卖土地以前,建园是作为前提条件的,在土地被拍卖之后,开发商按照要求把幼儿园建设好。建好之后,开发商再把它无偿地移交给教育局,然后由当地的教育局来主导办园。而在农村,则是以"镇村为主、多元投入和政府补助"的方式来建园的。进一步强化镇村两级发展农村学前教育的主要职责,同时通过发挥财政资金对社会资金的激励作用,引导镇村拓展经费来源,加大经费投入,吸引企业与个人通过投资,捐赠,设立基金等形式广泛参与,建设好中心镇、中心村幼儿园。

第二,办园机制的城乡差别化。办园机制也是城乡区别对待。在城区,首先倡导民办公助的模式,给民办的教育留一点生存发展的空间。民办公助的模式就是将政府开发区、小区的幼儿园配套建设好,移交给教育局。教育局有两种选择,一是自己去办公办园,另外一种模式是教育局通过招投标给民办的举办者去办。教育局招投标不是说谁给我的租金高就由谁来举办,租金是全市统一的,每平方多少,这不是招投标的内容,是统一标准。在招标过程中主要看谁有能力把幼儿园办好。通过专家论证以后看看谁有能力把幼儿园办好,就给谁办。

在农村,倡导的则是多主体的办园机制。农村有农村的具体情况,如果要在乡村办一个民办一级幼儿园,那肯定是低水平的幼儿园,因为支持一个民办幼儿园发展的关键在于生源,要收费。有比较多的生源,有比较多的收费,民办幼儿园才有办好的基础。而农村幼儿园这两方面都有问题,首先就是生源问题。农村幼儿园生源只能来源于这个村以及周边的村,所以幼儿的生源非常有限。再者就是农村的收费问题,因为农民的收入水平和城市相差比较大,收费有限,这就决定了农村一级幼儿园的局限性。

第三,政府权力"双能"机制的建立。建立政府权力的"双能"驱动保障机制中的"双能",一是指人力,二是指财力。人力的保障主要抓"三争",一是争待遇,第二是争编制,第三是争培训。政府要求大幅提高幼儿教师的待遇,包括民办幼儿教师的待遇。一个基本的标准就是这个行业的平均工资水平是高于社会平均水平还是低于社会平均水平。基于这样的理念,政府对不在编的,不是公办的幼儿教师,给予补助。从人均五千块开始补,要补到人均一万块。拿到这个补助以前,政府对幼儿园有一个前提条件,首先幼儿园原来给你的工资要达到基本标准,有一个底线。还有养老保险、医疗保险、失业保险,等要做到全保。该政策出台以后效果非常好。第二是争编制,促进结构优化。另外一个是争培训,对幼儿教师的培训实现"零收费、全覆盖"。在财力保障当中,政府主要设立了几项经费,一个是设立学前教育专项经费,政府设立学前教育的专项发展经费,乡镇建幼儿园、民办幼儿园都给补助,按照20%到30%的比例给补助,就是政府资金给予引导。另外就是设立幼儿教师专项补助经费。像市区对每一个非公办的幼儿教师,政府从2007年开始补,目标是到2012年要人均每年补到一万块。这样就大大提高了幼儿教师工作的积极性。

第四,特殊帮扶机制的设立。构建公平均衡的帮扶机制,实现同城待遇是绍兴模式中的亮点。一是帮扶弱势群体来解决未来民工子女入园难的问题。公办、民办加在一起,对外来民工子女和本地孩子一样,实现了同城待遇,保证他们能够进得来,能够读得起,能够住得实。读得起,即对民工子女,特别是对困难的外来民工子女,政府允许其可以申请教育券来抵充学费。住得实,则是针对那些家长工作时间比较长、休息时间比较少的幼儿,设立了开到晚上的幼托班以及暑期困难班。

可以说,浙江绍兴模式是非常典型的实现城乡两种差别对待的模式,这样的模式值得借鉴。

2.宁波五·三制度模式

所谓的"五·三制度模式",即在当前学前教育发展的五个重要方面都提出了三种选择,这样的选择不是盲目的"以公为主",而是根据当地的实际发展水平和需要来确定合适的结构比例。这正是我们在建构政府主导农村学前教育发展模式中最最需要注意的问题。具体来说是这样的:

(1)办园体制方面:公办、普惠性民办、选择性民办三种办园体制并举

以宁波市慈城镇政府为例:从2007年以来,慈城镇政府在探索建立公有民营资助的体制过程中,推行了由镇政府一次性投入一定的资金扩建改造幼儿园园舍,添置更新所需的硬件设备,并给予其他形式的政策倾斜,如在这些民办园中配置一定数量的公办教师或是对非公办教师给予工资补助等等优惠政策来促进其发展以满足不同类型幼儿的需求。

这样的结合解决了公办幼儿园和集体性质的幼儿园的日常经费开支保障问题,解决了民间机构和私人举办幼儿园的出路与发展的问题,并在有限的政府财政支出情况下,充分调动了社会各方的积极性,保证了学前教育持续朝着"公益普惠"的方向快速健康发展。

(2)建园体制方面

园舍建设是学前教育发展的基石,一旦错过了当前城乡大规划的有利时机,是相当遗憾的。因此,在建园体制方面,宁波市政府规定,实行新建居住小区的配套建设、新农村建设中公共服务设施的配套建设、富余校舍的改扩建三种园舍建设模式,实施了一大批幼儿园建设项目,有力地缓解了学前教育资源紧张的局面。

(3)补教师、补幼儿、补幼儿园三种公共财政投入的方式并存

宁波市政府在公共财政投入方面每年投入一定的经费来确保公办教师和非公办教师的工资水平和收入待遇,出台了"幼儿助学教育券"政策,给幼儿园投入建设安保、卫生设施,改善教学设备等等,运用多方式多途径的公共财政投入机制,来确保真正的"公益与普惠"。

（4）县（区）财政、乡（镇）财政、幼儿家庭三方共同分担成本

以宁波市慈城镇为例：实行的就是"区财政分项目按照一定比例补助，镇政府财政包干兜底"的模式。目前，公共财政与家庭共同分担学前教育成本已经得到各地的广泛认同，但如何分工并不明确，需要各地根据自己的财政收入情况进行科学合理的分配。

（5）公办、参加事业保险的非公办、灵活聘用三种教师管理策略并用

为了稳定非公办教师为主体的幼儿教师队伍，宁波市还出台了相关政策，规定凡是获得中级以及以上专业职称的非公办教师可以参加事业保险，其退休之后还可以享受公办教师的退休待遇。笔者认为，这三种阶梯式的制度设计能够较好地解决既要维持幼儿教师队伍的稳定又能激发幼儿教师队伍活力的矛盾，最终实现通过提高幼儿教师质量以促进学前教育质量不断提升的目的。

总的来看，宁波的政府主导学前教育模式较之上海和绍兴模式更加具有地方性特色，值得我们借鉴的地方在于其如何将政府主导和谐地融入本地的学前教育现状之中，并非"包办"却依然"主导"。

（三）陕西模式

自2010年陕西省政府大力发展学前教育以来，省政府各职能部门发挥合力，从《陕西省学前教育三年行动计划》到"学前一年免费教育"，从新建幼儿园发展的宏观规划到城市新建居住配套规划建设幼儿园的指导意见，一系列发展学前教育政策的出台都显示了陕西省政府和人民大力发展学前教育的决心、信心和勇气。

1. 认真学习《纲要》，理清发展新思路

2010年12月，陕西省人民政府在认真学习《国家中长期教育改革与发展规划纲要（2010—2020年）》的基础上，以"大力发展学前教育"作为贯彻并落实《中共陕西省委 陕西省人民政府关于贯彻＜国家中长期教育改革和发展规划纲要（2010—2020年）＞的实施意见》（陕政发【2010】10号）的突破口，发布《陕西省人民政府关于大力发展学前教育的意见》（陕政发【2010】51号），加快普及学前教育，构建学前教育公共服务体系，加强幼儿教师队伍建设，加强学前教育管理，强化安全卫生保健工作，加大学前教育经费投入，完善体制，加强政府领导，明确提出"把学前教育纳入基本公共服务体系，从2011年秋季开始，逐步实施学前一年免费教育，到2015年，全省实现学前一年免费教育，普及学前两年

教育,学前两年毛入园率达到90%,学前三年毛入园率达到85%以上"①。

2. 制定发展规划,为学前发展布局

在明确我省学前教育发展的宏观任务之后,陕西省教育厅专设基础教育三处,负责学前教育发展相关事宜;相继出台《陕西省学前教育三年行动计划(2011—2013年)》(陕政办发【2011】13号)和《陕西省关于加快发展学前教育的若干规定》(陕教基三【2011】1号),其成为领导陕西省学前教育事业发展的两个重要文件。

根据陕西省实情,在明确全省学前教育发展现状的基础上,《陕西省学前教育三年行动计划(2011—2013年)》进一步确立全省学前教育发展指导思想、目标任务及工作要求。明确要求:"2011年9月全面启动学前一年免费教育;2012年继续实施学前一年免费教育,完善政策措施,稳定保障水平;2013年继续全面实施学前一年免费教育,进一步完善政策和保障机制,提高保障水平②"。加大资金投入,省上每年安排2亿元学前教育经费(其中省级预算内计划投资和省财政专项资金各1亿元),用于支持城乡幼儿园建设和学前一年免费教育,并要求各市、县(市、区)也要设立学前教育专项经费用于该项政策的落实。

《陕西省关于加快发展学前教育的若干规定》明确了幼儿园布局建设、农村幼儿园发展、民办园的扶持、幼儿园管理等十个问题,指出,"认真落实学前一年免费教育和资助政策",建立免费教育的经费保障机制,并积极做好在园受助幼儿信息基础管理工作。

3. 精密筹划发展,免费一年教育开篇

为积极贯彻学前一年免费教育政策,陕西省政府办公厅会同教育厅、财政厅及其他政府职能部门,出台《陕西省学前一年免费教育实施方案》(陕政办发【2011】60号)和《陕西省学前一年教育助学金管理暂行办法》(陕财办教【2011】172号),提出"一免一补"政策:"一免"指免除学前一年在园幼儿的保教费,"一补"指对家庭经济困难的学前一年在园幼儿提供生活费补助。按照这两份文件的指示和要求,各市、县根据当地经济与教育现状,确定了市、县相应的实施办法和资助经费分担比例。

---

① 陕西省人民政府办公厅. 陕西省人民政府关于大力发展学前教育的意见. 陕政发【2010】51号.

② 陕西省人民政府办公厅. 陕西省学前教育三年行动计划(2011—2013年). 陕政办发【2011】13号.

4. 配套政策跟进,共促学前大发展

除了学前一年免费教育政策的实施和开展,陕西省教育厅各职能部门对幼儿园配套建设、办园标准、教师培训等发展问题跟进了相应政策,共同促进全省学前教育大发展。省教育厅会同其他部门相继出台了《陕西省学前教育三年行动计划》的配套文件,现罗列如下:

文件名称	主要举措	发文时间	发文单位
《陕西省教育厅关于做好幼儿教师全员培训工作的指导意见》(陕教师【2011】14 号)	将幼儿教师培训纳入中小学教师培训体系,每五年一个周期,每位教师培训不少于 360 学时,实施骨干教师培训项目,建立省、市、县幼儿骨干教师队伍,建立幼儿教师培训制度,完善培训体系。明确培训内容和学时,提出相关要求和保障措施。	2011.3	陕西省教育厅
《陕西省城市新建居住配套规划建设幼儿园、小学的指导意见》(陕教发【2011】32 号)	1.规划建设的原则:居住 1500 户及以上应规划建设幼儿园; 2.项目建设与管理:"谁开发,谁完善配套"。	2011.7	省教育厅、省发改委、省财政厅、省国土资源厅、省住建厅
《陕西省幼儿园基本办园标准》(陕教发【2011】35 号)	对幼儿园选址、规模、用地、建筑、教玩具、人员、经费、管理家园共育等提出明确要求。	2011.8	陕西省教育厅
《陕西省教育厅转发教育部关于规范幼儿园保育教育工作防止和纠正"小学化"现象的通知》(陕教基三【2012】2 号)	1.提高认识,转变观念。 2.科学保教,提升质量。 3.严格制度,加强管理。 4.开展督查,狠抓落实。	2012.2	陕西省教育厅

文件名称	主要举措	发文时间	发文单位
《陕西省教育厅关于开展省级示范幼儿园结对帮扶活动的通知》（陕教基三【2012】4号）	以改善民生、促进教育公平为宗旨，以提高城区薄弱幼儿园特别是乡镇、农村幼儿园保教质量为目标，通过结对帮扶，开展专题讲座、教学观摩研讨、送教下乡、浸入式跟班学习、课题研究、联谊、捐赠等灵活多样的方式，帮助各级各类幼儿园提高管理水平，提升师资队伍素质，遵循以游戏为主、保教结合的原则，防止和纠正幼儿园"小学化"倾向，切实提高保教质量。同时，增强省级示范园的社会责任和使命感，拓展视野，创新思路，提升指导能力，实现相互促进，共同提高。	2012.3	陕西省教育厅
《陕西省公办幼儿园财务管理办法》（陕财办教【2012】122号）	规范幼儿园财务行为，促进我省学前教育健康发展。进一步明确了幼儿园的权、责、利，并从机构和职能、预算管理、收入管理、支出管理、资产管理、财务报告和财务分析以及财务监督等方面做出规范。	2012.7	陕西省财政厅、陕西省教育厅、陕西省物价局

5.普及学前一年免费教育具体措施

在明确了"全面普及学前一年免费教育"发展目标与思路的基础上，陕西省政府各部门经过多方调研，了解陕西省学前教育发展现状，重点统计学前一年幼儿总数、学前一年入园率，教育厅与财政厅仔细测算免费教育所需资金，为在全省普及学前一年免费教育这项民生工程打下基础。

（1）全力调研，测算需求资金①

为落实《陕西省学前教育三年行动计划》的文件精神，陕西省教育厅于

---

① 以下数据均来自陕西省教育厅《实施学前一年免费教育经费需求测算说明》。

2011 年 3 月积极组织各部门人员深入各市县开展调研,了解全省学前教育事业发展的现状以及存在问题。本次调研之后,教育厅及有关部门多次召开相关会议,商讨学前一年免费教育事宜。

2010 年教育事业统计结果显示,截至 2010 年底,陕西省共有幼儿园(班)3928 所,其中:城市 822 所、县镇 668 所、农村 2438 所;公办幼儿园 711 所,占总数的 18.1%,民办幼儿园 3217 所,占总数的 81.9%。全省在园幼儿约 70.48 万人,其中学前三年在园幼儿 68.16 万人,毛入园率 62.19%。

2010 年全省学前一年在园幼儿分布统计表

地区	大班(人)	学前班(人)	总人数
城市	73850	5771	79621
县镇	67958	12238	80196
农村	106003	70795	176798
总计	247811	88804	336615

据统计,2011 年全省学前教育支出 33.25 亿元,占全省教育经费总支出的4.18%。

目前,全省公办幼儿园保教费标准按幼儿园类型分五种:示范园年生均1300 元、一类园 900 元、二类园 700 元、三类园 500 元、未入类园 350 元①。

结合陕西省现行五类收费标准,按照"免除保教费后原运转水平不降低并略有提高"的原则,教育厅与财政厅商定:免除学前一年保教费以县为主组织实施,省财政统一按照全日制公办二类园现行收费标准,即每生每年 700 元测算,并按所需资金总量的 80% 对市县进行奖补。最终确定:①免除学前一年幼儿保教费奖补资金分配办法。省财政以县为单位,采取人均财力、学前一年幼儿在园人数、学前一年毛入园率等因素进行测算,对人均财力 6 万元以下的县(区)给予奖励补助。人均财力超过 6 万元以上的县(区),由县(区)财政自行解决,予以保障。②补助家庭经济困难学前一年幼儿生活费分配办法。按照 2010 年在园幼儿人数 20% 资助面,以及年人均 750 元(即每生每天 3 元,一年 250 天)的标准测算,所需经费由省与市县按 1:1 比例分担。③建立学前教育公用经费保障体系。根据《陕西省人民政府关于大力发展学前教育的意见》(陕政发【2010】51 号)精神,经研究决定,从 2011 年起对达到基本办园标准的各类幼儿园(含公办、民办、机关企事业单位以及其他社会力量办园,下同)按在园的小中

---

① 来源于《陕西省公办幼儿园保教费标准》。

大班幼儿人数 200 元/生·年标准补助公用经费,所需资金由省与市县财政按 1:1 比例分担,市县财政承担比例由各市结合实际情况合理确定,有条件的地方可视财力情况适当提高补助标准;对农村小学附设的学前班,省财政按 1000 元/生·年补助公用经费;对各县(区)特殊儿童随班就读康复救援中心,省财政按 1500 元/生·年予以奖补资助。

按照上述标准进行资金测算,2011 年陕西省学前一年免费教育资金测算如下:

2011 年学前一年免费教育资金预算表

	省与市县资金分担比例	人数(万人)	省财政分担年资金(万元)	省财政分担秋季资金(万元)	年需资金(万元)
"一免"资金	8:2	33.66	18850	9425	23563
"一补"资金	5:5	6.73	2524	1263	5047

以上两项合计年需资金 28612 万元,2011 年秋季需 14306 万元,其中省级 2011 年秋季需承担 10688 万元。另外,2011 年省级财政投入 1.57 亿元为公民办幼儿园拨付公用经费。

(2)落实政策,启动免费计划

根据《陕西省学前一年免费教育实施方案》的工作内容,全省上下强力推动,从 2011 年秋季学期起,对在公办幼儿园(包括政府、政府有关部门、国有企事业单位及村民自治组织利用国家财政性经费举办或参与举办的幼儿园)就读的学前一年幼儿免收保教费①,对在民办幼儿园就读的学前一年幼儿按照同级同类公办幼儿园免费标准减收保教费。同时,对学前一年家庭经济困难幼儿补助生活费。

学前一年免费教育的落实坚持以"加强组织领导,落实部门责任"为原则,参照农村义务教育保障机制,实行属地管理、各级各部门分工负责。省教育厅负责具体组织实施,省财政厅负责测算并落实省级奖励经费;各市、县(市、区)

---

① 目前陕西省学前一年免费教育免除的是学前一年教育的保教费,而代办费不在此列。保教费是指幼儿在园期间所需的保育及教育费用,主要用于幼儿园的基建维修、设备购置、人员经费、公务费及业务费等开支,以维持幼儿园的正常运转及改善办园条件。代办费是指为幼儿在园期间提供方便而代收代管的费用,包括伙食费、体验费、疫苗费、日用品等用于幼儿个人的费用。

人民政府负责制定切实可行的实施方案,落实资金,并做好区域内幼儿园学前一年免费教育工作。

1)省级资金使用与分配

2011年省级安排学前免费教育补助资金4亿元,其中按补助家庭经济困难学前一年幼儿生活费分配办法,需安排资金1262万元,剩余8737万元,按免除学前一年幼儿保教费奖补资金分配办法,对人均财力6万元以下的县(区)给予奖励补助。各设区市、杨凌示范区具体分配情况见下表:

陕西省学前一年免费教育资金各地市分配表①

城市	西安	铜川	宝鸡	咸阳	渭南	汉中	安康	商洛	延安	榆林	杨凌
所需资金（万元）	688.02	328.38	1277.79	1439.23	1335.30	1260.85	1181.57	725.96	607.56	1059.12	96.22
比例（%）	6.88	3.28	12.78	14.39	13.35	12.61	11.82	7.26	6.08	10.59	0.96

2)市、县级资金分担

《陕西省学前一年免费教育实施方案》一经省政府办公厅发文,各市县政府立即开展学前一年免费教育工作,自行制定各市、县的实施方案;根据各市、县财政的实际情况,各市县对"一免一补"资金分担比例也做出不同的规定。以西安市和宝鸡市为例。《西安市学前一年免费教育实施方案》规定,"一补"资金由省与市、区县按1:1比例分担。市府与新城区、碑林区、莲湖区、灞桥区、未央区、雁塔区、阎良区、长安区、高陵县和沣渭新区按3:2的比例分担,市府与临潼区、蓝田县、户县、周至县按7:3的比例分担②。《宝鸡市学前一年免费教育实施办法》则规定,"一免"资金由省、市、县按8:1:1的比例分担,"一补"资金分担比例为5:2:3③。《榆林市学前一年免费教育实施意见》规定:南六县承担"一免一补"资金市与县比例为4:1,榆阳区市与区承担比例为1:1,横山县市区承担比例为2:3,神木、府谷、靖边、定边四县由县级财政承担。④

---

① 本组数据来自陕西省教育厅《实施学前一年免费教育经费需求测算说明》。

② 西安市政府办公室. 西安市学前一年免费教育实施方案(市政办发【2011】143号).[EB/OL]. http://www.xa.gov.cn/zwgk/content/content_zwzy2912484_1.htm.

③ 宝鸡市政府办公室. 宝鸡市学前一年免费教育实施办法(宝政办发【2011】127号).[EB/OL]. http://zwgk.baoji.gov.cn/0/104/8685.htm.

④ 榆林市政府办公室. 榆林市学前一年免费教育实施意见(榆政办发【2011】78号).[EB/OL]. http://www.yl.gov.cn/0/1/4/77/163/18019.htm.

3）补助资金的管理

为配合《陕西省学前一年免费教育实施方案》的实施，加强学前一年教育资助资金的管理，陕西省财政厅出台了《陕西省学前一年教育助学金管理暂行办法》，规定了学前一年教育助学金的资助标准、资助范围、申请与评审，及助学金的发放、管理和监督等程序。

《管理暂行办法》规定：学前一年教育助学金的资助标准是每生每年750元，资助名额原则上不低于全省学前一年在园幼儿总数的20%。幼儿家庭于每年9月30日前向评审小组（由幼儿园园长、保育员和幼儿家长代表组成）提交《家庭经济困难幼儿生活补助申请表》及相关材料，提出正式申请，评审小组认真审评并予以公示，随后发放助学金。同时要求幼儿园每年11月15日前要将当年学前一年教育助学金政策的落实情况报同级教育、财政部门备案。后期助学金的发放按补助标准以餐票、"代金券"等形式直补到人，并经幼儿家长签字认领，不得以现金、实物或服务等形式，抵顶或扣减补助资金①。整个申请、评审及资金发放程序的严格都极力保障了家庭困难幼儿享有平等接受学前教育的机会和权利。

4）资金管理与监督

资金监督与检查是衡量政策落实的一项重要指标。因此，《实施方案》要求各级教育督导部门要把学前一年免费教育作为教育督导的重要内容，强化监督检查力度。各级教育、财政、物价、审计、监察部门要加强对幼儿教育经费安排使用和教育收费的监督检查。同时，建立监督制度，设立监督举报电话，加强对幼儿园收费情况的监督和管理。

为了保障适龄幼儿接受学前教育，《实施方案》要求加大经费投入，提高资金效益。各市、县（市、区）人民政府新增教育经费要向学前教育倾斜，逐年提高预算内学前教育支出占整个教育支出的比重。要加强资金管理，学前一年免费教育省级补助资金直接拨付到县（市、区），即由省财政通过省级财政零余额账户直接拨付到县（市、区）设立的中省专项转移支付资金特设专户。各地要统筹资金使用，建立健全幼儿园预算编制制度和预算资金支付管理制度，确保资金规范有效使用②。

"一补"是整个免费教育政策的一个重要部分。开展"一补"工作要求实行

---

① 陕西省财政厅. 陕西省学前一年教育助学金管理暂行办法. 陕财办教【2011】172 号.
② 陕西省政府办公厅. 陕西省学前一年免费教育实施办法. 陕政办发【2011】60 号.

园长负责制,指定专门机构,确定专职人员具体负责此项工作。各级财政、教育部门和幼儿园要切实加强家庭经济困难学前一年幼儿助学金的管理,严格执行国家财政法规和相关管理办法的规定,对助学金实行分账核算,专款专用,同时接受财政、审计、纪检监察、主管机关等部门的检查和监督。对于挤占挪用资金、弄虚作假套取资金等行为,按照《财政违法行为处罚处分条例》(国务院令第427号)有关规定严肃处理①。

三、国内外政府主导学前教育发展模式的启示

回顾以上世界各国学前教育发展的历程可知,20世纪以来,学前教育逐渐成为了世界各国政府的一项公众性责任,各国政府纷纷将学前教育放在了政府工作的重要位置,采取各种措施加强和改进学前教育工作,保障公民能够享受到基本均衡的学前教育。

(一)以法律保障学前教育的公益性和普及性

从已有的研究可以发现,中外农村学前教育的发展有相似之处。比如,各个国家在思想上都十分重视农村学前教育这个领域,通过颁布相关的法律政策,促进农村学前教育的发展。虽然世界各国的政治、经济、文化背景千差万别,但是通过政府促进教育公平,发展学前教育的宗旨没有任何变化。特别是1989年联合国颁布《儿童权利公约》以来,许多国家纷纷采用立法的形式确立学前教育的地位。国家通过制定政策、加强管理介入学前教育成为一个世界性的发展趋势,公共财政支持是国家介入学前教育的重要方式。例如,英国将普及幼儿教育当作政府的一项重要政策,英国3—5岁幼儿的公共教育由各地方教育当局负责提供。法国的幼儿学校不论公立、私立,都由法国教育部管辖,并且是免费的。欧洲经济合作组织(OECD)的国家主要是通过公共财政来支持学前教育。

纵观国外政府主导学前教育的发展模式,一个突出的特点就是通过立法来保障学前教育的发展。它们的学前教育法案立法都以促进本国学前教育的普及和发展为根本宗旨,在保障普及和发展的同时,也在一定程度上促进了本国学前教育的均衡发展。例如英国,自20世纪初以来先后出台了《费舍法案》

---

① 陕西省财政厅. 陕西省学前一年教育助学金管理暂行办法. 陕财办教【2011】172号.

(1918)、《巴特勒法案》(1944)、《教育白皮书》(1972)、《儿童法》(1989、2004)、《每个孩子都重要:为了孩子的变化》(教育绿皮书,2003)、《儿童保育十年战略》(2004)、《儿童保育法》(2006)等有关学前教育的立法及政策报告,这些政策和报告对保障英国学前教育事业的健康发展、促进社会公平和维护社会正义均发挥了重要作用①。

二战以来,美国陆续出台了《经济机会法案》(1965)、《儿童保育法》(1979)、《提前开始法》(1981)、《儿童早期教育法》(1990)、《儿童保育和发展固定拨款法》(1990)、《2000年目标:美国教育法》(1994)、《早期学习机会法》(2000)等若干部与学前教育发展相关的法律。特别值得一提的是,美国前任总统布什在上台之后,于2001年1月23日公布了《不让一个儿童落伍》的教育蓝图;2001年1月8日,又正式签署了《不让一个儿童落伍法案》②,为美国学前教育与事业的公平和均衡发展提供了制度上的保障。

日本针对落后地区和弱势人群,在教育政策和立法方面,还采取了许多特殊的做法:1956年制定《关于国家援助就学困难儿童和学生的就学奖励的法律》,规定由国家在预算范围内援助因经济缘故而就学困难的儿童和学生;1954年制定了《偏僻地方教育振兴法》,1985年对该法予以修订,同时还制定了《偏僻地方教育振兴法施行令》和《偏僻地方教育振兴法施行规则》以保护该法律的实施。与此相对应,日本还专门制定了《孤岛振兴法》《大雪地带对策特别措施法》等,对国家给予落后地区的财政支持做出规定。

为使弱势儿童群体与其他群体一样享受平等、民主、公正的社会生活与发展机会,印度政府也十分重视对弱势儿童群体各项权利的法律保护,如1950年《印度宪法》、2001年该宪法的第86次修正、2003年的《国家儿童宪章》、2005年的《国家儿童行动划》等都有所体现③。

从以上国家的法律保障体系我们可以看出,很多已经有专门针对处境不利儿童的制度和法律,并且体系相对完整。而我国已经充分认识到农村学前教育发展存在的问题,如果在立法上,政府能很好借鉴以上国家的经验,在制定法律时做到向贫困地区、弱势儿童倾斜,并制定充分保障这些处境不利的儿童能够

---

① 韩世强.谈谈农民工子女学前教育公平的立法完善——以英国、美国和印度为例[J].教育导刊,2001(01).

② 黄静潇.国外学前教育发展策略概览[J].教育导刊,2005,(2).

③ 庞丽娟,沙莉,刘小蕊.印度学前教育公平的法律与政策研究[J].教育发展研究,2008.

接受到科学的学前教育的法律体系,那么农村和贫困地区适龄儿童便有了接受学前教育的机会和条件。

二是制定政策计划,增大对幼儿教育投入,补偿处境不利儿童。国家制定并在全国范围内实施系统的学前教育发展项目和发展计划是当今世界上许多国家促进学前教育发展的重要措施。尤其是对贫困人群、弱势群体实施补偿教育和教育援助是很多国家都采用过的促进学前教育公平的有效措施。

在民权运动的推动下,为帮助处境不利的学生获得平等的受教育权利,美国制定了一系列的补偿教育计划,如黑人儿童补偿计划、更高视野计划、头脑启迪计划、免费午餐计划、残疾儿童补偿计划等等。美国著名的《开端计划法》也是一项教育补偿计划,该计划专门针对家庭经济困难的儿童,从 1965 年开始实施一直延续至今,专门针对家庭经济困难的儿童,通过关注儿童的早期发展,扩大弱势群体受教育的机会,消除贫困的恶性循环①。

英国政府从 1998 年开始实施了"确保开端"计划,资源优先向 20% 处境最不利的地区倾斜。2004 年,新成立的教育与技能部进一步为学前教育发展拟定了具体实施方案:向所有 3 岁幼儿提供免费的学前教育;在条件不利地区,确保把 500 个"确保开端计划"推及到三分之一来自贫困家庭的幼儿;向处于不利地位的学生、少数民族学生、低成就学生提供特殊帮助。

20 世纪 80 年代,法国政府根据对处于地理位置和社会环境最不利的学生给予更大重视和提供更多方便的指导思想,制定了一项被称作"优先教育区"的政策,意在改进农村或城市地区社会、文化和经济处境不利的儿童获得学业成功的机会,指出:在优先教育区内鼓励 2 岁儿童入幼儿学校,以使处境不利家庭的儿童能较早接受正规的学前教育,从而弥补因不利家庭环境而造成的不足。

印度政府为 0—6 岁处境不利的儿童制定了 ICDS(项目儿童综合服务项目),该方案将保健和教育结合起来,并以四个综合目标为基础②,逐年加大对该项目的财政投入力度,第 10 个五年计划(2002—2007)的财政投入高达 1168 亿卢比,比第 8 个五年计划增加了 4 倍,有力地推动了印度学前教育的公平。

针对弱势群体的补偿计划,除上述几国之外,其他国家也都有一些特殊的政策措施和成功的经验,这里不一一叙述。从以上国家的做法可以看出,对弱

---

① 姚艳杰,许明.美国开端计划的发展、问题与走向[J].学前教育研究,2008(4).

② FROM:Early Childhood Education Journal,vol24,No.1,1996/Early Childhood Education in India.

势群体的补偿不仅应作为一条必要的原则贯穿到相应政策措施中,而且应上升为一种制度和法律而存在。

三是财政投入,专款补助。学前教育事业的公平不仅需要国家在观念上予以充分认识,在法律和政策层面给予切实保障,同时需要实实在在的财政投入支持。为了促进学前教育的发展,各国都加大对学前教育投资的力度。研究表明,法国幼儿教育公共资金占 GDP 的比重为0.67%,美国和日本分别为0.4%和0.08%,而我国仅为0.05%。这一数据表明,与法国、美国和日本这些国家相比,我国对学前教育的投资力度不够,这制约了我国学前教育发展。此外,政府设立专款专项补助学前教育也是很多国家为促进学前教育均衡发展的又一重要措施。

1982 年,美国国会出台的《移民教育紧急法案》是向州教育机构和地方教育机构提供补充性的教育服务,并补偿其因移民儿童在基础和中等教育中的公立或非公立学校入学而造成的额外开支费用[1]。

1969 年英国《布劳顿报告》指出,对于小学与学前教育落后地区教育资源的优先分配,其教育平等的效益,要大于对中等教育的资助,因此,报告提出并强调了"积极差别待遇"的概念[2]。

俄罗斯对于贫困生、弱势群体和有特殊教育需求者提供针对性的资助,并在地区和市一级建立单独的机构对需要帮助的孩子提供资助[3]。

新西兰提出了"促进幼儿教育参与计划",帮助社区支持无法入学的幼儿入园开展"幼儿教育自由津贴计划",在低入学率的地区扩建和新建幼儿教育服务机构;实施"公平基金"制度,目标是提高入学率,并对一些幼教机构进行额外的资助[4]。

不难发现,国外对贫困地区给予更多的关注和财政拨款,也已成为各国制定相关教育政策时的基本理念和价值取向之一。而我国学前教育属于非义务教育,国家不纳入国家财政统筹中,因此,学前教育经费不足,得不到物质保障,满足农村学前教育的需要便无从谈起。世界各国在普及幼儿教育中把幼儿教

---

① 张苏,刘莉莉.美国移民子女基础教育公平资助政策探究[J].外国教育研究,2009 (08).

② 华桦.西方教育公平实践的历史演进——基于社会政治哲学的视角[J].基础教育, 2009(06).

③ 李莉.转型国家教育公平研究——问题、根源和措施[J].比较教育研究,2007(02).

④ 邬春芹.当前国际幼教改革主题与我国幼儿教育未来走向[J].教育导刊,2010(1).

育纳入学校教育系统、优先资助贫困幼儿的经验值得借鉴。我国政府在财政上应优先考虑贫困家庭的儿童,为他们制定优惠政策。

(二)建立中央和地方各级政府举办和发展公立学前教育的责任共担制度

在明确由政府主导提供学前教育的基础上,世界主要国家和地区建立了中央和地方政府共同举办和发展公立学前教育的责任共担机制,为公立学前教育健康均衡发展提供了重要保障。

首先,不少国家为保障弱势地区、人群学前教育基本权利逐渐形成以中央政府投资举办为主、地方政府主要负责项目管理和部分经费筹措的办园责任共担模式。学前教育发展不均衡、弱势地区和人群学前教育权益得不到保障是许多国家强化中央政府责任、加大对弱势地区支持以缩小城乡和区域间发展差距的重要动因。印度的"儿童综合发展服务计划"(Integrated Child Development Services)、美国的"开端计划"(Head Start Program)、英国的"确保开端计划"(Sure Start Project)、澳大利亚的"学前教育普及计划"(Universal Access to Early Childhood Education)和古巴的"教育你的孩子计划"(Educate Your Child)等,都是由中央政府发起并主要或全部由中央政府投资举办,旨在面向弱势地区和人群提供免费或低价公立学前教育的项目,地方政府主要负责项目管理。在印度,个别财力较好的州也承担少部分经费。值得注意的是,这些国家行动计划不少已持续了几十年之久,为了提供更普惠、优质的公立学前教育,印度、美国、英国等在法律中明确提出中央政府要不断加大对这些国家计划的支持以扩大公立学前教育的覆盖面并提升其质量。

其次,部分国家形成以地方政府为主举办公立学前教育、中央政府负责宏观统筹管理的办园责任共担模式。俄罗斯联邦《教育法》(1992 年)明文规定组织提供普遍性的免费学前教育是地方政府(主要是市)的权力。2007 年俄罗斯市政府办园数在所有政府办园总数中达到了 80% 以上。巴西联邦政府、州政府和市政府均参与公立园举办和建设,但根据巴西《宪法》(1988 年)等相关法律规定,提供免费学前教育主要是各市的责任和义务,市政府应优先发展基础教育和学前教育。因此在巴西所有政府办园中,公立园数比例占绝对优势。德国的公立园建设及其服务内容的扩展也主要是由各州政府负责。需要指出的是,这些国家鼓励地方政府为主举办公立学前教育目的在于赋予地方政府更多的办园自主权,使学前教育更加适应地方民众需要,中央政府则通过立法、拨款、规划、信息服务、督导等对学前教育进行宏观调控,确保学前教育质量和公平。

(三)持续强化政府主导职责,凸显学前教育公共属性

一个国家对学前教育的性质、地位与功能的定位体现出这个国家对学前教育的重视程度。从国际范围来看,大多数国家一般都是从学前教育的基本属性和功能两个层面进行定位。

基于国际社会对学前教育重要价值与作用的逐步认识与深刻理解,学前教育的公共性价值已经得到各国的普遍认可,大部分国家都将学前教育定位于准公共产品或公共产品。对学前教育的这种公共产品或准公共产品属性与定位,意味着政府行为应成为学前教育发展的主导力量。同时,随着世界范围内政府改革及现代化政府建设潮流的推进以及政府在国家发展中的职责意识不断得到强化,美国、英国和印度等发达国家和发展中国家纷纷明确和强化政府在学前教育事业发展中的重要职责及其职责定位,极大地推动了这些国家和地区学前教育事业的健康、持续发展。由政府承担实际职责并以处境不利儿童为优先服务对象的全体儿童提供接受学前教育的机会,已经成为世界大多数国家发展学前教育的重要方向。学前教育由谁主导提供是决定一国学前教育办园制度性质的关键问题。基于学前教育的重要功能价值和普及学前教育的战略目标,世界主要国家和地区纷纷将由政府主导提供学前教育作为办园体制改革的核心理念。

首先,很多国家明确将学前教育纳入公共服务体系,由国家或政府主导予以保障。如法国《分权法》(1983 年)明确规定"国家对于包括学前教育在内的中小学教育'负有重大责任'",该国《教育法典》(2000 年),古巴《教育国有化法》(1961 年),巴西《宪法》(1988 年)、《教育指导方针与基础法》(1996 年),印度《宪法》(1950 年),美国《提前开始法》(1981 年)和《不让一个儿童落后法》(2001 年)等明确规定:学前教育是"国家公共事业,其组织和执行由国家予以保障",包括学前教育在内的教育"属于国家公共服务",发展学前教育是国家职责,"国家教育职责包括面向 0—6 岁儿童的学前教育","国家、各州、各市政府及家庭共同承担学前教育责任","国家要努力向 6 岁以下的所有儿童提供学前教育"。这些法律条文对明确国家主导提供学前教育责任提供了重要依据和根本保障。

其次,为进一步强化政府主导提供学前教育责任,很多国家制定并实施学前教育免费制度,并明确指出国家是推行学前教育免费的主要责任人。法国《教育法典》(2000 年)明确指出,"建构免费和世俗的各级公共教育是国家的责

任,在幼儿学校实施的公立学前教育与义务教育均免费。"英国在《儿童保育法》(2006年)明确政府要"确保适龄儿童接受免费学前教育"。根据巴西《宪法》(1988年)第208条和《教育指导方针与基础法》(1996年)第4条,国家和政府教育责任的第一项即实施包括学前教育在内的免费的基础教育。

值得指出的是,过去长期学前教育不太重视的国家和地区,近年也不甘落后,由政府主导提供学前教育的趋势日益明显。其中较为突出的,如韩国政府近年来一改"学前教育属于私人领域事务而非公共责任"的消极态度,对学前教育给予高度重视,大刀阔斧加快建立政府积极干预的公共学前教育体系,举办公共、免费的学前教育如今已成为韩国国家政策法律制定中优先考虑的议题之一。其他类似的国家还有泰国、约旦、蒙古等。

(四)以公立学前教育机构为主导力量促进学前教育普及和公平

世界主要国家和地区在办学体制改革过程中,积极、不断加大公立学前教育机构数量和比例,逐渐确立起以公立学前教育机构为主导力量的办园格局。

首先,许多国家形成了以公立学前教育机构为主体的办园格局。根据2008年公布各国公/私立机构数据统计,世界经合组织(OECD)有一半以上的国家公立学前教育机构数比例达50%以上,其中,有约五分之一的国家公立学前教育机构数高达80%以上,如卢森堡、法国、匈牙利、比利时、意大利、西班牙、丹麦等,其中卢森堡、法国、匈牙利等国甚至逼近100%;而特别值得关注的是,墨西哥、巴西、俄罗斯、古巴、朝鲜等国也同样以公立学前教育机构为主体,墨西哥公立机构比例为90%,俄罗斯达95%以上,巴西占到75.1%,古巴实行学前教育国有化制度,以国家举办的公立机构为主体。不仅如此,很多国家公立学前教育机构在园儿童数占总入园儿童数比例也高于私立机构。据联合国教科文组织2004年报告表明,北美、欧洲有80%以上的国家其公立学前教育机构在园儿童比例超过了50%,甚至更高。

其次,不少原先以私立机构为主的国家和地区,近年来政府举办公立学前教育机构的力度明显增强,以公立园为主导实现普及的趋势日趋明显。这类国家和地区以韩国、印度、约旦和我国台湾地区最具代表性。近年来,为有效解决学前教育供给不足特别是弱势地区、人群学前教育供给难问题,这些国家和地区相继加大财政投入力度,大力增设公立学前教育机构,公立学前教育机构数量、比例不断加大,在园儿童数持续上升。韩国自1976年建立第一批5所公立园以来,公立园数量跨越式上升,1986年公立园数达到2562所,比私立园多出

800 多所 。

需要指出的是,很多国家和地区公立学前教育机构具有明显的弱势扶助性质,是各国和地区普及弱势地区、人群学前教育的中坚力量。在韩国、印度和我国台湾的农村贫困地区、偏远山区或原住民地区,政府明确普设公立学前教育机构,使弱势儿童平等享有学前教育机会成为可能。不仅如此,约旦和我国台湾地区还实行弱势儿童优先入读公立园制度,公立园弱势扶助性质更加凸显。这些国家和地区办学体制改革的成效表明,在保证公立园普惠性和公益性前提下,以公立园为主导力量有利于加快学前教育普及、保障弱势地区及其人群学前教育公平。

(五)建立财政优先、重点发展公立学前教育的保障机制

公立学前教育在实现教育公益性,保障弱势地区和人群平等受教育权利,传达国家意识形态、价值观念等方面具有明显的功能优势,因而成为世界主要国家和地区学前教育财政投入的优先和重点保障对象。

首先,明确学前教育财政投入优先,重点用于举办和发展公立学前教育机构。根据巴西《宪法》(1988 年)第八章第 213 条规定,公共资金应用于包括公立学前教育机构在内的公立学校,政府有优先投资和扩展地方公共教育系统的法定义务。此外,《宪法》还设定了包括公立园在内的公立教育预算最低比例标准。在《国家教育计划》(2000 年)中巴西政府再次重申确保国家资源用于发展包括公立园在内的联邦公共教育;俄罗斯在《学前教育机构示范条例》中也规定了公立园的运行所需费用和设备的提供由政府负责,私立园则自行负责,由此为公立园的优先发展提供了法律依据;我国台湾地区各市县公立园经费全部由政府负担,幼教总经费的 90% 用于支持公立园发展,同时公立园接受政府的供给预算。学前教育财政的优先、重点保障使公立机构获得了更充足的财政资源,为其健康稳定发展奠定了物质基础。

其次,不断加大对公立学前教育的财政投入力度以确保其持续健康发展。美国《开端计划法案》(2007 年修订)明确规定,联邦政府每年对属于公立学前教育系统的开端计划投资要根据需要持续增加;印度公立学前教育主要依托"儿童综合发展服务计划"来实施,为扩大公立学前教育机会并提升其质量,印度政府不断追加财政投入,"八五"期间共投入了 260.13 亿卢比,"九五"期间增至 570.23 亿卢比,"十五"期间则增至 1168.45 亿卢比,与"八五"间相比总量翻了近五番。此外,印度政府 2008 年决定上调"儿童综合发展服务计划"教师工

资,仅此一项政府则多支出 5 亿多卢比。各国对公立学前教育的持续加大投入有力地保障了公立学前教育的可持续发展,更好地彰显了公立学前教育的公益性质。

(六)着重建设公办幼儿教师队伍以确保公立学前教育有质量地普及

世界主要国家和地区在大力发展公立学前教育机构以扩大教育机会的同时,高度重视公立园教师队伍建设,以保障公立学前教育有质量的普及。

首先,明确公立园幼儿教师的身份与地位。明确的身份定位是落实教师合法地位和权益的前提。不少国家和地区对公立园教师做出了明确、高位的身份定位,主要有三类:国家公务员、国家或者地方教育公务员和公务雇员。法国、古巴公立园教师与小学教师同样都属于正式的国家公务人员;日本公立园分为国立园和公立园,其中,国立园教师是国家教育公务员,公立园教师是地方教育公务员;英、美等国公立学校附属幼儿园教师属于公务雇员身份。这些国家对公立园教师身份的明确规定为落实教师地位及其正当权益提供了刚性保障。

其次,着力保障公立园教师的工资待遇。工资待遇对稳定教师队伍、提升教师职业吸引力有着重要的影响。许多国家和地区明确规定公立园教师与中小学教师享有同等工资待遇。我国台湾地区《幼稚教育法》(1981 年)第 13 条规定,公立幼儿园教师的工资待遇、保险、福利、退休、抚恤等比照公立小学教师的规定办理;法国、韩国、古巴等国政府也明文规定公立园教师享受与小、中学教师同等的工资待遇,工资由政府财政拨付。政府的着力保障使这些国家的公立园教师普遍享有较高的工资待遇,如古巴公立园教师月工资接近大学教授,与医生相当;日本国立和公立园教师工资比一般国家公务员还高出 20% 左右。巴西、印度等国通过相关法律政策对公立园教师最低工资标准做出规定,使公立园教师的基本工资待遇明显提高。

第三,严格准入,从源头上保证公立园教师队伍素质。基于教师素质对学前教育质量的重要影响,世界主要国家和地区对公立园教师的甄选、聘用通常有严格的资质要求。美国对公立学校附属幼儿园和"提前开端"计划幼儿教师资格要求都很高,前者必须具有学士学位,且在经过州政府核准、有资格颁发证书的大学的教育系取得幼儿教育证书才可能被录用;后者最低学历必须达到相当于我国大专水平。韩国国立、公立园教师必须拥有 4 年学院或大学学历,入职前要经过严格的符合公务员招考要求的国家考试。值得关注的是,近年来不断提高公立园教师准入资质的国家越来越多。

第四,着力加强公立园教师职业培训,促进专业发展。在职培训既是教师的正当权益也是教师的责任或义务,近年越来越多的国家和地区对此做出明确规定。根据日本《教育公务员特例法》(1949年)第21条,包括幼儿教师在内的公立学校教师兼具在职培训的权利和义务;美国不少州政府要求公立园教师必须在规定年限内通过继续教育获得更高级学位才有可能升级或延长教学证书;为了切实维护公立园教师在职培训和专业发展权益,古巴政府特别制定了在职教师带薪休假学习政策,教师进修期间工资待遇和岗位均保留不变,以使教师更加积极、主动地接受培训。

(七)引导并支持私立学前教育向多元化和公益性方向发展

私立学前教育对于增强一国或地区的学前教育供给能力,满足家庭和社会对学前教育的多元化需求,形成公、私立机构之间良性竞争机制等均具有重要作用。因此,世界主要国家和地区在推进以公办为主导的办园体制改革时,亦将私立学前教育视为学前教育事业的重要组成部分和促进学前教育普及的有益力量,积极鼓励和支持私立学前教育的健康发展。

首先,积极引导私立学前教育向多元化方向发展。世界主要国家和地区政府大力举办公立学前教育机构的主要目的是面向社会提供普惠性的、基本的公共学前教育,而其发展私立学前教育的主旨则在于满足家庭和社会对学前教育的选择自由。因此,各国和地区给予了私立学前教育机构较高的自主权,鼓励这些机构在接受各种法律法规保护和规范的同时,积极探索多元化办学。如今私立学前教育机构在许多国家从办学理念、课程设计、开放时间、实施场所到组织形式等都较为灵活多样,满足了家庭和社会对学前教育的多重需求。

其次,引导并支持私立学前教育向非营利性方向发展,体现一定的公益性。其中一项举措是将政府财政适当投向私立机构,要求获得资助的机构必须不以营利为目的。巴西《宪法》(1988年)第8章第213条明确规定,公共资金用于民办学校、教会或慈善学校必须确保其非营利的目的。另一重要举措是将私立机构区分为非营利性质和营利性质两类,并优先给予前者财政支持,如美国、英国、葡萄牙和我国的港澳地区等。以我国港澳地区为例,香港明确规定,符合资格的非牟利机构可获得政府财政补助,营利性机构则不在其列;澳门出台了《为普及免费教育订定对非营利性私立教育机构给予之辅助》等系列政策,亦主张财政资助非营利性幼教机构。这些举措有助于引导社会举办更多非营利性机构和促使一部分营利性机构逐渐转变为非营利性机构,对于促进私立学前教育机构更好地满足普通民众需求,进一步实现学前教育公平与均衡发展具有积极的意义。

(八)优先扶持贫困及弱势群体儿童接受学前教育

学前教育是基础教育的起始阶段,对个体发展、家庭和睦、社会和谐和国家进步有重大、综合和持续的影响。在当今教育公平备受重视的大背景下,学前教育公平因其在教育公平中的独特基础性地位和作用而日益成为人们关注的新焦点。普及学前教育,保障每个幼儿都能享受到有效的促进其身心和谐发展的良好教育成为全球性的社会需求。很多国家都主张在学前教育资源有限的条件下,应该通过弱势群体补偿教育来消除教育上的不公平,纷纷立法来保障处境不利儿童受教育的权利,并将处境不利儿童权利的保障和落实作为国家教育政策的重要出发点,以实际行动将公共教育资源向弱势群体倾斜。

美国近年来的学前教育公共政策进一步加大了对处境不利儿童、残疾儿童的关怀,并不断扩大服务的范围,将为所有儿童提供高质量的早期服务视作努力的目标,在一系列立法和报告中指出:联邦政府要转变在教育中的作用,不让一个儿童落伍,着力改变少数族裔儿童、贫困家庭儿童以及残疾儿童等弱势群体儿童在受教育状况方面的不利处境。当前美国联邦政府发展学前教育最重要的目的和功能就在于通过教育对抗贫困,为处境不利儿童全体及其家庭提供必要的资助和扶持,保障其基本的学前教育权利,进而促进所有儿童的发展以及学前教育质量的整体提升。

英国政府已经发起了一系列致力于学前教育普及和公平的学前教育法律与动议,强调幼儿不能因为种族、文化或宗教、母语、家庭背景、性别等遭到排斥和被处于不利地位,强调每个儿童在园受教育的权利、机会和过程公平。英国政府认为高质量的学前教育不仅可以为儿童今后成功的生活打下基础,也可以避免幼儿因处境不同而产生巨大的差别,将学前教育的服务对象定位于贫困地区儿童和处境不利儿童,以确保每个儿童获得最好的人生开端,缩小发展差距,主张学前教育应有效防止儿童贫困与儿童排斥现象的发生与恶化,促进处境不利儿童群体享有平等的受教育权与发展权。

印度计划委员会在其第六次计划框架中首次将占社会大多数的处境不利的贫困群体获得学前教育机会纳入关注焦点,由此,教育政策逐渐向学前教育尤其是关注处境不利儿童发展倾斜。2005年的《国家儿童行动计划》中确保解决由于性别、等级、种姓、民族、宗教等歧视而产生的问题,保证平等;给那些处境最不利、穷人中最贫困的以及获得最少服务的儿童以最优先的政策以及行动干预；让所有儿童能够有机会充分实现他们的权利，满足他们不同情况下的需要。由此我们看到印度政府对于儿童的关心和重视，看到他们为保护和支持儿童的发展做出实际而有效的努力。

第六章　政府主导下的农村学前教育发展制度设计与路径选择

办好农村学前教育,关涉千家万户的切身利益,关涉国家和民族的未来。没有农村学前教育的高质量,就不会实现十八大提出的办好学前教育的目标,就不会全面建成小康社会,不会全面实现中华民族的伟大复兴。

从国内外关于学前教育发展的理论和实践经验来看,现代政府的作用与职能以及我国目前农村学前教育发展的状况决定了政府主导农村学前教育是我国当前学前教育事业发展的必然选择和现实路径。当前,我国农村学前教育发展正面临着前所未有的历史机遇,同时也面临着前所未有的挑战。农村学前教育发展的形势、要求、期待和条件都发生了巨大变化,需要我们更进一步主动积极地完善已有政策,方能与时俱进,适应形势发展需要和回应教育改革与百姓期待。保障我国中长期学前教育普及方向和基本普及规划纲要目标的实现,我们亟须深入思考和厘清当前农村学前教育改革发展的主要矛盾和制约,抓住核心问题与关键矛盾,弥补国家教育政策的重要空缺。那么,在现实状态下,政府主导下如何更好地促进农村学前教育发展? 根据影响和制约农村学前教育发展的因素,农村学前的本质属性和功能,完善政府主导农村学前教育发展机制应从以下几个方面努力:

一、顶层设计农村学前教育发展政策

学前教育的性质和功能决定了政府无疑是发展农村学前教育的责任主体。作为各级政府,应把促进农村学前教育发展,保障农村幼儿享受高质量的学前教育作为当前改善民生和推动教育改革发展的重要任务来抓。

(一)提高对农村学前教育重要性的认识

思想是行动的先导,有什么样的思想认识,就会有什么样的行为。针对目前政府、公众和家长对农村学前教育性质和功能认识的偏差,笔者认为,

1. 要强化全社会对农村学前教育重要性的认识

完善政府主导,首先应广泛宣传农村学前教育的地位和作用,宣传办好农村学前教育对个人成长的意义,宣传办好农村学前教育对于全面建成小康社会的重要意义。从国家发展战略和全面实现中华民族复兴的高度认识办好农村学前教育的重要意义。同时,还要宣传党和国家关于农村学前教育发展的政策,宣传政府主导的深刻内涵,宣传政府主导与发展民办学前教育之间的关系,切实使政府主导的观念深入人心。各级政府要充分认识农村学前教育的基础地位,将学前教育放在优先发展的战略位置。

我国现代著名的教育家陶行知曾讲:"小学教育是建国之根本,幼稚教育尤为根本之根本。"这句话道出了学前教育在人的一生发展中的重要性。现代教育理论的研究表明,学前期是儿童各种行为、习惯和性格形成的重要时期,而这一时期所受到的环境和教育影响则是其行为、性格形成的基础。1988年,当75名诺贝尔奖获得者会聚一堂时,有记者问"您在哪所学校、那个实验室学到了最重要的东西"时,一位白发苍苍的老者说"在幼儿园",并说自己在幼儿园学到了最重要的东西:把自己的东西和小朋友一起分享;做错了事情要表示歉意……学前期也是人的认识发展最为迅速的时期,在人的一生认识能力的发展中具有十分重要的奠基性作用。据研究发现,2—3岁是个体口头语言发展的关键期;4—6岁是儿童对图像的视觉辨认、形状知觉形成的最佳时期;5—5岁半是掌握数概念的最佳年龄;5—6岁是儿童掌握词汇能力发展最快的时期。同时,学前期还是人的好奇心、求知欲、想象力、创造性等重要的非智力品质形成的关键时期。已有研究证明,单调、贫乏的环境刺激和适宜的学前教育的缺乏,会造成儿童的认知方面的落后,而为儿童提供丰富的感性经验,并给予积极的引导、帮助和教育则能促进其认知的发展。美国儿童健康与人类发展组织1999年研究指出:早期教育状况在很大程度上可以预测儿童将来的认知、语言和智力发展水平;成人对儿童恰当的关爱、支持、鼓励和引导等,能在很大程度上促进其日后认知与智力的发展。正是这样几个重要时期、迅速时期、关键时期说明了学前教育的重要性。

在我国有70%农村人口的社会中,大力发展农村学前教育的重要性是不言而喻的。农村学前教育关系整个农村教育事业发展大局,农村学前教育是提升农村人口素质的重要的奠基性工程。农村地区是整个农村社会的重要组成部分,更是整个社会的重要组成部分,农村的发展关系到整个社会主义和谐社会建设发展。同理,农村学前教育的发展是整个学前教育必不可少的组成部分,农村学前教育的发展会影响整个学前教育事业的发展,乃至影响整个国家的教育事业的发展。关注农村学前教育的现状并解决其存在的问题,农村学前教育才能迎头赶上向前发展,整个国家的教育也才能得到稳健的发展。从这种意义上讲,农村学前教育作为一种公共事业,是政府义不容辞的责任。

2. 转变教师观念

教师是农村学前教育的具体实施者,在办好学前教育过程中承担着重要的作用。当前农村学前班教育的现状在很大程度上是由观念落后造成的,农村幼儿教师仍然把传授知识作为教育活动的主要目标,忽视幼儿情感、态度、能力的发展,教师已习惯以"教师为中心",忽视幼儿的兴趣和需要,忽视调动幼儿学习的主动性,教师往往注意发挥自己的作用,幼儿学习是"教师讲、幼儿听,教师做、幼儿看,教师指示、幼儿做"。同时"小学化"的问题长期严重存在。在教育活动中严重忽视幼儿的需要、情感的经验等促进幼儿全面发展的教育内容和要求,由此转变观念是改变现状的基础,教师应改变传统的自导自演、硬性灌输的局面,充分尊重幼儿身心发展,认识到幼儿是学习的主动者,真正做到师幼互动,帮助幼儿成为主动的探索者。

学前教师观念影响着幼儿教育的发展,目前存在的最大的问题是"小学化"倾向比较严重的实际,尤其是农村学前教师的观念比较落后。这就需要政府通过各种形式的活动,使他们认识到学前教育并不是小学教育的低龄化,也不是小学教育的简单化,扭转农村学前教育普遍存在小学化倾向的局面,使他们能够根据幼儿的年龄特征和身心发展规律进行教育,促进幼儿的身心和谐发展。

3. 转变家长观念

农村幼儿家长较繁忙,知识水平、观念也较落后,他们认为教育是幼儿园的事,把孩子送入幼儿园便事事大吉,有的家长忙于农事,很难抽出专门的时间来教育孩子。针对这种情况,教师可以建立家园互动手册,让家长了解新的教育观念,参与到幼儿教育中来,也可以鼓励家长带孩子到田间地头参与劳动,积累丰富的知识经验。另外家长必须转变那种认为教育就是读书、认字的观念,不要把幼儿的学习等同于知识的接受,教师和家长必须从根本上认识"活动"是幼儿学习的主要方式。为此各级政府和幼教机构应经常采用多种方式,灵活多样地向家长宣传先进的教育理念与方法,使他们认识到学前教育在一个人成长中所起的重要作用,树立起新的幼儿教育价值观念,从而愿意主动与幼儿园合作,以提高农村学前教育的质量。

农村幼儿园应组织开展家长会,告诉家长,让家长明白,幼儿的心理特点是什么样的,应该怎样对幼儿进行教育,进行哪方面的教育,告诉家长,对于幼儿教育,我们不应该只去一味地重视"知识教育",更重要的是促进幼儿身心全面发展,这些只有幼儿园这一方面去努力是不够的,更重要的是家长的配合,父母更应该给孩子创设一个良好的家庭氛围,以身作则。例如,闲暇时可以用普通话和孩子交流,用标准的语言给幼儿讲故事,唱歌,使幼儿不管是在学校还是在家都有一个良好的环境氛围,只有家长的教育目标与教育方法和幼儿园的相一致,积极配合,才能真正的从根本上给孩子提供一个健康发展的有利条件。

4. 加强科学保教理念宣传

科学保教,就是要遵循幼儿成长规律,防止和纠正"小学化"倾向。2010年,92岁高龄的日本教育家大田尧在清华大学作了一个精彩的演讲,他讲了一个故事:一位农民朋友给他切开一个苹果,指着苹果核中的种子说,每颗种子都有自己的设计图,我的工作就是培土、施肥、浇水,使它按照自己的设计图长成一个优质的苹果。只施有机肥料,不用化肥、农药,完全让种子自由发芽、成长。这样做,虽要付出更多的汗水和心血,与市场经济不相宜,但长成的苹果又香又甜。如果施加无机化肥,苹果虽然长得又快又大,却不香甜。这个故事告诉我们,苹果成长是有规律的。苹果生长是这样,孩子的成长更是这样。人的智力发展大致要经过三个阶段:从学前到小学是浪漫阶段,初中到高中是精确阶段,大学是综合运用阶段。浪漫阶段是儿童开始体验世界、认识世界、发现世界的时期,我们要保护孩子的童心,激发孩子的好奇心,引导他们养成良好的生活习惯,帮助他们学会与人沟通。教育强县要率先树立和推广科学的学前教育理念。

从观念层面看:发展幼儿教育,每届政府有着义不容辞的责任。幼儿教育是崇高的公益事业,以育人为目的,必须从小康社会的长远发展角度来发展,不能把幼儿教育事业完全推向市场,幼儿的教育和保育与全社会的每个公民都有着联系,幼儿的保育带有福利性质。因此,政府和教育行政部门的领导要真正重视农村幼儿教育。把农村幼儿教育当作农村基础教育的组成部分、素质教育的第一环节列入议事日程,把农村民办幼儿园的建设和发展纳入当地教育事业统筹规划中。县教育局要明确分管领导,设立幼教专干,乡镇教办要有幼教专人负责,明确各自职责,加强对农村民办幼儿园的规范管理。教育督导部门要把农村民办幼儿园纳入视野范围,有计划地开展督查、指导、评价工作。教研部门也要有专职的幼教教研员,把教研的面扩展到农村特别是边远地区的民办幼儿园基层。还未建立中心幼儿园的乡镇,教育行政部门及乡镇政府应采取各种措施,尽快建成,以利于乡镇中心幼儿园管理、指导所辖村级幼儿园。这样,一个责任分明、各司其职,上下联动、多方配合、有序有效的工作机制就能形成。

(二)明确农村学前教育发展目标及标准

促进农村学前教育发展,关键是要解决由谁发展、发展什么、采取何种措施发展、发展到何种程度等问题。这是政府主导必须首先要明确的问题。

1.政府主导农村学前教育发展的目标

笔者认为,政府主导下农村学前教育发展的目标是必须坚持公办为主、公益性为主、政府投入为主,坚持政府主导、社会参与、公共财政支撑、多渠道投入相结合的学前教育发展机制。

从当前我国农村学前教育事业发展的政策变迁的角度讲,农村学前教育事业发展缺乏顶层设计,导致农村学前教育事业发展上多头管理、认识不够到位。要将农村学前教育工作列入重要的工作计划,摆上重要日程。主要负责同志要亲自抓,负总责,化解突出矛盾,解决重点问题。要建立健全切实有效的领导协调机制,充分发挥各部门在资源调度和政策制定方面的积极性、创造性,明确部门责任,落实任务分工,加强统筹协调,形成推动学前教育发展的合力。要建立督促检查和考核奖惩机制,把政策是否到位、措施是否有力、能否有效缓解入园难,作为检验各级政府和相关部门工作实绩的一项重要指标纳入考核范围。笔者认为,政府主导下的农村学前教育发展的目标为:初步建立覆盖城乡居民的学前教育公共服务体系,为群众提供方便、优质、多样的学前教育服务。这一目标的设立,体现了政府主导、逐步建立学前教育公共服务体系的发展战略。

2.政府主导农村学前教育发展的标准

对于政府主导下农村学前教育发展的标准问题,笔者认为,"政府主导"也是有界限的,政府主导不是说政府要全部包揽农村学前教育发展的一切。根据前述政府主导的相关论述,结合目前农村学前教育发展的现状,笔者认为,政府主导农村学前教育发展应该关注和体现以下三个方面。

(1)要准确理解和把握政府主导农村学前教育的功能

目前,我国农村学前教育发展总体水平仍然十分落后,这是不争的事实。农村学前教育可以说是农村基础教育乃至整个基础教育最为薄弱、最为落后的一个环节。从全国来看,学前教育投入总体不足,区域之间、城乡之间发展非常不平衡,而且师资管理十分薄弱。因此,只有在政府主导的框架下,农村学前教育的发展才能取得较好的进步。正如劳凯声教授所言:"一个好的政府,可以协调不同利益主体,使得社会主体达成和谐。"

从目前人们对政府主导农村学前教育的职能来看,存在着需要澄清的几个核心问题,这些在第二章中已经有所论述。这里需要强调的是,政府主导农村学前教育的职能不仅仅是简单的投入、服务、制定政策,而应该是多样化的。尤其是在学前教育机构的规划建设当中,政府更应该防止出现简单追求政绩的"大跃进"错误,防止出现所谓的"空壳园",对不同的地区要"因地制宜",采取不一样的政策。只有强化政府的学前教育公共服务职能,灵活地把握好其主导功能,才能逐步推进学前教育的健康、快速发展。

(2)政府学前教育财政投入的结构分区得以优化

长期以来,学前教育被边缘化,成了我国教育体系中最薄弱的环节,而政府投入不足恰恰是长期以来制约学前教育发展的重要原因。学前教育经费应单列制度并分区域进行投资支持,就目前学前教育的发展而言,可以一部分经费由中央财政全额负担,另外的一部分由中央和地方财政负担。并且按照一定的比例分担学前教育事业发展,明确学前教育的投资主体。只有这样,才能恰当处理学前教育发展过程中出现的问题。

如何将有限的学前教育的财政投入最有效,最完美地予以实施,非常需要我们进行合理化的结构分区。这对于更好更快地实现学前教育均衡发展,促进学前教育机会的公平具有重要意义。政府应当建立合理的分配制度,灵活运用多种转移支付的方式,在向学前教育发展薄弱地区倾斜的同时要注意拿捏好力度,不能过度地为了追求公平而忽略发达地区一批先进示范园的引领作用。

(3)对基层学前教育相关政策的约束适当放宽

我国学前教育还未纳入义务教育,到目前为止也并未完全把学前教育推向市场化,如果实行以民办园为主的学前教育自由的市场化教育,政府的主导作用非但不能落实进而必然导致疏忽对于基层学前教育的管理。因此,必须坚持学前教育发展过程中政府的主导作用,适当放宽对于基层公办和民办学前教育相关政策约束,充分发挥政府的公共服务职能,把学前教育作为一项基础事业和公共事业,以选择性的学前教育作为目标。

基层公办幼儿园要在领会中央政策的同时,灵活运用政府的各种政策导向支持,力求办成让公众满意的"示范园"。而民办幼儿园则主要应以增加学前教育的选择性、多样性和丰富性作为他们的定位。应当不断地坚持在政府提供学前教育主要供给的前提下,在市场的自由竞争中不断提高促进儿童身心健康发展的良好的服务能力,这样不仅可以创造更加充足的学前教育资源,而且还可以增加高消费能力群体阶层的选择性,更重要的是可以成为一种调节贫富差距的有力手段。如此有助于经济社会和谐稳定发展的举措政策何乐而不为呢?但是在对基层政策放宽的同时,政府也应该注意到不能对基层民办幼儿园过度依赖,否则会使学前教育事业失去最基础的支撑。这是由民办幼儿园的明显的趋利性所决定的,其对利益的过度追逐必然影响学前教育自身的发展,影响学前教育的公平性。当然了,也不能对基层的公办幼儿园过度放任,因为这样会导致其缺乏主动创造性,对于政府过度的依赖会使公办幼儿园在与民办幼儿园竞争的过程当中慢慢地丧失其固有的优势,成为学前教育发展过程当中的"鸡肋"。

6.1.3 实施农村学前教育推进工程

以重大工程推进学前教育发展是世界学前教育发展的成功经验。借鉴这一经验,笔者认为,在落实政府主导农村学前教育发展的进程中,也应该采取"农村学前教育推进工程",来大力推进农村学前教育的发展。这一思路的提出,不仅适应了我国《中长期教育规划纲要》的战略走向,同时体现了国际学前教育发展进程中优先扶助弱势群体、追求教育普及和公平、打破贫困代际传递等的价值诉求。从近年来我国其他地方的实践经验来看,来自国际社会的大型学前教育项目的有效实施,在解决我国农村学前教育的现实困境方面,提供了很好的行动设想与政策借鉴。因此,建议国家实施"农村学前教育推进工程",出台政策措施,实施一大批国家主导的大型农村学前教育发展项目。在项目设定的过程中,要在充分调研论证的基础上,全面分析我国当前农村及弱势群体学前教育的现实状况,厘定其基本矛盾和问题,科学地定位农村学前教育发展项目,凸显其价值和目标。即强调通过农村学前教育推进工程的实施,为0—6岁农村儿童及家庭提供综合性免费服务,将健康、教育、营养和社会等融为一体,确保每位农村儿童都能身心健康和谐发展。

二、加快学前教育立法,匡正政府主导内涵

只有从法律法规上确立学前教育特别是农村学前教育的基础性地位,才能从根本上保证农村学前教育的可续性发展。因此,加快制定学前教育法是保障学前教育特别是农村学前教育发展的重要内容。

(一)学前教育立法的现实基础

立法是农村学前教育发展的重要保障。从我国的现实状况来看,加快学前

教育立法一直是近年来学术界和实践界吁求的教育立法重要内容之一。可以说,我国学前教育立法已经迎来了良好的契机。

1. 党和政府越来越重视学前教育,学前教育受到越来越多的人关注

1998 年,学前教育被列入《面向 21 世纪教育振兴行动计划》;1999 年,中共中央国务院《关于深化教育改革,全面推进素质教育的决定》充分肯定了学前教育在素质教育中第一环的基础地位,表明学前教育问题已引起党和国家领导人的高度重视。2001 年,在"十五"计划中,明确指出要大力发展学前教育。2010 年 6 月,胡锦涛同志指出,在贯彻落实《教育规划纲要》时,"要专题研究学前教育问题,首先解决'入托难'的问题";11 月 3 日,国务院召开常务会议专门研究学前教育工作;21 日,国务院下发了《关于当前发展学前教育的若干意见》,提出了加快学前教育发展的十条政策措施(简称"国十条");12 月 1 日,国务院又召开全国学前教育工作电视电话会议,专题部署学前教育发展。国家教育主管部门已按照"国十条"要求制定和实施学前教育三年行动计划。2010 年 7 月,《国家中长期教育改革和发展规划纲要(2010—2020 年)》明确提出了 2020 年基本普及学前教育的发展规划目标和战略举措,对政府责任、办学体制、投入机制、机构监管等问题做出了明确规定。而且,"明确政府发展学前教育职责"已经列入国家教育体制改革试点工作,鼓励各地加大投入,大力发展公办幼儿园,积极扶持民办幼儿园,摸索和推广发展学前教育的经验。2010 年 11 月,温家宝同志在就学前教育发展作专题调研时明确指出,要"通过立法把发展学前教育纳入法制轨道"。同时,学前教育被越来越多的人关注。这为加快学前教育的立法进程奠定了良好的基础。

2.《学前教育法》立法已经有了很好的前期工作基础

从 2004 年开始,全国人大教科文卫委员会、中编办、教育部等部门先后到江西、江苏、山东、河北进行了学前教育立法调研,了解各地在学前教育事业发展和管理方面的经验和问题,梳理了幼教立法需要研究和解决的问题,为正式启动立法工作做了基础性的工作。2009 年学前教育立法正式纳入《全国教育事业"十一五"发展规划》和教育部"十一五"立法计划。从 2007 年以来,教育部基础教育司和法规司已组成专家组,并委托相关机构成立了学前教育立法课题组,就学前教育立法国际比较、当前各地学前教育发展的经验和问题以及《学前教育法》草稿的起草等开展了调研,取得了阶段性进展。比如,北师大庞丽娟教授在 2011 年出版了《国际学前教育法律研究》,深入系统地研究与分析当前国际主要国家与地区学前教育法律的主要背景,主要内容、特点及其效果,方法经

验,对于我国学前教育法律的研究制无疑将具有主要的借鉴与启示意义。

3. 学前教育重大问题研究为立法提供了参考和依据

"十五"以来,教育部针对各地蔓延的公办幼儿园转制风,幼儿园的高收费、乱收费以及教师队伍问题、幼儿园安全管理问题等开展政策调研,围绕企事业单位办园改革,农村学前教育、民办幼儿园管理等开展了多次专题调研,同时委托相关研究机构和高校有针对性地开展了一系列政策研究,并对江苏宿迁、广州、深圳等在全国有重大影响的地方幼教政策与实践开展调研。2010 年教育部又把"学前教育发展研究"纳入重大研究课题,对学前教育的发展战略和重大问题进行研究。这些研究对保障立法的科学性和针对性提供了有力的保障。

4. 国际国内学前教育的立法经验可提供有价值的借鉴

制定法律以保障和促进学前教育发展,已成为国际性趋势。当前世界各国,尤其一些发达国家,为了应对 21 世纪激烈的竞争和挑战,都非常重视发展本国学前教育。美国、澳大利亚等学前教育立法于 20 世纪 70 年代已经完成,《美国 2000 年教育目标法》将发展学前教育列在国家教育目标的首位,明确规定"所有美国儿童都要有良好的学前准备"。英国、德国、法国、日本、韩国、印度、朝鲜以及中国的台湾地区也都在 20 世纪七八十年代就制定了专门的学前教育法律。近些年,一些地方人大也在学前教育立法方面做了很多工作。目前,江苏、北京、青岛、广州、上海等省市已制定了《学前教育条例》,山东等省市也即将完成学前教育立法工作。这些先后制定、实施的地方性法规,已为制定学前教育法律提供了相当的基础,为全国性的立法提供了重要的经验与参考。

5. 各地因地制宜,创新学前教育事业发展模式,为立法提供了有益的依据

面对经济体制改革带来的困难和挑战,各地在普及九年义务教育后,因地制宜,改革创新,积极探索学前教育发展和改革的新举措。河北省充分利用农村中小学布局调整的富余校舍和教师资源推进农村规范化幼儿园建设,建立了以公办为主的农村学前教育新体制,短时期内实现了全省幼教事业的跨越式发展;上海市政府制定学前教育三年行动计划,从城市教育费附加中核拨一定比例用于扶持农村幼儿园建设、补助幼儿园生均公用经费和教师工资,推动城乡学前教育均衡发展;辽宁省政府把农村乡镇中心幼儿园列入事业单位管理,统筹解决农村幼儿教师编制,切实解决农村学前教育发展面临的问题;浙江省政府出台政策,加大财政投入,明确县级幼教财政性投入占教育投入的比例,设立专项资金资助贫困家庭儿童入园;贵州省政府通过贴息贷款的方式扶持农村乡镇中心幼儿园建设;山东省东营市率先提出"今后五年实行包括学前三年教育

在内的 12 年免费教育";上海、北京、天津、辽宁、青岛等省、市率先实行 0—6 岁一体化管理,充分利用幼儿园的资源优势,开展 0—3 岁婴幼儿早期教育服务;等等;这些地方为我们积累了很好的经验。

另外,我国是《儿童权利公约》的签约国,向全世界做出了保障儿童教育、发展等基本权利的承诺,在当前国力极大增强之际,建议国家加快幼儿教育立法进程,尽快制定《学前教育法》,争取在"十二五"期间基本完成。通过立法,明确以下问题,以使幼教事业发展和办学行为有法可依,依法保障学前教育事业的健康、有序发展,方对世界有个交代,与大国身份相适应。

(二)《学前教育法》立法内容建议

根据学前教育的本质属性和功能,笔者认为,学前教育法立法的内容应重点体现在以下几个方面:

1. 明确学前教育的法律地位和发展方针

明确学前教育的性质、宗旨及其在国家教育事业中的地位,即学前教育是国家基础教育的基础,是国家学制的一个独立阶段和基础教育的起始阶段,是一项社会公益事业,是公共教育服务的重要组成。同时,鉴于我国学前教育的发展现状和现实国情,应确立"政府主导、社会广泛参与,公共财政支撑、多渠道投入相结合,公办民办共同发展"的学前教育事业发展基本方针。建立公办为主,公办民办共同发展的办园体制。基于我国国情,城乡差距显著,城乡实行不同的办园体制:农村地区以政府投入、政府办园为主,同时鼓励和支持社会力量到农村举办幼儿园;城市、县城地区则应多种形式办园,在加大政府投入的同时,广泛发动和引导社会各方面力量多渠道投入,形成公办和民办共同有序发展的格局。

2. 建立以公共财政为支撑的学前教育投入机制

加大公共财政投入,明确规定在中央和地方各级财政性教育预算中设立学前教育专项经费;逐年加大各级政府教育财政性投入学前教育经费的比例;明确中央和地方各级财政每年新增教育经费优先投向农村学前教育。确立城市和农村学前教育事业发展不同的投入体制:城市实行政府投入、社会支持及家长分担教育成本的投入体制,贫困农村和少数民族地区学前教育发展以政府投入为主。同时,明确建立政府和家长共同承担的成本分担机制。明确政府在学前教育领域的公共服务责任,体现学前教育事业的公益性。适时把学前教育纳入义务教育范畴。

3.明确学前教育的管理体制与机构

明确规定中央、省(自治区、直辖市)、地(市)、县(市、区)应设立学前教育专门行政管理机构,县级及以上要至少有一名专职干部负责学前教育的管理。在各省、市级教育主管部门设立专门的学前教育管理机构基础上,把发展学前教育事业列入国家和各级政府经济和社会发展计划,并明确规定教育、财政、人事、劳动保障和卫生等相关部门的职责。还要逐步形成在政府统筹领导下,教育行政部门主管、社会各有关部门支持配合、社区各类学前教育机构和家长共同参与的学前教育体系。明确幼儿园的审批权由教育主管部门行使,新建幼儿园必须达到国家标准。明确幼儿园登记注册、审批与管理、撤销的程序与要求。禁止工商、民政等部门审批民办幼儿园。杜绝多头管理的混乱。同时,提出鼓励和支持残疾儿童、贫困地区儿童和少数民族儿童学前教育的相关支持政策。建立优先保障农村和弱势群体学前教育、保障教育公平的机制与制度。根据经济社会发展的阶段和人民群众的期待与实际承受能力,重建学前教育的发展机制。区分公办、民办体制和责任的不同,分类进行规范和引导,建立健康的学前教育秩序。明确学前教育托幼机构是公益性非营利教育机构的性质。保证公办学前教育机构满足广大人民群众的需要,实现"幼者有其园",保障学前教育阶段的教育公平。

4.明确学前教育国家标准,建立标准的动态更新机制

鉴于学前教育公办与民办园并存且民办园占有相当的比例,为保证学前教育质量,要明确学前教育的举办标准,特别是要明确学前教育机构的建筑、设备、设施、从业人员、安全、卫生、教育等方面的国家标准,明确资质要求与准入要求,并确立根据经济社会和教育事业发展动态更新的机制,以保障学前教育的质量。

5.明确公办幼儿园教师编制标准和办法,保障教师的合法权益

明确规定幼儿教育从业人员特别是教师的资格、职责与权利、身份与地位、聘任与考核等要求,明确幼儿园教师应当享受与中小学教师同等的政治、经济待遇,并对其责任、义务和工资、待遇、医疗、养老与失业保险、职称、培训等基本权益做出明确规定,加强对学前教师队伍的建设。

6.明确学前教育机构中学龄前儿童的权利,制定幼儿教育课程标准

现阶段,学前教育的盲区、误区都特别多,相对任何阶段的教育都很弱势。幼儿课程设置没有一个统一的标准,县级以下幼儿教育还停留在原始阶段,各园为政,随意性极大,又无人问津和督导。因此,应立法规定学前教育课程标准

和实施纲要,明确学前教育机构中学龄前儿童的权利,制定幼儿教育课程标准,坚决杜绝学前教育小学化。有了标准后,实施监督就更简便易行。

7. 建立学前教育的督导评估与问责制度

明确建立学前教育事业发展与质量评估制度,建立健全学前教育发展的督导和问责制度。一方面,将各级政府发展学前教育的职责及其落实情况、规划实施、经费投入及教师编制待遇培训等落实和队伍建设情况等作为考核各级政府、教育行政管理部门及其领导的重要内容。另一方面,明确规定建立学前教育质量评价制度,加大对各级幼儿园的教育质量评估和监督,防止学前教育小学化和繁杂化,建立科学的学前教育课程体系,建立视导、督导和问责制度。同时,明确对学前教育机构的监督机构及违法行为的处理机构。

总之,必须尽快制定和实施一项符合我国国情,又能客观反映教育规律与人才成长规律的《学前教育法》,以保证我国学前教育的普及与质量的提高。

(三)以法律形式保障农村学前教育发展

在《学前教育法》的整体架构中,对于农村学前教育应该具有明确的规定。笔者认为,《学前教育法》中应有专款论述农村学前教育,建议确立以下几方面的内容:一是应为农村学前教育改革与发展指明方向,出台促进农村学前教育发展的专项优惠政策;二是对于村镇公办园和其他社会力量办园的条件、权力和行为须给予应有的规范要求与制度保障;三是制定相应的农村学前教育各级行政管理体制以及经费投入体制,注重突显公益性、公平性和公正性;四是重视保障弱势群体的受教育权。对于城乡贫困家庭、低收入家庭、流动和留守幼儿等弱势群体,出台有针对性的政策,规定农村留守幼儿的权利,明确政府及相关部门在农村留守幼儿问题上的职责、农村留守幼儿的学前教育与家长和社会的关系、农村留守幼儿的学前教育投入与条件保障。

三、完善农村学前教育经费体制

从我国目前教育发展的现实状况来看,还处于"短缺教育"时期,教育资源总体匮乏,这种总量性短缺,依赖于经济发展短期内不可能彻底解决。当前,要把重要精力放在缓解"体制性短缺"和对有限教育资源的分配上。政府要把保证义务教育经费的供给作为主要责任,实现基本教育机会的公平,而对非义务教育,应该把经费投入主要用于帮助处境不利的地区和人群获得公平的受教育机会。作为基础教育重中之重的幼儿教育,应该让每个幼儿有平等接受教育的机会,这将对整个教育的发展和公平具有积极的作用。起点的公平是基础,如果我们不采取措施,继续忽视农村幼教,这种起点的不公平本身就意味着过程和结果的不公平,无论对个人还是整个社会的发展,都潜伏着必然的问题。针对目前农村幼教的滞后状况,我们要在不扩大城乡差距的基础上,逐步缩小城乡之间的差距,政府要特别增加对农村幼教的投入,解决农村幼教面临的生存性危机。美国教育行政专家罗森庭格讲过:"学校经费如同教育的脊椎。"所以教育事业的发展,包括学前教育供给的增加、质量的提高,需要充裕的经费已是不争的事实。那么,学前教育该由谁来投资?如何投资?资源如何分配?怎样保证投资的公平性与效率?这些问题成为学前教育发展需要迫切解决的问题①。

(一)完善农村学前教育经费投入体制

《教育规划纲要》明确指出,"加大政府投入,完善成本合理分担机制,对家庭经济困难幼儿入园给予补助。"资金的投入、合理的分配以及科学的管理,是农村学前教育发展的重大支柱。政府应设立农村学前教育专项经费,建立和健全投入体制和保障机制,重点支持城乡贫困家庭、低收入家庭、流动和留守幼儿等弱势群体接受学前教育,让农村的孩子有园可入,生存和生活状况得以改善。与此同时,应加强对资金的科学管理,公开透明、公平公正。钱由谁来管理,用到哪里,怎么用,用多少,这些问题都是需要政府相关部门仔细斟酌的,须让每一分钱都用到明处、用到实处,唯有如此才能树立良好的公信力。农村学前教育专项经费主要用于建立公益、普惠的民办幼儿园;用于提高农村幼儿园办园条件;用于加强农村幼儿教师师资队伍建设,促进其专业发展;用于提高农村幼儿教育教师工资待遇;用于提供农村弱势群体幼儿家庭生活补助金;用于建立幼儿家长委员会和农村幼儿家长学校;等等。

总体上看,要实现全面建设小康社会的奋斗目标,学前教育的经费投入是一个直接相关的措施。保障经费投入,是学前教育发展重要的前提条件。学前教育的经费投入,直接关系到幼儿园办园条件、学前教师工资待遇问题,这些将直接影响学前教育质量。国内外研究表明,对学前教育的投资回报率高于任何

---

① 徐雨虹. 新制度经济学视角下的我国学前教育投资体制研究[D]. 华东师范大学博士学位论文,2007.

一个教育阶段。同时,从美国的经验可知,没有政府对学前教育投入的立法保障,没有各级政府逐年持续增加对学前教育的拨款,就不可能有美国学前教育近年来数量上的扩张与质量上的不断提高;没有各级政府在投入上对弱势学前群体的倾斜,就不会有美国学前教育面向所有儿童的大发展。

我国的现实状况是学前教育经费严重匮乏,缺乏事业发展的基本经费保障。首先,在全国教育经费总量中,学前教育经费所占的比例过小,仅占1.2%—1.3%,且十年徘徊不前,从根本上难于支撑学前教育事业的发展。其次,长期以来中央财政没有专项经费用于学前教育,相应地,各省、市、县也少有或没有学前教育的专项经费。特别是在体制转型期,各级教育主管部门没有任何经费支持用于建立学前教育的新体制,以有效解决事业发展中出现的新情况、新问题,从而严重阻碍了学前教育事业的进一步发展。再次,我国幅员辽阔,学前教育发展存在着明显的区域差异和城乡差异,很多贫困地区及弱势学前群体的学前教育缺乏经费支持,严重影响了学前教育事业的均衡发展。因此,保障学前教育事业经费的投入应该从以下几个方面进行:

首先,要解决对学前教育地位、作用的认识问题。学前教育是教育事业的重要组成部分,是基础教育的重要组成部分。发展学前教育,每届政府都有着义不容辞的责任。学前教育又是崇高公益事业,以育人为目的,必须从小康社会的长远发展角度来发展,不能把发展学前教育事业完全推向市场,学前的教育和保育与全社会的每个公民都有着联系,学前的保育带有福利性质。

其次,要增加政府对学前教育的投入。国家给予贫困家庭的孩子以特殊的政策支持在国际上也有先例,如1964年美国总统约翰逊提出向贫穷宣战(The War on Poverty)。1965年,作为该战略的组成部分,美国政府开始实施开端教育计划(Head Skirt Project)。该计划通过专门的教育和服务机构,为美国的少数民族如北美印第安低收入家庭的学龄前儿童提供免费教育、卫生保健、营养食品和父母教育。1997年开端计划共拨款39.8亿美元,比1965年的9640万美元增长40倍。在三十多年里,开端计划累计培育了约2000万幼儿①。该项计划帮助了广大家长,训练了大量的教师与助手,开展了一系列科学研究,对美国学前教育事业的发展起到了重要的促进作用。

---

① 刘小蕊,庞丽娟,莎莉.美国联邦学前教育投入的特点及其对我国的启示[J].学前教育研究,2007,(03).

（二）建立和完善农村学前教育经费保障模式

完善经费保障模式是政府主导的重要方面。从目前农村学前教育经费投入的状况来看，要将农村学前教育纳入公共财政覆盖范围，需要各级政府充分认识和遵循"明确各级责任、市县镇共担、加大财政投入、提高保障水平、分步组织实施"的基本原则，建立和完善农村学前教育经费保障模式。这种经费保障模式主要包含以下三种：一是专项经费模式。这是农村学前教育发展目前主要经费模式，是指上级各级政府在财政预算中设立专项经费，并做到逐年增长，重点支持农村学前教育的发展。在我国有限的教育资源情况下，各级政府更应在教育财政预算中设立学前教育发展专项经费，优先考虑和满足农村教育发展的需要，切实保障农村地区学前儿童平等接受学前教育的机会和权利，扶持农村学前教育的发展。在学前教育经费的落实和使用方面，要具体认真落实教育经费的政策，逐步增加各级政府对教育的投入，适时及时地向学前教育倾斜。对农村幼儿园经费实行"村收、乡镇管、村用"，专户储存，县市监督的管理方法，保证专款专用。并且要从学前教育的公益性特征出发，争取办园单位（特别是村）从公益金中提取一定比例，作为对所办幼儿园的补助。二是以奖代补模式。就是通过开展比如"农村学前教育示范镇""农村学前教育强县"等活动，对于农村学前教育发展成效显著的政府进行重点奖励，从而带动各级政府投入更多资金发展农村学前教育，有效破解基层开展学前教育工作的资金瓶颈。三是政府资助模式。加大对于弱势群体的重点资助政策力度。重点资助那些家庭经济困难的儿童、孤儿或革命烈士子女，解决好农村幼儿园布局调整后的幼儿班车、就餐、午休等问题，为农村儿童健康成长创造有利条件。

（三）大力实施农村学前三年免费教育

从目前我国学前教育的发展状况来看，实施学前免费教育是符合我国国情和广大人民要求的。这是因为，一是我国快速增长的国民经济为实施学前免费教育提供了物质基础。二是实施学前免费教育符合社会公平公正的价值取向。三是国内外实践及探索为学前免费教育提供了丰富的经验借鉴。

实施学前免费教育，可以从以下几方面努力：

1. 中央政府要加大对农村学前教育的投入

这点我们可以学习美国政府的经验和做法。美国政府在经费总量上对学前教育投入的不断增加，在拨款使用上的专款专用，在投入分配上的政策倾斜，特别是对政府投入的立法保障,对我国政府强化相应职能,促进学前教育事业全面、积极发展具有极其重要的借鉴意义。第一,我国中央政府应在总量上保障对学前教育事业发展的投入,并切实加大各级政府教育财政性拨款中学前教育经费的比例;第二,中央财政以及相应的各省、市、县财政中应保证学前教育的专项经费;第三,应确立农村和城市,东、中、西部地区不同的学前教育投入体制。城市实行政府投入、社会支持及家长分担教育成本的投入体制,农村则实行以政府投入为主的体制。中央财政应设专项经费,采取一定的方法,集中用于农村和贫困地区的教育,扶持有困难的群体,努力缓解幼儿教育及政府资金分配的不公平。第四,将我国学前教育投入政策以法律的形式加以确认,以保证财政经费的落实与有效使用。

2. 调整农村学前教育经费的分配结构

合理的农村幼儿教育经费分配构成是提高教育经费使用效率的重要环节。在学前教育经费分配结构的调整中,应该做到:一是要提高农村幼儿教育教职工队伍质量,建立群体结构合理的农村幼儿教育教职工队伍。消除"人头费"危机。农村幼儿教育教职工队伍质量是影响农村幼儿教育经费的绝对与相对使用效率的直接因素。二是要建立规模适当、布局合理、层次结构、师生比例合理的农村幼儿教育系统,以利于人力、物力、财力的充分利用,避免教育资源的浪费。通过调整农村幼儿教育系统内部的结构来改变教育经费的分配结构,进而实现合理使用教育经费的目的。

3. 实施学前教育券

教育券是美国自由派经济学家、诺贝尔经济学奖获得者米尔顿弗里德曼(MiltonFriedman)首创的一种解决公立学校经费问题的制度。弗里德曼指出:"所谓教育券,是政府将用于教育的公共经费以教育券的形式直接发给家长(学生),而不是划拨给学校,家长(学生)可以用教育券来支付所选学校的学费和相关教育费用。[①]"从1955年首次提出教育券概念到今天,这一概念已经在世界各地得到了一定的实践和发展。

我们认为,在农村学前教育发展上,政府完全可以借鉴这种模式:即政府将学前教育投入总额,按照人均份额,以有价兑换券的方式提供给幼儿及其家长。家长持这些有价兑换券到附近的幼儿园入学,幼儿园根据自己所收取的兑换券到政府相关部门进行兑换。笔者认为,这一办法能够有效地保障政府投入幼儿

---

①庞小燕.从当前教育投资现状看教育券实施的意义[J].扬州大学学报(高教研究版),2007,(10).

教育经费的落实,能够保障农村所有幼儿接受公平的学前教育,能够在一定程度上缓解农村幼儿入园难的问题,满足家长对幼儿接受高质量学前教育的需要,能够确保农村适龄幼儿上得了、上得起、上得好幼儿园。

值得注意的是,实施这一制度的前提是要确保农民幼儿子女有园上。因此,政府应首先大力加强幼儿园布局调整建设,确保所有幼儿都有园上。其次,政府应努力办好每一所幼儿园,保障幼儿园之间的均衡发展。再次,要合理引导农村家长使用兑换券,防止出现新的入园难问题。

四、创新办园体制机制,实现办园模式多样化和多元化

在"坚持实行地方负责,分级管理和有关部门分工负责"的幼儿教育管理体制下,积极探索建立"县乡(镇)结合,以县为主"的农村学前教育管理体制,明确各级政府的责任,充实管理力量,建立科学有效的监管机制,切实履行好职责。要加强对幼儿园准入、安全和质量等方面的监督管理和指导,对教师资质、人员流动、工资待遇、教育教学、卫生保健与安全管理、幼儿园收费等方面实行动态监管,规范办园行为,不断提高各类幼儿园的办园水平。

(一)统筹规划农村学前教育发展

规划是政府的"第一资源",是政府引导和调控各项事业危机农村学前教育发展有力的"有形之手"。因此,各级政府应将学前教育特别是农村学前教育发展纳入当地经济和社会事业发展的总体规划之中,要制定切合农村发展实际的学前教育中长期发展规划,把大力发展农村学前教育作为社会主义新农村建设的重要内容予以优先建设。在城乡学前教育均衡发展精神的指导下,应建立"以县为主,乡镇、村共建共管"的农村学前教育发展规划格局,从当前农村城镇化建设和新农村建设的高度,从解决当前农村学前教育发展中面临的实际问题出发,统一整合各类教育资源,细致筹划农村学前教育发展未来,立足国家学前教育发展全局,将规划的任务落实到位。各级政府要尊重规划理想,兼顾农村学前发展需要,科学制定切实可行的规划方案,探索形成一套满足多方需求的规划方法,增强规划的可操作性和可实施性。要坚决防止出现"规划规划、墙上挂挂"的不切实际和没有任何实际指导价值的规划。

(二)建设好乡镇公办中心幼儿园

世界主要国家和地区落实政府主导学前教育发展地位和作用过程中的一

条成功经验,就是积极、不断加大公立学前教育机构建设,提高其在学前教育机构中的比例,逐渐形成了以公立学前教育机构为主导力量的办园格局。根据这一经验,笔者认为,政府主导农村学前教育发展,也要加强对公立学前教育机构的建设。事实上,我国政府自 2010 年"国十条"颁行以来,公立幼儿园的建设速度已经明显加快。随着三年行动计划顺利完成,我国每个乡镇基本上都能够建起或者正在建设一所标准化的公办幼儿园。因此,从数量上来看,公办幼儿园的建设基本或即将达到要求。但笔者认为,发展农村学前教育不仅是建设幼儿园的事情,建成幼儿园只是发展学前教育发展的第一步。更为重要和关键的任务在于幼儿园内部设施的配套、师资队伍的配置、办学理念的确立以及办园质量等内涵发展目标的实现,这些问题恰好是目前制约和影响农村学前教育发展的关键和核心问题。因此,在乡镇公办中心幼儿园园舍建设任务基本完成的同时,应适时地实现乡镇公办中心幼儿园建设的大转移,政府应将更多的资源和精力放在幼儿园的师资队伍、办园理念和教育教学质量的提升上来,放在幼儿园管理质量和水平的提升上来。唯此,才能实现办好学前教育的目标任务。

(三)改革农村幼儿园办园体制

进行农村幼儿园办学体制改革,依靠社会力量多渠道多形式发展幼儿教育,激发各方力量办园的积极性。教育部门首先办好自己的幼儿园,在各地的幼教事业发展中发挥骨干和示范作用,发挥这些幼儿园的示范作用。这些幼儿园要面向本社区内幼儿园,做好科研、教师培训和家庭教育指导等工作。

(1)乡镇人民政府要扶持和发展农村及老少边穷地区的幼儿教育事业,财政预算要安排发展幼儿教育的经费,办好乡(镇)中心幼儿园,发挥其对乡(镇)幼儿教育的指导作用。自 2003 年 3 月国务院办公厅批转《关于幼儿教育改革与发展的意见》以来,许多地方的农村幼儿教育出现了新的发展态势。如浙江安吉县强化管理意识,激活发展机制:每年有 50 万元专项资金重点扶植农村幼儿教育事业;形成了"一乡镇一中心、辐射行政村"的办园格局;为全县 26 个乡镇中心园配备专职干部;教师学历合格率达 91%;两年间建造了几所漂亮幼儿园;学前三年入园率达 92.6%[①]。可见,只要政府扶持一把,就能引导农村幼儿园走上自主管理和自主办学的发展道路。

---

① 莎莉、庞丽娟.通过立法强化政府在学前教育事业发展中的职责[J].学前教育研究,2007,(02).

　　总体上说,乡镇中心园与村园的管理可以有这样几种模式:①并入式管理。把村园作为乡镇中心园的分园,其人、财、物、教育教学、队伍建设等由总园统一管理,总园和分园的教师可以流动、轮岗。如张家港市对村园的管理大多采用这种模式,在现有的 21 所村园中,有 9 所是乡镇中心幼儿园的分园,约占张家港村园总数的 43%①。②派出式管理。由乡镇中心园派出副园长或业务员,去村园担任园长(编制和待遇不变),对村园进行全方位管理。这种模式适用于村园较少、乡镇中心园能承担母机任务的乡镇。③辐射式管理。以乡镇中心园为中心,向周围的村园辐射,其管理由中心园的园长或副园长统一负责,包括对村园教师的考核。中心园对村园的业务指导和管理主要通过教学开放和下乡支教等活动进行。

　　在地方政府办园的同时,积极鼓励各方面的社会力量来办幼儿园,要坚持"两条腿"走路的方针,积极依靠动员全社会的力量来发展学前教育。对社会力量办的幼儿园要给予鼓励引导,使之逐步成为示范园,并能够积极参与到社区幼儿教育的管理与指导中。鼓励经济强的乡镇、强村、强企业投资兴办幼儿园。鼓励村企联办、村校联办、村村联办,鼓励个人捐资兴建幼儿园。

　　(2)在贫困地区,可以发挥村民自治组织的力量来发展学前教育。在没有教学点或者已有教学点被撤去的村子,可以在县乡政府的支持下,发挥村民自治组织的作用,创办各种小型的幼儿教育组织。村民自治组织也可以算是最低一级公共组织。长期以来,我国的农村学前教育事业就是由这一级公共组织来组织完成的。迄今为止,许多小学附设学前班的教师是由村民委员会负责寻找,并发放微不足道的工资及年节补贴;小学与学前班冬天的烤火费,学校的部分电费、水费也都是由村民委员会负责筹办的。这种做法在农村学前教育发展方面起到促进作用,应进一步总结经验,继续发挥村民自治组织的力量。在建设新农村的背景下,政府应当鼓励村民自治组织举办学前教育机构,并给予相应的补贴。

　　(3)激发各个办园主体积极能动性。农村幼儿教育的发展除了依靠教育主管部门、政府的扶持和管理以外,农村幼儿园自身积极能动性的发挥更具有重要意义。

　　教育主管部门要对农村各种形式的幼儿教育办园主体一视同仁。除了办

---

　　① 莎莉、庞丽娟.通过立法强化政府在学前教育事业发展中的职责[J].学前教育研究,2007,(02).

好乡(镇)中心园,发挥其对其他形式的幼儿教育的示范、辐射作用外,更要对农村学前班、村民自办幼儿园进行扶持。在经费的投入和使用上,要适当向农村学前班、村民自办幼儿园倾斜。鼓励社会力量举办农村幼儿教育。保证教育经费政府投入的公平性。以防止城、乡幼儿教育的两极分化,缩小城、乡幼儿教育的差距,体现教育的公平性。农村幼儿教育要真正获得可持续发展,其自身的管理改革要合理,要形成自我完善、自我约束、自我发展的管理机制,满足农村社会各个阶层对幼儿教育的需求。保证农村幼儿教育经费有稳定的来源,提高经费的使用效率。一是要扩大办园主体的办园自主权,实行主办单位领导下的园长负责制,农村幼儿园园长要有管理权。尤其是要有经费的管理权和使用权。教育主管部门不得随意克扣农村幼儿园、学前班的经费,只是负责监督经费的使用情况。二是农村幼儿园(班)要发挥对农村的服务功能,将农村幼儿的发展放在教育工作的第一位,提高教育和保育质量,使农村幼儿及其家长切实感受到接受幼儿教育对农村幼儿发展的重要性。要大力吸引社会各界关注和投入农村幼儿教育发展。

五、健全学前教师队伍建设制度,提升农村学前师资整体水平

教育大计,教师为本。有好的教师,才有好的教育。从目前农村学前教育的发展状况来看,师资队伍是面临的最为迫切的亟待解决的重要问题。因此,政府主导农村学前教育发展,必须将幼儿师资队伍建设放在更加突出的地位,着眼于为农村学前教育发展提供坚强的人才保障,着力打造一支思想稳定、业务过硬、幸福从教的幼儿教师队伍。

(一)实施省级学前教育免费师范生教育制度

学前师范教育制度是培养合格学前教育师资的母机,是农村幼儿教师补充的源头活水。目前,从幼儿师范生源的来源看,明显存在着学生素质不高、二本院校和高一级本科院校生源不足的实际。笔者建议,应借鉴国家免费师范生的做法,实施幼儿教师免费教育制度。具体办法由省级人民政府颁布具体的实施办法,省级教育行政部门具体组织实施,由省级承担幼儿教师培养的师范院校来承担培养任务。这一制度实施的省级政府统筹,要切实保障毕业的各项待遇、政策的落实到位,并教育学生毕业后能够进入农村乡镇公办中心幼儿园从

事学前教育工作。

在做好免费师范生招生工作的同时,应加强免费师范生培养模式改革。学前教师既是课程实施者,又是活的课程资源,学前师资培养与在职学前教师培训是改善农村学前教育课程资源的关键。应加强学前教育专业人才培养模式的改革,突出人才培养超前性,注重新时期学前教育发展的最新形势和人民群众对享受优质学前资源的需求。在学前教育专业人才培养方案的修订中,应突出的素质结构和要求为学前教师不仅具有各方面专业知识,而且能熟练掌握多方面的一般性知识;要突出教师的教学心态、对社会的基本认识和科学素养,以及与幼儿交流、谈话的艺术和在课程设计与教学过程中体现的知识与能力等方面的素养,要整合学前教育中的专业性知识(如学前教育课程的理论基础和幼儿教育实践的操作方法)和一般性知识(如人文社会知识和科学素养等);要致力于学前教育专业学生广博的知识和精深的专业素养的培养;要突出学前教育专业学生综合实践能力的培养,提升学生的综合素养。总之,对于免费师范生的培养应进行多方面的探索,争取在农村学前师资培养上闯出新路。

(二)建立和完善农村学前教育教师管理制度

1.建立农村学前教师从业资格准入制度

完善的教师资格准入制度是确保农村学前教师队伍的重要关口,是提高农村学前教育教师队伍的整体素质,防止素质低劣人员混进农村学前教师队伍的重要环节。因此,政府主导农村学前教育发展,就必须严把幼儿园教师准入关,建议可以实行专业合格证制度与教师资格证制度两道门槛制度。具体来讲,专业合格证是他们进入幼儿园工作的资格凭证,用此来证明他们具备从事学前教育所必需的专业技能和专业水平;幼儿教师资格证则是他们取得与幼儿教师身份相称的资格凭证,证明他们具有根据学前儿童的身体和心理发展特点来进行科学保教的能力和水平。实施以上两项制度,可以从根本上改变当前农村学前教育教师的保姆功能,从而可以从整体上保障农村学前教育水平的不断提升。笔者建议,应借鉴国家关于中小学教师的任用制度,建立"省考、市选、县管、园用"的教师录用制度,制定"陕西省学前教育教师专业标准",制定考试科目,每年由县市按编制和需求报计划,由省上组织笔试,市上组织面试,县上统一管理,幼儿园聘用。逐步减少中小学转任教师的数量,以保证农村学前教师队伍的素质。

2.建立目标考核制度和退出机制

佛隆的期望理论认为,制定一定的目标,对个人的动机产生是一种激发的力量。这一理论启示我们,在农村学前师资管理上,建立一定的目标考核机制,会对农村学前教师产生激励作用。先建立幼儿教育评价体系,制定幼儿教育评价标准,再按照评价体系建立农村学前教师的考核机制,对考核合格的教师,发放绩效工资,对考核不合格的农村学前教师,不予发放绩效工资,并进行单独的培训,连续三年不合格,清退出农村学前教师队伍。

(三)加强学前教育在职教师培训

在职培训教育是教师保持蓬勃生命力的重要途径之一。针对现有农村学前教师队伍专业素质不高的问题,政府应强化自身行为,加强农村学前教师队伍培训工作。一是政府相关部门应在年度预算中列支农村学前教师专项培训经费,保障培训所需资金;二是教育行政部门、学区教研组应该采取灵活的方式开展带有学历提升性质的培训以及具有普及性的培训或讲座;三是参考国家"大学生当村官"政策的一系列办法和举措,制定学前教育专业本科生走进农村幼儿园的一系列奖励举措和具体办法,为每所农村幼儿园配备这样一位具有专业知识和技能的教师;四是要建立健全培训机制,加大培训力度,满足农村学前教师提升自己能力的需求。将全省举办教师教育的高校全部作为我省教师业务能力提高培训基地及"国培计划""省培计划"遴选基地。四是加大对现有小学教师转岗教师的培训。由于农村学前教师职业的特殊性,必须会唱会跳会画,所以更要建立长期的、系统性、专业性的转岗教师培训计划,以使转岗教师更好地学习学前教育的系统知识,了解小学教育和学前教育的区别,转变教学理念,防止幼儿教育小学化倾向。五是进行在岗教师全员培训。要建立省、市、县(市、区)三级幼教培训体系,省、市两级主要开展骨干教师培训,县级进行全员培训。组建业务精、素质高、能引领、有经验的培训者队伍,根据不同需要科学安排培训课程内容,切实提高培训的质量与实效性。特别是要注重对非幼教专业转岗教师的培训,提高保教质量。六是要加强教研工作。要加强学前教育教研工作,满足农村学前教师职业技能提升的需求。在省教科所增加教研员,并要求市、县都要有专门的幼教教研员,能够满足全省范围内的幼教教研指导。要鼓励幼儿园进行园本教研,并定期开展省、市、县的教研课题评选。通过活跃教研活动,解决教育实践中存在的问题和难题,改进工作效果,提升农村学前教师的教学水平,从而提高保教质量。

（四）加快城乡教师交流机制建设

教育行政部门、教研部门应加强对农村幼儿园的指导、扶持力度。积极倡导城乡互动、片内学习的方式。组织城镇幼儿园的教研组长、骨干教师到农村幼儿园送教，真诚地送去先进的教育理念和教育教学方法，并通过现场辅导备课、设计各类活动，深入班级随堂听课和作课后反思指导，亲自上示范课等形式，帮助农村幼儿园教师解决活动中的重点难点问题，鼓励她们多利用直观教具开展教育教学活动，引导他们大胆开展教育实践，寓教育于各项活动之中。同时鼓励农村教师走出去，接受新的教育信息，学习新的教育理念。通过教师间手拉手结对子等形式促进园际间的交流，形成城乡之间资源共享和交流的长效机制，有效促进城乡教育均衡发展。

（五）健全农村学前教师激励机制

政府主导农村学前教育发展，就要真正把农村学前教师纳入公办教师的序列，使学前教师的待遇向中小学教师靠拢。当前，农村学前教育激励机制不完整，存在很大缺陷，和中小学教师的激励机制相比欠缺太多。非常低的收入水平，不畅通的职称评定渠道，不完整的培训体系，几乎空白的教研工作，不合理录用方式和缺失的考核机制和退出机制，很难使广大学前教师有很强烈的事业心和从事幼儿教育的长远打算[①]，队伍不稳定，尤其是民办幼儿园和公办幼儿园的聘用教师，辞职、跳槽现象经常发生，而且很难吸引男性教师加入学前教师的队伍，造成学前教师队伍性别结构不合理，严重影响了我省学前教育事业的健康稳定发展。因此建立行之有效的学前教师激励机制，迫在眉睫。根据管理学中的相关激励理论，结合农村学前教育师资实际，笔者认为，应建立如下激励模型。

---

① 雷湘竹.浅谈"临床型"幼儿教师培养策略研究［J］.湖南师范大学教育科学学报，2009.5：90－93.

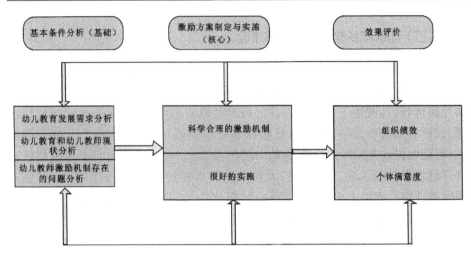

图6-1 农村学前教师激励机制构建模型

学前教师是激励机制的主体,激励机制的设计一旦违背了主体的意愿,侵犯了其"人权",那么激励主体就会大大贬值,不能发挥应有的作用。结合激励理论及前面对学前教师及其激励各个方面的分析,可以建立一个陕西省学前教师激励机制模型,从而指导学前教师有效激励措施的选择。这个模型主要根据激励工作的几个不同阶段来划分,整个过程由激励的基本条件分析、激励方案的制定与实施和激励的评价等几个环节构成,这几个环节相互联系,构成一个循环的整体(见图6-1)。

基本条件分析指是在制定激励方案前对各方面情况的综合分析,它是整个工人和的基础。其主要包括对陕西教育的发展目标分析、陕西学前教育和学前教师的现状分析和现行激励机制的分析。当然还包括社会背景分析(即对社会大环境中影响学前教师工作的因素的分析,如幼儿教育的发展方向因素)、组织条件分析(即对学前教育发展状况进行分析),这些条件之间存在着密切的关系,对其进行分析必须综合考虑。在对各方面情况的综合分析的基础上可以制定有效的激励措施。激励机制的中心环节是激励方案的制定和实施,它是一个包括制定激励方案,选择激励内容、方法、途径、措施并付诸具体实施的复杂过程。这个环节的激励由各种激励手段构成,将各种激励措施综合使用,使激励的作用达到最大。激励机制模型还包括最终的激励效果的评价环节。科学、合理的评价包括组织绩效和个体满意度两个方面。激励效果评价并不是激励的最终环节,其可能直接反作用于前两个环节,也有可能引起管理思想、管理原则、管理要求的变化,进而影响到激励基本条件的分析、激励方案的制定与实施、效果的评价这些过程。这样,这些活动间就构成了一个不断循环的动态系统,实际的激励过程正是这样的一个动态循环的过程。用这一模式指导陕西学前教师激励管理,选择有效的激励措施,对改变当前学前教师激励中的不足,提高激励效果会有比较大的帮助。

　　建立农村学前教师的激励机制,要从提高学前教师社会地位,增加学前教师编制,构建薪酬体系、职称评定体系、荣誉评定机制、培训教研体系和录用、退出、考核机制着手。(如图6-2)

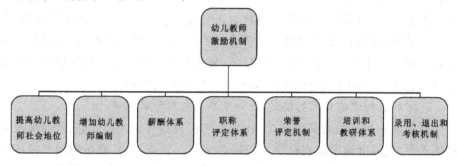

图6-2　学前教师激励机制构架图

　　1.提高农村学前教师社会地位

　　按照亚当的公平理论,只有把农村学前教育纳入政府投入为主的国民教育体系,把学前教师纳入公办教师序列,提高农村学前教师的社会地位,保障农村学前教师的合法权益,才能保证农村学前教师和中小学教师相同的待遇,体现公平性原则。

　　(1)将学前教育纳入政府投入为主的国民教育体系中去。实现学前教育公办为主、民办补充的办园模式,坚持政府主导、社会参与、公办民办并举的办园体制,积极鼓励和扶持民办幼儿园,通过政府购买服务、减免租金、以奖代补、派驻公办教师等方式,引导和支持民办幼儿园提供普惠性服务。规定民办幼儿园在审批登记、分类定级、评估指导、教师培训、职称评定、资格认定、表彰奖励等方面与公办幼儿园具有同等地位。提高幼儿教育的地位,引导幼儿教育逐步走向规范化,才能提高农村学前教师的地位,也能保障目前占大多数的民办农村学前教师的权益。

　　(2)提高农村学前教师职业的社会认同度。要切实落实国务院办公厅[2003]13号文件第二十条规定的"政府应认真执行《中华人民共和国教师法》,学前教师享受与中小学教师同等的地位和待遇"。要让社会普遍转变观念,明白学前教育不是"看孩子",而是一个相当重要的系统性的教育工程;幼儿园不是"托儿所",而是实施这项教育工程的有一定建立标准的教育场所；农村学前教师不是看孩子的"阿姨"，而是一个专业性很强、要求很高、很全面的职业。要让全社会对幼儿教育的工作给予认可，对教师的专业知识和能力给予认可。要从提高农村学前教师的学历、待遇来提高农村学前教师的社会地位和职业认同度。高校应该增设幼儿教育本科和研究生专业，吸引更多的优秀人才报考农村学前教师专业，进入农村学前教师队伍，并在每年高校免费师范生教育中，遴选、增设一定数量的师范院校的学前教育专业专科的招生指标，改变农村学前教师职业要求高和队伍素质低的现状。还要提高农村学前教师的工资待遇，改变农村学前教师职业的重要性和经济收入不相符的现状。这些待遇的提高，也有利于吸引男性加入农村学前教师队伍，使农村学前教师队伍的性别比例更加合理。总之，要真正让农村学前教师成为人们羡慕的职业。

2. 增加农村学前教师的编制，进一步补充农村学前教师

要提高农村学前教师的地位，让农村学前教师有职业归属感，就要从政策层面入手，大幅度地增加农村学前教师的编制。要有计划、有步骤地严格按照文件要求的1:6的师生比增加农村学前教师编制和补充农村学前教师数量。陕西省现有在编前有教师仅占教师总数的25.7%，缺员12万人，无法保证幼儿教育"两教一保"的需要，农村学前教师工作负担重，压力大，所以要加快增加编制和补充农村学前教师，使农村学前教师编制和实际数量达到要求。老师的身份被确定后就会在自己相对稳定的岗位努力工作，增强职业的安全感，从而增强农村学前教师队伍的稳定性。

3. 建立合理的农村学前教师薪酬体系

提高农村学前教师的工资待遇和福利，从政策层面上，要严格规定农村学前教师的工资待遇和中小学一样，不低于当地公务员的工资，实行绩效工资制度。要求民办幼儿园将教师的工资水平提升到同等层次。对长期在农村基层和边远地区工作的公办农村学前教师，按国家规定实行工资倾斜政策或发放边远艰苦地区津补贴。要按照《劳动合同法》有关规定签订聘任合同，积极为民办幼儿园教师办理养老保险、医疗保险、失业保险和住房公积金。就民办幼儿园而言，对经过正式批准注册的规范民办幼儿园的教师，个人人事档案统一由县（市、区）人才交流中心免费管理，其业务档案由县教育行政主管部门统一管理，由省、市、县财政和教师个人共同负担缴纳民办农村学前教师的养老保险、医疗保险、失业保险和住房公积金，并将农村学前教师纳入保障房范畴，以确保其基本待遇得到落实。真正做到让他们"老有所养，老有所医，老有所靠"。

4.建立健全农村学前教师职称体系

要将农村学前教师的职称和中小学脱离开来,由省上统一制定标准,建立单独的农村学前教师职称评聘制度,并设置高级职称。合理配备幼儿师资队伍的职称结构,并将职称和工资补贴相挂钩。就民办幼儿园而言,对经过正式批准注册的规范民办幼儿园的教师,在职称评审方面,委托教育行政部门职称评审机构,与公办教师统一进行。这是对农村学前教师对学前教育事业所做贡献的认可。幼儿园设置高级职称,可以评定"教授级"的高级职称,有利于提高教师待遇,增加教师积极性。武汉市已于2010年实施了农村学前教师能评高级职称的政策。

5.完善农村学前教师荣誉评定机制

要将农村学前教师列入中小学教师的各项荣誉评选,定期对做出突出贡献的优秀教师进行表彰。将农村学前教师以单独的计划加入特级教师的评选,促使农村学前教师进一步钻研教学方法,提高农村学前教师的工作积极性。建议尽快培养一批骨干教师,对全省农村学前教师起到示范带头作用。

6.建立健全培训和教研体系

(1)建立培训机制。要建立培训机制,加大培训力度,满足农村学前教师提升自己能力的需求。将全省举办教师教育的高校都作为我省教师业务能力提高培训基地及"国培计划""省培计划"遴选基地。一是加大对现有小学转岗教师的培训。由于农村学前教师职业的特殊性,必须会唱会跳会画,所以更要建立长期是、系统、专业的转岗教师培训计划,以使转岗教师更好地学习学前教育的系统知识,了解小学教育和学前教育的区别,转变教学理念,防止幼儿教育小学化倾向。二是进行在岗教师全员培训。要建立省、市、县(市、区)三级幼教培训体系,省、市两级主要开展骨干教师培训,县级进行全员培训。组建业务精、素质高、能引领、有经验的培训者队伍,根据不同需要科学安排培训课程内容,切实提高培训的质量与实效性。特别是要注重对非幼教专业转岗教师的培训,提高保教质量。满足农村学前教师的自我提升需要。

(2)加强教研工作。要加强幼儿教育教研工作,满足农村学前教师职业技能提升的需求。在省教科所增加教研员,并要求市、县都要有专门的幼教教研员,能够满足全省范围内的幼教教研指导。要鼓励幼儿园进行园本教研,并定期开展省、市、县的教研课题评选。通过活跃教研活动,解决教育实践中存在的问题和难题,改进工作,提升农村学前教师的教学水平,从而提高保教质量。

7. 建立录用、考核和退出机制

（1）建立农村学前教师从业资格准入制度。建立省考、市选、县管、园用制度，制定"陕西省学前教育教师专业标准"，制定考试科目，每年由县市按编制和需求报计划，由省上组织笔试，市上组织面试，县上统一管理，幼儿园聘用。逐步减少中小学转任教师的数量，以保证农村学前教师队伍的素质。

（2）建立目标考核制度和退出机制。佛隆的期望理论认为，制定一定的目标，对个人的动机产生是一种激发的力量，所以，建立一定的目标考核机制，会对农村学前教师产生激励作用。先建立幼儿教育评价体系，制定幼儿教育评价标准，再按照评价体系建立农村学前教师的考核机制，对考核合格的教师，发放绩效工资，对考核不合格的农村学前教师，不予发放绩效工资，并进行单独培训，连续三年不合格，清退出农村学前教师队伍。

六、加强农村学前教育督导机制建设

良好的督导机制是农村学前教育步入常态化、规范化、科学化发展轨道的重要保障，针对目前农村学前教育督导机制的现状，笔者认为，需要从办园思想、设施和人员配备、班额编制、财务管理、安全卫生管理等方面加强农村学前教育督导机制建设。特别是从制度层面，明确各级政府推进农村学前教育发展的责任和工作重点，规定各市区政府对本辖区内农村学前教育的规划、布局调整负全面责任；各镇政府主要承担农村学前教育经费筹措、改善办园条件以及举办镇中心幼儿园等工作，切实避免责任模糊、任务交叉、职责不清造成的各种被动局面；进一步推行镇中心幼儿园独立建制，明确镇中心幼儿园为镇政府举办的公益性独立法人事业单位，负责镇域农村学前教育的管理、业务指导及考核评估等工作，搭建起了科学的农村学前教育平台。着眼于提高各级政府、部门的主动性和积极性，坚持把农村学前教育作为督导重点，加大对政府责任落实、教师队伍建设、经费投入情况等的督导检查力度，通过经常的摸底检查、考核奖惩和问责机制，进一步激发各方面的工作热情。同时，严格执行幼儿园审批和年检制度，及时掌握幼儿园举办情况和动态，并通过不定期开展幼儿园清理整顿行动，大力整治那些办园条件差、办园行为不规范、未取得办园许可证的幼儿园，对拒绝整改或整改后仍达不到要求的，依法予以取缔。

（一）强化幼儿园法规意识、法人意识、法治意识

贯彻落实《幼儿园管理条例》《幼儿园工作规程》和《幼儿教育指导纲要（试

行)》以及国家、省有关规范幼儿园办园行为的规定,充分运用过程检查、目标管理、督导评估、年审年检等手段和方法,加强对幼儿园,尤其是民办幼儿园的监管,进一步规范办园行为。督促幼儿园建立健全教职工大会制度,强化幼儿园的法人意识。督促幼儿园依法维护教职工的合法权益,维护在园幼儿的合法权益,引导幼儿园之间的良性竞争、有序竞争,保证幼教工作秩序。督促幼儿园健全财务制度,按《中华人民共和国民办教育促进法实施条例》的规定,按净收益的25%的比例提取发展基金,用于办园条件的改善。让幼教市场在年审检查、评估排队中规范办园行为,在有序竞争中规范办园行为。在此基础上,重点扶持发展后劲足的民办幼儿园尽快做强做大,同时利用行政手段和市场法则将少数无发展后劲的民办幼儿园淘汰出局。民办幼儿园进一步完善幼教行业协会组织,深化行业自律,规范办园行为。

(二)强化教育主管部门服务意识、保障意识、质量意识

加强对幼儿园如何贯彻落实相关法律法规的指导,当好幼儿园实行和普及相关法律法规的辅导员和指导员。加强对幼儿园落实保教工作常规的指导,积极为提高幼儿园保教工作质量出谋划策,大力开展涵盖民办幼儿园教职工在内的幼教先进集体和先进个人的评选活动,大力开拓民办幼儿园教师职称晋升的绿色通道。深入加强对幼儿园开展业务研究、技能提升的指导,努力搭建农村学前教师技能提高的平台和桥梁,大力构建科学有效的幼教工作体系。强化监管机制,进一步增强办园的门槛意识、规程意识、规则意识。规范审批,严格办园准入。实行幼儿园办学的教育行政许可时,消防、卫生、治安防护、娱乐游戏设施安全、园长资质、幼师从业资质、标准场地都要前置审批。科学实施教育教学活动,防止幼教"小学化"。坚持以幼儿为本,遵循《幼儿园工作规程》《幼儿园教育指导纲要》,遵循儿童的身心发育规律,尊重城乡儿童成长的文化背景,坚持以游戏为基本活动,保育与教育并重,培养幼儿健康活泼、好奇探索、文明乐群、自主自信、有初步责任感等基本素质,促进幼儿身心健康,习惯养成,智力发展,快乐成长。规范收费,杜绝乱收费。坚持亮证收费,依规收费。

政府的协调监督职能不可小觑,它直接关系到学前教育能否更加长远、健康地发展。政府需要协调各相关教育行政组织之间、教育行政组织与其他社会力量之间、各级各类幼儿园之间等的关系,使其最大程度地形成教育合力,为农村学前教育的发展提供一个良好的内外部环境。另外,政府应设立农村学前教育管理与监督委员会,建立和完善科学的学前教育督导制度,建立科学的评估

管理体系,加强教育质量监控。

(三)完善农村幼儿园内部管理,提高学前教育质量

课程是教学的载体和依据,所以要将幼儿园教学管理的切入点放在课程体系的变革上。构建具有农村特色的幼儿园课程就要避免教学内容城市化,办出农村学前教育的特色。人们往往认为,农村学前教育的最不利因素是资金紧、设备短缺,其实恰恰相反,农村学前教育有着丰富的自然资源和社区资源。著名教育家陈鹤琴说:"大自然、大社会是我们的活教材,农村的孩子生在农村、长在农村,他们与大自然接触繁而广泛,丰富多姿的虫、鸟、禽,形态各异的根叶、花果,四季交替的田野,静静流淌的小河……"。让孩子回归自然,是发挥农村幼儿教育优势的重要途径,比如:田野是农村孩子很好的游戏天地,在田野里玩泥巴、放风筝、抓泥鳅、捉蚱蜢、打土仗、在田埂上跑步等,这些活动非常有利于孩子发展动作,形成活泼开朗的个性。也可以在宽旷的田野里固定几根木柱让幼儿练习攀登。刚开始可设脚蹬,随着能力的发展,可逐渐取消脚蹬,类似爬树,这种运动有利于发展幼儿体能。教师还可以让幼儿参与简单的劳动,如捡稻穗,给菜浇水,分捡地瓜、土豆等,这样既能培养孩子参与力所能及的劳动的意识、能力,体验劳动的乐趣,又能使孩子知道粮食来之不易。另外农村的孩子可以饲养小动物,如小兔、小鸡、小狗等,在实践中学会关心、爱护小动物,促进情感的发展。这是农村幼儿园开展教育得天独厚的条件,可以充分利用优越的自然环境教给幼儿有关动物、植物、物理、化学等粗浅知识,进行启蒙教育,本着内容的选择力求突出农村本地特色,体现农村幼教实际,贴近幼儿生活,充分发挥农村的优势。

目前贫困地区农村学前班所使用的教材多是省编的,这些教材主要对象是城镇儿童,有的东西对城镇儿童已司空见惯了,而贫困地区农村的儿童却闻所未闻,这种农村学前教育城市化,教学内容不切实际,教学活动不能引起儿童的兴趣,势必会阻碍农村儿童的发展。我国广大的农村自然环境优美,动、植物丰富,民风淳朴,人民善良勤劳,这些美好的事物、品德都是教育儿童所具备的良好条件。

从农村幼儿园课程构建的目标方面看,农村学前教育应立足于农村以及农村儿童的实际,为儿童入小学做准备和培养全面发展的人为目标,从以下几方面的教育入手:

第一,重视学前儿童良好卫生习惯的养成以及生活适应能力的培养。一般

地说,农村卫生条件差,生活卫生习惯的培养没有引起人们的重视,而这不仅关系到保护幼儿健康,也是培养幼儿生活自理能力、独立性和文明行为的重要一环。因此,有必要在贫困地区农村将"生活卫生"作为学前教育的重要内容对幼儿进行良好卫生习惯的训练,同时,使幼儿逐步做到生活有规律,不依赖别人,自己的事情自己做,自己管理自己的饮食起居,并有安全意识,懂得保护自己。

第二,形成良好的学习习惯与学习技能。使学前儿童对学习、对书本感兴趣,培养初步的学习动机,掌握正确的握笔姿势、书写姿势及坐姿,形成基本的认知方法和技能。有任务意识和完成简单任务的能力,了解并遵守基本的学习和活动的规则。

第三,掌握初步的启蒙知识。让贫困地区儿童首先能听懂并说普通话,对读、写等感兴趣,理解基本的数量关系,形成初步的数量 形状、时间、空间概念,发展初步的数学思维能力并丰富幼儿对与生活有关的自然、社会、环境的基本知识,发展初步的认知能力。

第四,发展学前儿童良好的社会适应行为。使学前儿童热爱班集体,积极参加集体活动,乐于与他人交往并善待他人,掌握基本的人际关系的规则和交往的技能,如说话大方、自然,口齿清楚。从农村幼儿教育课程资源的选择方面看,当代农村幼儿教育课程资源的改善,一是应积极扩充幼儿园内课程资源,比如幼儿活动设施建设、游戏材料配置、少儿文学读物和音像设施购置、农村学前专业教师的引进和培养等;二是充分挖掘社区教育资源,如与公共图书馆、博物馆、展览馆、科技馆、工厂、部队、机关、企事业单位等建立广泛的联系,适时组织幼儿参观学习;三是充分利用自然资源,如山、林、水、土、花草等都可以作为课程材料。从幼儿园之外的课程资源看,一是应将幼儿的学习扩展到农村社区和家庭,使幼儿园与社区、家庭紧密结合,协同完成教育活动。协同方式有参与教学、收集活动所需材料或资料、对幼儿进行辅导或咨询、提供信息支持等。农村幼儿教育课程应由儿童身边最近的体验开始,让幼儿在活动中运用书籍、报纸、杂志、互联网、电视、广播、录像、照片、玩具、实地观察等各种途径去获取信息,并在活动中培养问题意识和自发寻找解决问题的方法。二是应建立城乡课程资源统筹机制。要从根本上改善农村幼儿教育课程资源状况,既需要政府加大对农村幼儿教育经费的投入,又需要政府加强宏观统筹,广泛建立城乡教育资源共同体。比如,农村专业农村学前教师教育与在职教师培训,以及农村专业学前教师的配备等,就特别需要城市的支持。这也是"以城带乡"发展模式在教育中的具体体现。

结　语

"任何一个忽视学前教育的社会也就是忽视了未来的社会,他们必然要为此付出沉重的代价"。学前教育的本质属性、政府责任的法律规定和公平正义的价值取向决定了政府提供学前教育的必要性和法律依据,建设新农村的战略目标和农村幼儿的现实需求以及国外实践经验,诠释了政府主导是我国农村学前教育发展时代命题。

1. 办好学前教育关键和核心在农村

党的十八大提出了办好学前教育的明确要求。办好学前教育是当前和今后一段时期我国学前教育发展的重要的目标任务。从目前我国学前教育的状况来看,办好学前教育,就要特别关注和加强农村学前教育的发展问题。换言之,办好农村学前教育的关键和核心在农村。

2. 政府主导是农村学前教育发展的必然选择

从国内外学前教育特别是农村学前教育发展的历史经验、学前教育的本质属性、学前教育在整个人生中的地位和作用来看,政府主导无疑是农村学前教育发展的必然趋势和选择。

3. 政府主导农村学前教育体制既促进了农村学前教育发展,同时还面临一些问题

我国2010年实施政府主导学前教育发展体制以来,农村学前教育取得了显著成效。但同时,政府主导农村学前教育发展还面临着发展不均衡、缺乏统筹管理、经费投入低、民办园管理不善和师资力量薄弱等方面的问题。造成这些问题的原因主要包括政府和公众对学前教育的认识偏差,农村学前教育发展缺乏制度保障、缺乏基本的经费投入制度,幼儿教师队伍管理制度不完善,缺乏社会公共服务体系保障等方面。

4. 政府主导农村学前教育发展需要从多方面入手进行完善

在系统梳理国内外相关政府主导学前教育发展的理论与实践的基础上,笔者认为,完善政府主导农村学前教育发展体制,需要转变政府及全社会对农村学前教育的认识、加强学前教育立法、加大经费投入、创新办园体制、健全幼儿教师培养体制机制、加强学前教育督导机制建设等。

虽然笔者对政府主导农村学前教育进行了较为系统地研究,也提出了一些解决的对策与思路,但限于能力和水平,研究中仍然存在一些不足:一是研究资

料的分析有待进一步深化。本研究的主要资料一方面来源于政府统计部门,另一方面来源于自身的收集与整理。这些资料的全面性和对资料的把握上可能存在一定的不足。二是研究对策建议的可行性有待进一步验证。本研究的对策建议是基于自己前期资料的分析整理基础上的一种标准化的推演,能否更好地起到改进实践的作用,则缺乏进一步论证和验证。

学前教育的经济社会发展如同我国发展一样,是一个充满问题和解决问题的过程。在农村学前教育发展中,我们遇到的问题,有些是老问题,或者是我们长期努力解决但还没有解决好的问题,或者是有新的表现形式的老问题,随着国情、教情和学前教育的不断发展,农村学前教育发展仍将面临诸多亟待研究和解决的矛盾和问题。

在我国朝着惠及十几亿人口的更高水平的小康社会迈进的过程中,办好学前教育,将关系亿万儿童的健康成长,关系千家万户的切身利益,关系国家和民族的未来。学前教育事业作为贯彻落实《教育规划纲要》的突破口,作为推动教育事业科学发展的重要任务,作为建设社会主义和谐社会的重大民生工程,理应在完善终身教育(终身学习)体系相关政策的实施中摆在应有的重要位置上。而如何更好地发挥政府的主导作用,将是面临的一项非常复杂的问题。

参考文献

(一)论著

(1)蔡迎旗.幼儿教育财政投入与政策[M].北京:教育科学出版社,2007.

(2)庞丽娟.中国教育改革30年(学前教育卷)[M].北京:北京师范大学出版社,2009.

(3)王海英.常识的颠覆——学前教育市场化改革的社会学研究[M].南宁:广西师范大学出版社,2010.

(4)苏珊.纽曼著.李敏宜,霍力岩主译.学前教育改革与国家反贫困战略——美国的经验[M].北京:教育科学出版社,2011.

(5)杨莉君.学前教育政策法规概论[M].湖南:湖南师范大学出版社,2008.

(6)中国学前教育研究会.中华人民共和国幼儿教育重要文献汇编[M].北京:北京师范大学出版社,1999.

(二)论文

(1)蔡迎旗、冯晓霞.论中国幼儿教育财政投资体制的重构[J].教育研究与实验,2006(2).

(2)丁安睿.试论学前教育领域内的政府职能——以公共产品属性分析为角度[J].当代学前教育,2009(1).

(3)高艳艳.政府主导学前教育过程中应如何将"督导"进行到底[J].吕梁教育学院学报,2012(6).

(4)李红婷.农村学前教育政策审视:期待更多关注.中国教育学刊,2009(5).

(5)李慧.教育公平与教育效率关系再探[J].教育与经济,2000(3).

(6)李天顺.以公益普惠的学前教育奠基未来[J].人民教育,2011(11).

(7)刘小蕊,庞丽娟,沙莉.美国联邦学前教育投入的特点及其对我国的启示[J].学前教育研究,2007(3).

(8)刘占兰.学前教育必须保持教育性和公益性[J].教育研究,2009(5).

(9)庞丽娟.加强学前教育的发展与普及[J].教育研究,2009(5).

(10)庞丽娟,夏婧,孙美红.世界主要国家和地区弱势儿童学前教育扶助政策研究[J].教育学报,2010(10).

(11)庞丽娟,沙莉,刘小蕊.印度学前教育公平的法律与政策研究[J].教育发展研究,2008(Z3).

(12)青岛市人民政府.坚持三个到位促进我市农村学前教育事业发展[J].山东教育(幼教版),2000(4).

(13)沙莉,庞丽娟,刘小蕊.通过立法强化政府在学前教育事业发展中的职责[J].学前教育研究,2007(2).

(14)严冷,冯晓霞.学前教育作为人力资本投入的启示[J].中国教育学刊,2009(7).

(15)虞永平.试论政府在幼儿教育发展中的作用[J].学前教育研究,2007(1).

(16)杨冬梅,夏婧,张芬.以公立学前教育为主导促进普及和公平世界主要国家和地区[J].教育发展研究 2010(12).

(17)张朝、于宗富.农村学前教育的困境与出路[J].教育发展研究,2009(2).

(18)张涛、唐荷花.政府主导促进农村学前教育发展——基于教育均衡发展的视角[J].当代学前教育,2011(4).

(19)周兢,柳倩.我国贫困地区农村儿童早期发展与学前教育质量思考[J].幼儿教育(教育科学),2008(9).

(20)刘欣.由教育政策走向教育公平——我国基础教育政策的公平机制研究[D].华中师范大学博士学位论文,2008.

(三)报刊及网络

(1)董洪亮.学前教育,算基础教育吗[N].人民日报 2010 年 6 月 22 日第 010 版.

(2)刘琴.农村幼儿入园难在哪儿[N].中国教育报 2010 年 2 月 4 日第 001 版.

(3)柯进.农村幼儿园如何留住农村娃[N].中国教育报 2010 年 2 月 6 日第 001 版.

(4)庞丽娟.政府主导 社会参与 普及学前教育[N].中国教育报 2010 年 3 月 8 日.

(5)罗崇敏.关于发展学前教育的战略构想[N].中广教育 2010 年 3 月 2 日.

(6)新华网.今年我国财政性教育经费支出占 GDP 比例首次实现 44%

〔EB/OL〕. http://news. xinhuanet. eom/fortune/2012 - 03/05/c_l11602611. html. 2012 - 03 - 05

(7)中国新闻网. 京沪高铁总投资达 2209 亿元

〔EB/OL〕. http://www. chinanews. com/cj/2011/07 - 01/3149637. shtml, 2011 - 07 - 01

(8)确保开端官方网站

〔EB/OL〕. http://www. surestart. gov. uk/surestartservices/settings/surestart-childrenscentres.

(四)外文资料

(1)Anna C. Moore, Sadika Akhter, Frances E. Aboud. Evaluating an improved quality preschool program in rural Bangladesh, International Journal of Educational Development 28,2008.

(2)Aftab Opel, Syeda Saadia Ameer, Frances E. Aboud. The Effect of preschool dialogic reading on vocabulary among rural Bangladeshi children, International Journal of Educational Research,48,2009.

(3)A. Sophia, Rita Isaac, Grace Rebekah, K. Brahmadathan, V. Rupa. Risk factors for Otitis media among preschool rural Indian children, International Journal of Pediatric Otorhinolaryngology, 74,2010.

(4)Anonymous. Teachers take Head Start case to Congress. American Teacher, 2008: Vol. 92,No. 5.

Http://WWW. whitehouse. gov/issues/education. 2011

(5)Cather in e Ayoub. Cognitives kill perform an eamong young children living in Poverty: Risk,change and the pro motive effete so Early Head Start〔J〕. Early Childhood Research Quarterly,24(2009).

(6)Dr. Cathy D. Kea, North Carolina A&T State University, Greensboro, NC. Connecting Rural African American Families with Differentiated Home Learning Instruction for Their Preschoolers. Rural Special Education Quarterly, 2009.

(7)Early Childhood Education in India. Early Childhood Education Journal, vol24, No. 1, 1996.

(8)Over 3000 Sure Start's Centers now open.

http://www. direct. gov. uk/en/ N11/Newsroom/DG_1781.

(9) Rural Kindergarten Teacher's Perception of School Readiness: A Comparison with the Carnegie Study. Early Childhood Education Journal, Vol. 25, No. 2, 1997.

附　录

全省学前教育发展状况调研表

　　　　　市　　　　　县(区)　　　　　　　　　　　　　　　填表时间：

项　　目		内　　　容
幼儿入园状况	幼儿入园率	辖区内3—5岁幼儿人口总数　　　　，其中流动人口　　　　，占　　　　％。在园幼儿数　　　　，学前班幼儿数　　　　；学前一年毛入园率　　　　％，学前两年毛入园率　　　　％，学前三年毛入园率　　　　％。
	学前一年入园状况	学前一年在园幼儿数　　　　，学前一年在学前班幼儿数　　　　。
幼儿园发展状况	分类与等级	幼儿园总数　　　　，其中城市　　　　所，占　　　　％；(城区中有小区配套幼儿园　　　　所，占小区总数　　　　％；小区配套幼儿园缺口　　　　所，占　　　　％；小区配套幼儿园建设与经营、管理最大屏障是　　　　)县城　　　　所，占　　　　％；乡镇　　　　所，占　　　　％；农村　　　　所，占　　　　％；公办园　　　　所，占　　　　％，民办园　　　　所，占　　　　％；省级示范园　　　　所，占　　　　％，一级园　　　　所，占　　　　％，二级园　　　　所，占　　　　％，三级园　　　　所，占　　　　％，未入级园　　　　所，占　　　　％。六个班以上(包括六个班)幼儿园　　　　所，占幼儿园总数　　　　％；每班达到两教一保的园　　　　所，占　　　　％；开展0—3岁早期教育园　　　　所，占　　　　％；受指导儿童(家庭)　　　　人(个)，占　　　　％。

续表

项 目		内 容
师资队伍建设状况	教师任用现状	辖区内现有教师_____名,其中,公办教师_____名,所占比例_____%,聘用教师_____名,所占比例_____%;中小学教师转岗_____;公办幼儿园中公办教师_____名,所占比例_____%,聘用教师_____名,所占比例_____%;教师平均年龄_____岁。
	教师学历现状	研究生学历_____名,占专任教师总数_____%;本科学历_____名,占_____%;大专学历_____名,占_____%;中专及高中学历_____名,占_____%;高中以下学历_____名,占_____%;幼教专业学历(含中专、大专、本科)_____名,占_____%。
	队伍职称现状	特级教师_____名,中学高级职称教师_____名,占专任教师总数_____%,小学高级职称教师_____名,占_____%,小学一级职称教师_____名,占_____%,小学二级职称教师_____名,占_____%,无职称教师_____名,占_____%。保育员_____名,其中:有上岗证人员_____名,占_____%;专职卫生保健人员_____名,占_____%;兼职卫生保健人员_____名,占_____%。
	教师培训状况	参加过省级培训_____名,占专任教师总数_____%;参加过市级培训_____名,占_____%;参加过区(县)级培训_____名,占_____%;教师培训需求是:

项 目		内 容
专任园长状况	专任园长培训状况	专任园长_____名;有区(县)级以上园长培训合格证_____名,占专任园长总数_____%;未参加园长培训_____名,占__ ____%。 园长培训需求是:
	专任园长学历	研究生学历_____名,占专任园长总数_____%;本科学历____ __名,占_____%;大专学历_____名,占_____%;中专及高中学历_____名,占_____%;高中以下学历_____名,占__ ____%;幼教专业学历(含中专、大专、本科)_____名,占__ ____%。
教师待遇	教师工资水平	教师月平均工资 3000—4000 元_____名;占教师总数__ ____%; 教师月平均工资 2000—3000 元_____名,占教师总数__ ____%; 教师月平均工资 1500—2000 元_____名,占教师总数__ ____%; 教师月平均工资 1000—1500 元_____名,占教师总数__ ____%; 教师月平均工资 500—1000 元_____名,占教师总数_____%; 教师月平均工资 500 元以下_____名,占教师总数_____%; 城市公办教师人均月收入_____元,城市聘用教师人均月收入_____元;县镇聘用教师人均月收入_____元,农村聘用教师人均月收入_____元。
	待遇保障	为教师购买五险一金(养老保险、医疗保险、生育保险、失业保险、工伤保险、住房公积金)_____名,占教师总数_____%; 为教师购买四金_____名,占教师总数_____%; 为教师购买三金_____名,占教师总数_____%; 没有购买任何险、金的占教师总数_____%。

项　　目		内　　容
幼儿园经费	幼儿园收费状况（最好向家长了解）	幼儿园收费项目及标准： 幼儿保教费月缴 1500 元以上 _____ 所，占幼儿园总数 _____ %；1000 - 1500 元 _____ 所，占幼儿园总数 _____ %；月缴 800 - 1000 元 _____ 所，占幼儿园总数 _____ %；月缴 500 - 800 元 _____ 所，占幼儿园总数 _____ %；月缴 300 - 500 元 _____ 所，占幼儿园总数 _____ %；月缴 200 - 300 元 _____ 所，占幼儿园总数 _____ %；月缴 200 元以下 _____ 所，占幼儿园总数 _____ %；月缴 100 元以下 _____ 所，占幼儿园总数 _____ %； 其他费用及金额：特色班、实验班、双语班等，金额范围 _____ . 是否收取建园费？金额范围 _____ .幼儿园
	经费支出状况	近三年园所建设经费共计 _____ 万元，其中：市级政府投入 _____ 万元，占总投入 _____ %，县区政府投入 _____ 万元，占 _____ %，乡镇投入 _____ 万元，占 _____ %，村级投入 _____ 万元，占 _____ %，园所自筹 _____ 万元，占 _____ %，贷款 _____ 万元，占 _____ %。 在园幼儿年度生均公用经费约 _____ 元，其中：财政投入比例 _____ %，部门投入比例 _____ %，园所自筹比例 _____ %。 教师年人均工资（含保险）总额 _____ 元，其中：财政投入比例 _____ %，部门投入比例 _____ %，园所自筹比例 _____ %。 备注：公办园、民办园各举一典型事例，列出幼儿园月、年收支情况，分析办园成本。

续表

项　　目		内　　　容
幼儿园建设情况	乡镇中心园现状	辖区内现有乡镇_____个,现有乡镇中心园_____所,占乡镇总数_____%;其中,公办乡镇中心园_____所,占乡镇园总数_____%。
	乡镇中心园建设规划	2011 年计划新建乡镇中心园_____所,改扩建_____所,计划投资_____万元,可容纳_____名幼儿,需招聘_____名教师; 2012 年计划新建乡镇中心园_____所,改扩建_____所,计划投资_____万元,可容纳_____名幼儿,需招聘_____名教师; 2013 年计划新建乡镇中心园_____所,改扩建_____所,计划投资_____万元,可容纳_____名幼儿,需招聘_____名教师。
无证办园(班)情况		区域内无证办园(班)点_____个,就读幼儿_____人,占当地幼儿数的_____%,各类服务人员_____人,占当地幼教教职工总数的_____%。 今年已清理无证办园(班)点_____个,分流安置幼儿_____人,安置教师_____人。

后 记

本书是在我的博士论文的基础上修改而成的。因为从小生长在农村的缘故，因而对农村有着特别且割舍不去的感情，我的童年虽然没有经历幼儿园的教育，但乡村的自然环境给了我自由自在的发展与成长空间，上大学和工作后又一直在从事着学前教育的学习、实践研究、教学工作，因此想以此书既慰藉自己对农村的这份情结，又想能真正反思和解决农村学前教育发展中的诸多问题。

"学前教育非常重要""学前教育在一个人一生的发展中起到了奠基作用"等观点在我国已经深入人心了，不仅在大量学前教育理论研究论文中得到引用，而且已经成为我国学前教育政策制定和教育实践的理论依据。例如2010年《国务院关于当前发展学前教育的若干意见》直接提出："学前教育是终身学习的开端，是国民教育体系的重要组成部分，是重要的社会公益事业。"但就总体而言，政府对学前教育投入不足、重视不够，学前教育资源短缺，城乡发展差异大，师资队伍不健全，体制机制不完善等问题日益凸显，严重制约着我国学前教育的发展速度和质量提升。本书稿选题关注现实问题，以陕西省为主要对象提及学前教育发展的成就和问题以起到窥一斑而见全貌的作用。值得欣慰的是，在本书出版之际，我国学前教育事业已经进入了跨越式发展的新时期，学前教育尤其是农村学前教育的普及率也在迅速提升，国家关注学前教育质量、实现科学发展的步伐迈得也更加坚实。

本书凝聚着很多人的帮助。我的导师陈鹏教授凭借他多年从事政策研究的敏锐的专业视角，引领我选择了既能满足我多年情怀又能结合我的专业解决社会实际问题的选题。本书既是我对自己所从事专业的社会问题的思考，也是陈老师心血的凝聚！北京师范大学的霍力岩教授在我访学期间和论文答辩过程中提供的帮助和提出的深刻问题让我更加明确了进一步研究的方向。

感谢教育厅基教三处的领导和朋友们为本书的数据搜集和调查报告提供的支持和帮助！本书能够付梓，还要感谢陕西师范大学出版总社钱栩老师的大力支持，感谢她和她的同事们面对冗长的报告、繁杂的数据，以极大的耐心、细心和责任心，完成了本书的审读和编辑工作。

囿于学识浅陋，本书错误之处在所难免，恳请同行们多多批评指正。

李少梅
2014 年春于古城西安